铁路新职人员岗位培训系列教材

# 动车组维修师

中国铁路上海局集团有限公司　编

中国铁道出版社有限公司

2024年·北　京

## 内 容 简 介

本书为铁路新职人员岗位培训系列教材之一，根据《铁路特有工种技能培训规范》和岗位作业标准编写。全书共八章，主要包括动车组基本组成及原理、动车组维修基本技能、动车组分解与检修、转向架分解与检修、转向架组装与试验、动车组组装和动车组调试等内容。

本书可作为动车组维修师岗前资格性培训和岗位适应性培训教材，对各类职业院校相关师生也有重要的参考价值。

**图书在版编目（CIP）数据**

动车组维修师/中国铁路上海局集团有限公司编．—北京：中国铁道出版社有限公司，2023.12(2024.11 重印)
铁路新职人员岗位培训系列教材
ISBN 978-7-113-30747-9

Ⅰ.①动… Ⅱ.①中… Ⅲ.①动车-维修-岗位培训-教材 Ⅳ.①U266

中国国家版本馆 CIP 数据核字(2023)第 224585 号

**书　　名：动车组维修师**
**作　　者：**中国铁路上海局集团有限公司

**责任编辑：**黎　琳　　　**编辑部电话：**(010)51873674
**封面设计：**郑春鹏
**责任校对：**刘　畅
**责任印制：**赵星辰

**出版发行：**中国铁道出版社有限公司(100054，北京市西城区右安门西街 8 号)
**网　　址：**http://www.tdpress.com
**印　　刷：**北京盛通印刷股份有限公司
**版　　次：**2023 年 12 月第 1 版　2024 年 11 月第 2 次印刷
**开　　本：**787 mm×1 092 mm 1/16　**印张：**14.5　**字数：**341 千
**书　　号：**ISBN 978-7-113-30747-9
**定　　价：**60.00 元

# 编 委 会

# 前言

新职人员是铁路职工队伍的新生力量，也将是中国式现代化建设的中坚力量。随着我国铁路事业快速发展，路网规模持续扩大、技术装备不断更新、职工队伍大规模新老交替，对铁路专业技能人才，尤其是新职人员的知识结构、技能结构提出了更高的要求。为提高职工岗位技能源头培训质量，提升职工队伍素质，保障运输安全生产，推动铁路高质量发展和现代化建设取得新成效，根据国铁集团《铁路特有工种技能培训规范》和岗位作业标准，中国铁路上海局集团有限公司组织编写了"铁路新职人员岗位培训系列教材"。

本套教材严格落实铁路主要行车工种岗位资格性培训准入制度，紧密结合现场各工种岗位作业实际及职工培训中的重点，充分依据现行基本规章和作业标准，内容反映各专业新技术、新设备、新工艺、新规章制度变化，重点突出非正常情况下应急处置、作业标准和流程、安全规定、关键作业项点等。

本套教材的最大特点为"理实一体"，以岗位需求为导向，以提升职业素养和岗位技能为核心，将理论知识和实作技能融会贯通，融为一体。理论知识部分，遵循铁路专业学科的知识体系，由浅入深，既包含入门必备的基础知识，也针对专业知识逐步展开，使铁路新职人员较快掌握。实作技能部分，以提升技能操作水平为目标，紧密围绕岗位技能需求，突出必知必会内容，涵盖基本技能和专业技能。为便于教学和使用，每章后面配有复习思考题。

本套教材由中国铁路上海局集团有限公司教材编审委员会组织，集团公司领导高度重视，职工培训部主牵头，运输、客运、货运、机务、车辆、工务、电务、供电等各专业部门，分别组建以首席技师、工匠、技能大师等为主体的编写团队进行编写，适用于新职人员岗前资格性培训，也可作为日常岗位适应性培训教材。本套教材在编写过程中得到了相关运输站段的大力支持，在此一并表示感谢！

本书为"铁路新职人员岗位培训系列教材"之一，共八章，主要包括动车组基本组成及原理、动车组维修基本技能、动车组分解与检修、转向架分解与检修、转向架组装与试验、动车组组装和动车组调试等内容。需要重点说明的是，由于动车组车型、修程不同，部分检修工序不尽相同，难以完整涵盖，因此，本书以CR400BF平台动车组四级修为依据进行编写。

编写过程中，虽多次组织现场调研、专题分析研讨，多层面广泛收集意见建议，但难免有不足和纰漏之处，恳请广大读者提出宝贵意见，便于日后修订完善。

编委会

2023年12月

# 目录

# 第一章 概 述

了解动车组的基础知识及其发展历史，掌握并熟悉动车组的修程修制及高级修的管理规定是学习动车组维修技术的基础。本章阐述了动车组的定义、分类、组成、相关技术管理规程；对国内早期研制的动车组、和谐号动车组及复兴号动车组等国内动车组发展历程，以及动车组修程修制、高级修管理等内容进行了介绍。

## 第一节 动车组基础知识

### 一、动车组的定义

动车组是由有动力车和无动力车组成的自带动力、固定编组、两端均可操纵驾驶、整列一体化设计的一组列车。有动力车简称动车，指在动车组中具有牵引力输出能力的车辆；无动力车简称拖车，指在动车组中不具有牵引力输出能力的车辆。由多个安装有动力设备的车辆连接在一起组成一个完整的可提供牵引动力的车辆组合被称为动车组的动力单元。

### 二、动车组的分类

动车组的分类方式主要有三种：按动力配置方式分类、按牵引动力类型分类及按转向架连接方式分类。

**(一)按动力配置方式分类**

按照动力配置方式，可将动车组分为动力分散动车组和动力集中动车组。

1. 动力分散动车组：指动力设备分散布置在若干车辆上，并且每辆车均能载客的动车组，如我国的CRH1、CRH2、CRH3、CRH5、CR400、CR300等。

2. 动力集中动车组：指将列车的动力设备集中在列车的一端或两端车辆上且动力车辆不载客的动车组，如我国的CR200J。

**(二)按牵引动力类型分类**

按照牵引动力类型，可将动车组分为电动车组、内燃动车组以及混合动力动车组。

1. 电动车组：指以电力为动力源的动车组，通常是在电气化铁路上运行。由于电力牵引具有牵引功率大、轴重轻、经济性好、环保等优点，因此，从世界各国高速铁路的发展状况来看，80%以上的高速动车组都是采用电力牵引。

2. 内燃动车组：指以内燃机为动力源的动车组。根据内燃机的种类，可分为柴油动车组和燃气轮动车组。我国铁路内燃动车组绝大多数是柴油动车组。内燃动车组由于其运用

---

注：本书所提及“动车组”除另有说明外，均指动力分散动车组。

线路投资少、见效快等优点，常用于尚未电气化的铁路区段。

3. 混合动力动车组：指以多种动力驱动的动车组，如油电混合型（内燃机＋接触网电能或者内燃机＋动力蓄电池）、电电混合型（接触网电能＋动力蓄电池）等，可实现电气化和非电气化铁路间跨线运行，为乘客出行提供方便。

**（三）按转向架连接方式分类**

按照转向架连接方式，可将动车组分为独立式动车组和铰接式动车组。

1. 独立式动车组：指传统的转向架与车体的连接方式，每辆车的车体都由两台转向架支撑，车辆与车辆之间通过车端连接装置相连接，动车组解编后车辆可独立行走。

2. 铰接式动车组：指动车组车体与车体之间用弹性铰相连接，在两个车体连接处共用一台转向架，因此每辆车不能从动车组中解编下来独立行走。

## 三、动车组的组成

动车组主要由车体、转向架、制动系统、牵引系统、辅助系统、网络控制及信息系统、空调采暖及通风系统、给排水及卫生系统、内装与设备等组成。

1. 车体：分为带司机室车体和不带司机室车体两种，是容纳乘客和司机驾驶的地方，同时也是安装与连接其他设备和部件的基础。车体多采用铝合金或不锈钢材料，车体前端的自动车钩具有重联和救援功能。

2. 转向架：分为动力转向架和非动力转向架。转向架处于车体和轨道之间，用来牵引和引导车辆沿轨道行驶，同时承受和传递来自车体及线路的各种载荷，缓和冲击和振动。

3. 制动系统：保证列车减速或准确停车及安全运行所必需的系统，主要有再生制动和空气制动两种形式，通常采用电空复合制动模式，一般包括供风装置、基础制动装置、制动控制装置等。

4. 牵引系统：为动车组提供牵引动力，一般包括受电弓、主断路器、其他高压设备、牵引变压器、牵引变流器、牵引电机、齿轮箱等。

5. 辅助系统：为动车组辅助负载设备提供电能的系统，一般由辅助变流器、蓄电池、充电机等组成。

6. 网络控制及信息系统：负责对动车组牵引、制动、转向架、辅助供电、车门、空调等系统的控制、监视和诊断，主要由列车总线、车辆总线、中央控制单元等设备组成。

7. 空调采暖及通风系统：用于调节车厢内的温度和空气质量，以提供乘客舒适的乘车环境，确保列车内部在不同季节和气候条件下都能保持适宜的温度、湿度和空气流通。

8. 给排水及卫生系统：用于处理车厢内的水供应和废水排放，并提供卫生设施，以满足乘客在列车上的基本生活需求。

9. 内装与设备：包括动车组司机操纵控制动车组的区域及其设备，车厢内部的各种设施、装置以及其他配套设备。

## 四、动车组相关技术管理规程

动车组应有识别的标记：路徽、配属局段简称、车型、车号、定员、自重、载重、全长、最高运行速度、制造厂名和日期、定期修理日期、修程和处所。动车组应有“电化区段严禁攀登”的标识。

动车组应具有列车运行安全监控功能，对重要的运行部件和功能系统进行实时监测、报警和记录，并能及时向动车段、动车所传输。

动车组须配备机车综合无线通信设备(CIR)、列控车载设备、车载自动过电分相装置等，满足相应速度等级运行需要。

动车组制动初速度为 200 km/h 时，紧急制动距离限值为 2 000 m；制动初速度为 250 km/h 时，紧急制动距离限值为 3 200 m；制动初速度为 300 km/h 时，紧急制动距离限值为 3 800 m；制动初速度为 350 km/h 时，紧急制动距离限值为 6 500 m。

# 第二节 我国动车组发展历程

## 一、早期研制的动车组

我国对动车组技术的探索和动车组的研制，最早可以追溯到 1979 年，根据当时的铁道部规划，研究开发了 140 km/h 速度级动力分散式电动车组。此后，我国先后研发了 26 款种类各异的动车组样车，牵引类别涵盖了内燃和电力，动力配置涵盖了动力集中和动力分散，速度等级涵盖了 100 km/h、120 km/h、140 km/h、180 km/h 和 200 km/h 等。这些国产动车组吸收了 25 型铁路客车的研发成果，同时也广泛借鉴了国外先进技术，其代表性动车组有 200 km/h 电动旅客列车组，如“大白鲨”“蓝箭”“中华之星”“先锋号”“春城号”“新曙光号”“中原之星”“长白山”等。国内早期研制典型动车组如图 1-1 所示。

(a) “大白鲨”动车组　(b) “蓝箭”动车组

(c) “中华之星”动车组　(d) “先锋号”动车组

图 1-1 国内早期研制典型动车组

## 二、和谐号动车组

从 2004 年起，我国通过技术引进、消化吸收再创新形成了和谐号 CRH 系列动车组，主要包括 CRH1、CRH2、CRH3 和 CRH5 四大技术平台。

**(一)CRH1 动车组技术平台**

CRH1 动车组技术平台是由中车青岛四方机车车辆股份有限公司与加拿大庞巴迪公司的合资公司青岛四方阿尔斯通铁路运输设备有限公司(原名:青岛四方庞巴迪铁路运输设备有限公司)研制生产的,目前有 CRH1A、CRH1B、CRH1E、CRH380D、CRH1A-A 等型号。

CRH1A 平台动车组的原型车是加拿大庞巴迪公司为瑞典国铁设计的 Regina C2008 型电动车组。2007 年 2 月,首批 CRH1A 型动车组投入运用。其采用不锈钢车体,8 辆编组,5M3T 动力配置,轴重不大于 16.5 t,牵引总功率为 5 300 kW,最高运营速度为 200 km/h 或 250 km/h(不同批次)。正常运行时,采用单弓受流。车端连接装置采用全自动车钩,中间车采用半永久车钩装置。列车网络控制系统采用符合 IEC 61375 标准的 TCN 网络。

2007 年,在 CRH1A 型动车组基础上扩编成 16 辆座车,形成 CRH1B 型动车组,采用 10M6T 动力配置。同时,以新研发的 ZEFIRO250 系列为基础,生产 16 辆车厢的大编组卧铺动车组,2009 年 10 月首列 CRH1E 型动车组下线,最高运营速度为 250 km/h。与 CRH1A 型动车组相比,CRH1E 型动车组采用了新头型设计。

2012 年,基于 ZEFIRO380 平台研发的 CRH380D 型动车组,采用 4M4T 动力配置,牵引功率 10 000 kW,可重联增至 16 辆,最高运营速度为 350 km/h。CRH380D 型动车组车体采用通长的铝合金型材,车内振动小,噪声低,温度、湿度可自动调节,总定员为 556 人。

2015 年,研制 CRH1A-A 型动车组,最高运营速度为 250 km/h,采用铝合金车体减轻重量并改善列车气密性,设计流线型新头型降低气动阻力,优化转向架悬挂参数提高稳定性,同时对部分列车设备进行重新布置,主要是 04 车和 05 车的座席布置。CRH1 动车组技术平台典型动车组如图 1-2 所示。

(a) CRH1A 型动车组

(b) CRH1E 型动车组

(c) CRH380D 型动车组

(d) CRH1A-A 型动车组

图 1-2 CRH1 动车组技术平台典型动车组

**(二)CRH2 动车组技术平台**

CRH2 动车组技术平台是由中车青岛四方机车车辆股份有限公司消化吸收日本川崎重工 E2-1000 系动车组技术研制生产的,目前有 CRH2A、CRH2B、CRH2E、CRH2C、CRH380A、CRH380AL、CRH6A、CRH6F、CRH2G 等型号。

首批 CRH2A 型动车组于 2007 年 1 月投入运营，最高运营速度为 250 km/h，采用 8 辆编组、4M4T 的动力配置方式，由 2 个动力单元组成，每个动力单元由 2 辆动车和 2 辆拖车(T+M+M+T)组成。动车组轴重不大于 15 t，牵引总功率为 4 560 kW，车体材质为铝合金。2013 年，在 CRH2A 型动车组基础上对定员、旅客服务、司机操作等方面进行了变更，如取消一等包厢等，最终形成统型 CRH2A 型动车组。

2007 年，先后在 CRH2A 型动车组基础上扩编研制形成 CRH2B、CRH2E 型 16 辆编组座车/卧铺动车组，加装了半主动减振器、车端耦合减振器(车端阻尼器)、头车两侧车灯，对空调通风系统也进行了改进。

CRH2C 型动车组在 CRH2A 型动车组基础上通过技术升级提升运行速度，共分为两个阶段。首列 CRH2C 第一阶段动车组于 2007 年 12 月下线，在 CRH2A 型动车组的基础上进行了调整，动力配置由 4M4T 调整为 6M2T、转向架悬挂参数进行了优化等，最高运营速度 310 km/h。首列 CRH2C 第二阶段动车组于 2010 年下线，在第一阶段的基础上进行提升，采用 365 kW 电机，降低传动比，增大绝缘栅双极型晶体管(insulated gate bipolar transistor, IGBT)元件的额定电流等级，最高运营速度为 350 km/h。

2010 年，在 CRH2C 型动车组基础上自主研制的 CRH380A、CRH380AL 型动车组，最高运营速度为 350 km/h。其中，CRH380A 型动车组编组为 6M2T，牵引功率为 9 360 kW，采用了通长铝合金型材的车体和低气动阻力的流线型车头。CRH380AL 型动车组为 CRH380A 型的长编组形式，采用 14M2T 动力配置，牵引功率为 21 021 kW。CRH380A/AL 统型动车组定员分别为 556 人和 1 061 人。

除上述动车组外，2013 年研制了 CRH6A 和 CRH6F 型城际动车组，2015 年研制了 CRH2G 型高寒动车组。CRH6A 型城际动车组最高运营速度为 200 km/h，CRH6F 型城际动车组最高运营速度为 160 km/h。CRH2G 型高寒动车组可在 −40～+40 ℃极端气候条件下正常运营，最高运营速度为 250 km/h，转向架采用高寒适应性设计，车下设备舱采用密封结构，空调系统采用防风沙和空气过滤设计等。CRH2 动车组技术平台典型动车组如图 1-3 所示。

**(三)CRH3 动车组技术平台**

CRH3 动车组技术平台是由中车唐山机车车辆有限公司和中车长春轨道客车股份有限公司消化吸收西门子 Velaro-E 动车组技术研制生产的，目前有 CRH3C、CRH380B、CRH380BG、CRH380BL、CRH380CL、CRH3A 等型号。

CRH3C 型动车组，最高运营速度为 350 km/h，8 辆编组，4M4T 动力配置，牵引功率为 8 800 kW，轴重不大于 17 t，2008 年 8 月正式投入运营。

CRH380BL 型动车组是在 CRH3C 型动车组基础上自主研制的新一代高速动车组，2010 年 5 月底首列样车完成试制。与 CRH3C 型动车组相比，CRH380BL 型动车组采用 16 辆编组，8M8T 动力配置，牵引功率为 18 400 kW，最高运营速度为 350 km/h，通过提升牵引功率、降低传动比、气动外形减阻等方式优化了列车性能，通过车厢降噪、加强车内气压控制提高了列车舒适度。

CRH380B 和 CRH380BG 型动车组以 CRH380BL 型动车组为基础，各系统结构及功能基本保持不变，牵引功率为 9 200 kW。CRH380B 型动车组为 CRH380BL 型的短编型式；CRH380BG 型动车组为高寒型，针对哈大客专的高寒运用环境进行了适应性优化，在材料

（a）CRH2A 型动车组　　（b）CRH2A 统型动车组

（c）CRH2C 型动车组　　（d）CRH380A 型动车组

（e）CRH2G 型高寒动车组　　（f）CRH6A 型城际动车组

图 1-3　CRH2 动车组技术平台典型动车组

低温特性、密封防雪及防结冰、空调采暖、水系统防冻、转向架系统低温适应性等方面进行了改进，可适应−40～+40 ℃环境运营要求。

CRH380CL 型动车组是在 CRH3C 和 CRH380BL 型动车组基础上于 2011 年研发的高速动车组，为 16 辆编组（8M8T），采用了新头型以降低列车高速运行时的气动阻力，采用基于日立技术的牵引及网络控制系统，牵引功率为 19 200 kW，最高运营速度为 350 km/h。

2016 年，研制的 CRH3A 型动车组，为 8 辆编组（4M4T），牵引总功率为 5 500 kW，最高运营速度为 250 km/h，采用了国产化网络控制系统。CRH3 动车组技术平台典型动车组如图 1-4 所示。

**（四）CRH5 动车组技术平台**

CRH5 动车组技术平台是由中车长春轨道客车股份有限公司消化吸收阿尔斯通 SM3 型动车组技术研制生产的，目前有 CRH5A、CRH5G、CRH5E 等型号。

CRH5A 型动车组为 8 辆编组，采用 5M3T 的动力配置方式。第一列国产 CRH5A 型动车组于 2007 年下线，最高运营速度为 250 km/h，轴重不大于 17 t，牵引总功率为 5 500 kW，车体材质为铝合金。

2014 年，研制的 CRH5G 型耐高寒抗风沙动车组，是在 CRH5A 型动车组基础上，主要系统的设计原理、主体结构和主要技术参数保持不变，根据兰新、哈大线等典型高寒风沙地区的运用条件，从系统匹配、结构设计、材料选择等方面进行了优化设计，在动车组定员、平面布置、旅客界面、司机操作界面、运用界面等方面进行了改进，最高运营速度为 250 km/h。

(a) CRH2C 型动车组

(b) CRH380B 型动车组

(c) CRH380CL 型动车组

(d) CRH380BG 型高寒动车组

(e) CRH3A 型动车组

图 1-4 CRH3 动车组技术平台典型动车组

2015 年，研制了 CRH5E 型动车组，为耐寒型卧铺动车组，可以在－40 ℃的环境下长时间运营，具备简洁实用的“座卧转换”功能，可实现夜间卧、白天坐两种运营模式。CRH5 动车组技术平台典型动车组如图 1-5 所示。

(a) CRH5A 型动车组

(b) CRH5G 型高寒动车组

图 1-5 CRH5 动车组技术平台典型动车组

## 三、复兴号动车组

为解决我国动车组技术引进后带来的自主化、简统化及运用适应性问题，从 2013 年起，我国研制了 CR400 平台和 CR300 平台复兴号系列动车组，8 辆编组相同速度等级的复兴号动车组可互联互通、实现重联运营。2017 年以后，为满足我国智能高铁发展需求，研制了京张和京雄智能动车组。

复兴号动车组是在充分吸收我国多年来动车组运用检修经验的基础上，以市场需求为目标、坚持问题导向、坚持自主创新、开展正向设计、全面提高自主化水平研制的具有完全自主知识产权的标准化、系列化、简统化动车组，达到国际领先水平，满足未来发展需求。

### (一)CR400 平台动车组

CR400 平台动车组为速度 350 km/h 的复兴号动车组，有 CR400AF(图 1-6)和 CR400BF(图 1-7)两种技术平台，包括 8 辆编组(CR400AF、CR400BF)、16 辆编组(CR400AF-A、CR400BF-A)、17 辆编组(CR400AF-B、CR400BF-B)、8 辆编组高寒型(CR400AF-G、CR400BF-G)等不同技术配置动车组。

CR400 平台 8 辆编组复兴号动车组为速度 350 km/h 的动力分散式电动车组，采用 4M4T。为满足大客流干线客流运输需求，2017 年研制了速度 350 km/h 的 16 辆编组复兴号动车组，即 CR400AF-A 和 CR400BF-A 型，采用 8M8T 配置，总长度超过 410 m，可满足速度 350 km/h 运营要求；继承了 8 辆编组复兴号动车组自主化、统型、互联互通创新成果，车体、转向架、牵引、制动等主要系统方案与 8 辆编组复兴号动车组相同，对平面布置进行了适应性调整，对网络系统、旅客信息、辅助供电系统按照 16 编组进行了扩展设计。与 8 辆编组复兴号动车组重联相比，16 辆编组复兴号动车组将中间车头部分更换为正常车厢，可方便旅客在全列车内通行，每列定员达到了 1 193 人。

2018 年，为进一步提升京沪高铁等繁忙干线动车组列车的载客能力，研制了 17 辆编组复兴号动车组，全长约 440 m，载客定员 1 283 人，载客能力较 16 编组提升了 7.5%。

图 1-6　CR400AF 平台动车组

图 1-7　CR400BF 平台动车组

### (二)CR300 平台动车组

为满足不同速度等级线路使用需求，2018 年在 CR400 平台动车组基础上研制了速度 250 km/h 的 CR300 平台动车组，如图 1-8 和图 1-9 所示。与 CR400 平台动车组相比，CR300 平台动车组具有以下特点：

1. 旅客界面、操作界面、运用维护界面深化统型，提高了不同厂家同速度等级复兴号动车组互联互通性能，方便运营管理；实现不同型号动车组轮对、齿轮箱、车钩、室调、座椅等 100 余项零部件统型，提高了互换性，减少了备件种类。

2. 首次采用以太网控车技术，应用实时以太网总线构建百兆级列车控制网络，数据传输速率高，由 1.5 Mbit/s 提高到 100 Mbit/s。以太网的应用探索为高智能化、多网融合、大数据应用、智能化运用及维修提供平台支持，代表了下一代动车组发展技术的趋势。

3. 进一步规范了功能逻辑、故障代码及故障显示，在充分借鉴 CR400 平台动车组统型经验的基础上，针对高压、牵引、制动等主要系统的功能逻辑、故障代码及故障显示进行了统型。

图 1-8　CR300AF 平台动车组

图 1-9　CR300BF 平台动车组

**(三)智能动车组**

京张高铁复兴号智能型动车组 CR400BF-C 是复兴号动车组的家族产品,定位于复兴号的智能型,由中车长春轨道客车股份有限公司研制。动车组采用了低阻力新型流线型车头,运行阻力较 CR400BF 平台动车组减少约 10%,能耗降低约 7%;首次实现有人值守的自动驾驶;首次应用应急自走行技术,可在京张线任意点自走行至临近站;首次采用智能列车安全监控系统,实现多系统、整车级交互监测。2019 年年底 2 列智能动车组在京张高铁投入运营。

京雄高铁复兴号智能型动车组 CR400AF-C 是复兴号动车组的家族产品,定位于复兴号的智能型,由中车青岛四方机车车辆股份有限公司研制。动车组聚焦智能、舒适、绿色及新形象,较 CR400AF 平台动车组新增列车自动运行系统(automatic train operation,ATO)、故障预测与健康管理(prognostics health management,PHM)、5G、以太网、抬头显示等系统,多场景提升智能行车、智能运维、智能服务水平;增设司机登乘门、优化商务及一等客室,提升噪声、空气质量、压力控制水平,设盲文标识,全面提升乘坐及环境舒适性;采用灰水回收、变频空调等节能技术,选用环保材料践行环保理念;开发新头型,新头型较 CR400AF 平台动车组可降低气动阻力 2%。

此后,在京张、京雄智能动车组优化技术方案的基础上,结合运用检修需求和不同线路开通的运营线路条件,提出了在既有成熟的速度 350 km/h 短编组、长编组复兴号动车组上增加智能配置的总体技术方案,研制了智能配置动车组,包括 8 辆编组智能型 CR400AF-Z、CR400BF-Z 和 17 辆编组智能型 CR400AF-BZ、CR400BF-BZ,短编、长编整列均增加 2 个商务定员;动车组采用以太网控车;二等座椅增加 USB 和手机卡槽,乘客信息系统(passenger information system,PIS)增设卫生间禁烟语音提示和无线局域网组网功能,增设超员视频联动功能,统一融合监控室智能监控屏、旅客服务智能显示屏显示功能及主要操作界面,统一手持移动终端接口,统一受电弓视频监控接口及异常诊断模型。速度 350 km/h 复兴号智能配置动车组如图 1-10 所示。

图 1-10　复兴号智能配置动车组

# 第三节 动车组修程修制

我国动车组的检修以可靠性为基础，建立了“走行公里周期为主、时间周期为辅”的计划性预防修制度，实行换件修和状态修相结合的检修模式。动车组修程分为一、二、三、四、五级，其中一、二级修为运用检修，也称运用修；三、四、五级修为高级检修，一般称高级修，检修周期及技术标准按中国国家铁路集团有限公司(以下简称国铁集团)动车组检修规程执行。

## 一、动车组高级修

目前我国动车组高级修周期间隔一般为 120 万～165 万 km 或 3～3.5 年，按“三、四、三、五”循环。动车组高级修循环周期如图 1-11 所示。

图 1-11 动车组高级修循环周期

动车组高级修是对关键系统、部件实施的分解检修和整车的全面检查、试验，主要目的是恢复动车组基本性能。

1. 三级修：主要是对转向架进行分解检修，对车体、制动、牵引、辅助、网络、空调、内装等系统进行状态检查和功能测试。

2. 四级修：主要是对转向架、制动、牵引、空调等系统进行分解检修，对车体、辅助、网络、内装等进行状态检查，对电气部件进行性能测试等。

3. 五级修：主要是对整车各系统进行较为全面的分解检修和性能测试，较大范围地更新零部件，根据需要对动车组进行升级和改造。

## 二、高级修能力布局

动车组在工厂制造完成后，配属到铁路局集团公司上线运用，铁路局集团公司下设动车段、动车所，对动车组进行检修运用管理。动车组运用修在各动车所完成，高级修主要由具备检修能力的动车段和制造企业承担。

按照动车组“检修集中、运用分散”的思路，结合我国高速铁路网建设规划和动车组车型预计分布情况，在铁路系统内规划建设了 7 个动车组高级修动车段，即北京、上海、武汉、广州、沈阳、成都、西安动车段，承担动车组高级修生产任务，按照区域和检修车型分工，分别辐射华北、华东、华中、华南、东北、西南、西北地区，基本形成了覆盖全路、分布均衡的动车组检修基地布局。7 个动车段投产时间及检修辐射范围见表 1-1。

表 1-1 动车段投产时间及检修辐射范围

| 动车段名称 | 投产时间 | 辐射范围 |
|---|---|---|
| 北京动车段 | 2009.12 | 重点辐射华北及京津环渤海地区 |
| 上海动车段 | 2010.08 | 重点辐射华东及长三角地区 |

续上表

| 动车段名称 | 投产时间 | 辐射范围 |
|---|---|---|
| 武汉动车段 | 2010.12 | 重点辐射华中地区 |
| 广州动车段 | 2011.05 | 重点辐射华南及珠三角地区 |
| 沈阳动车段 | 2015.04 | 重点辐射东北地区 |
| 成都动车段 | 2015.09 | 重点辐射西南地区 |
| 西安动车段 | 2016.12 | 重点辐射西北地区 |

同时，动车组制造企业也具备相应车型的高级修检修能力。目前，动车组制造企业包括中车长春轨道客车股份有限公司、中车唐山机车车辆有限公司、中车青岛四方机车车辆股份有限公司、青岛四方阿尔斯通铁路运输设备有限公司、中车南京浦镇车辆有限公司、中车广东轨道交通车辆有限公司等6家公司，与7个高级修动车段一起，共同形成了“7＋6”整车高级修能力布局。目前总的检修定位为：三级修以动车段为主，五级修以制造企业为主，四级修由动车段和制造企业共同承担。

## 三、动车段检修分工

针对目前动车组车型平台较多的现状，为促进铁路局集团公司、动车段高效合理配置检修资源，国铁集团按照就近检修、平台一致、车型集中、主次结合的原则，对各动车段主修车型及次修车型进行了明确分工。7个动车段主修车型平台分工见表1-2。

**表1-2 动车段主修车型平台分工**

| 动车段名称 | 主修车型平台 |
|---|---|
| 沈阳动车段 | CRH5A、CRH380B、CR400BF、CR300BF |
| 北京动车段 | CRH380C、CRH380B、CR400AF、CR300AF |
| 武汉动车段 | CRH2A/2C/380A、CR400AF、CR300AF |
| 西安动车段 | CRH380B、CRH380A、CR400BF、CR300BF |
| 上海动车段 | CRH380B、CRH380D、CR400BF、CR300BF |
| 广州动车段 | CRH1A、CRH3C、CR400AF、CR300AF |
| 成都动车段 | CRH2A/380A、CRH3A、CR400AF、CR300AF |

## 四、高级修工艺流程

动车组三级修普遍采用整列架车的方式进行检修，四、五级修因钩缓装置分解检修或车体重新油漆等作业，多采用解编修的方式进行检修。动车组整车检修工艺流程如图1-12所示。

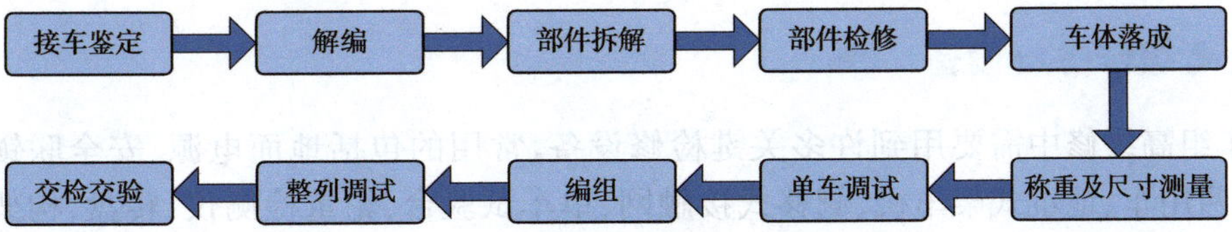


图1-12 动车组整车检修工艺流程

1. 接车鉴定

承修单位和委修单位共同交接动车组履历、遗留故障及列车备品，冬季需进行排水交接，对待修动车组进行技术状态鉴定，主要是关键部件的检查和主要系统功能的测试，掌握待修动车组状态。接车鉴定完成后调车至解编线或架车线。

2. 解编

将两辆车体间连接的风挡、渡板组成、车钩、车间线缆等进行分解，将单车调至架车台位。

3. 部件拆解

单车架车或整列架车后，将车体与转向架分离，对管路、电气插头等进行防护，转向架送至转向架检修库检修。根据修程对裙板、底板、牵引变压器、空调装置等部件进行检查或拆解。

4. 部件检修

分别对转向架、车顶设备（如受电弓、主断路器等）、车下设备（如牵引变压器、牵引变流器等）、车内设备（如电气柜、座椅等）和车端连接装置（如车钩、风挡等）等，按照相应修程进行状态检修或者拆卸下来进行检修，对车体进行补漆或重新油漆。检修合格后的部件重新安装到动车组上，根据部件检修时间长短和整车生产计划组织，可采用周转件进行替换检修。

5. 车体落成

将检修完成的转向架与车体进行安装，并恢复之间的电气、机械、空气管路等连接。

6. 称重及尺寸测量

整列通过式称重一般在调试库进行，单车称重一般在检修库内完成。称重完成后，按照动车组落成标准完成尺寸测量及调整。对拆卸的转向架裙板、各类传感器、电机风道、电气线缆、制动风管等部件进行恢复。调试库设有轨道桥、三层作业平台，主要配备有地面电源、在线式称重设备、制动系统综合试验台、供风设备、上水设施等；库内设接触网、安全联锁系统等设备。

7. 单车调试

根据工艺要求，完成单车各种制动试验、撒砂装置功能试验、受电弓供风，单元功能试验、主供风单元功能试验、单车主变压器功能试验等调试项目，为整列调试打好基础。

8. 编组

对各车辆进行编组，完成车钩、渡板、风挡、车间电缆等部件的安装恢复。

9. 整列调试

按照规程要求完成牵引控制、绝缘耐压、制动系统、网络控制、车门、空调、给排水等整列静态调试项目；完成牵引电制动系统、紧急模式运行、重联试验等动态调试试验。

10. 交检交验

按照规定向质检部门、监造验收部门完成交检交验。交验完成后，铁路局集团公司接车人员进行接车，按规定进行线路试运行。

## 五、高级修关键设备

动车组高级修中需要用到许多关键检修设备，常用的包括地面电源、安全联锁监控系统、公铁两用车、地坑式架车机、侧移式接触网、单车试验台、轮重检测仪、转盘、构架检修输送线等，这些设备需要严格按照相应使用规范进行操作，一旦违反操作规程，可能会造成较为严重的安全事故，以下是对这些关键设备的介绍。

1. 地面电源

地面电源主要作用是为检修中的动车组或单节车体提供外接电源。系统主要由主电源(包括高压计量柜、高压控制柜、干式变压器、低压控制柜等)、单相 AC 400 V 动车组电源、输电电缆、电器连接器、现场插座箱等组成。地面电源如图 1-13 所示。

2. 安全联锁监控系统

动车组在检查库进行检查检修作业,须确保动车组出入库、车顶检修人员的人身安全和设备安全。通过视频监控系统、计算机联锁控制系统、信号引导、色灯警示系统监控现场作业状况,建立人员作业状况和接触网供电、动车组出入库与现场设备状态的联锁关系。在作业过程中,作业区通过隔离开关将额定电压为 27.5 kV 的接触网断开并连接地线,确保车顶作业人员安全。对检查库大门、隔离开关开闭和作业人员状况等进行全程安全监控,确保动车组出入库安全。

安全联锁监控系统主要包括可编程序控制器(PLC)网络控制系统、计算机控制系统、门禁系统和视频监视系统构成,充分利用监测手段、计算机逻辑处理、电器联锁等控制方法,防止由于操作人员无法监控现场作业情况、误操作等因素造成人身伤害事故,实现人机联控确保作业安全。安全联锁监控系统如图 1-14 所示。

图 1-13 地面电源

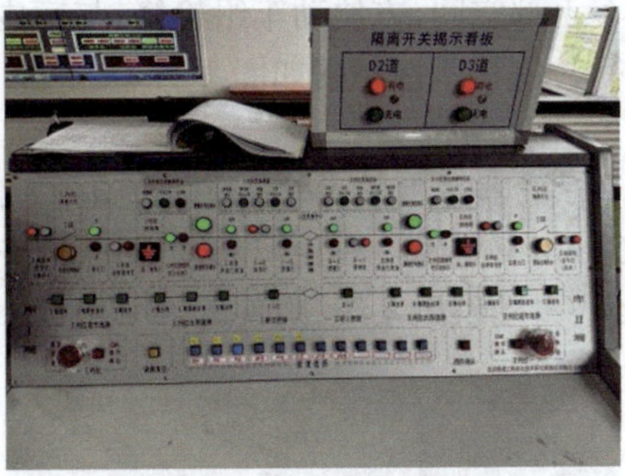


图 1-14 安全联锁监控系统

3. 公铁两用车

公铁两用车是一种可以在轨道上进行牵车调车又可以在公路行驶的用于室内、室外的蓄电池驱动的专用设备。需要牵引车辆作业时,公铁两用车通过驾驶驶上轨道就位后,通过液压驱动使轨道导向装置的前后导向轮在预给出的压力下落在轨道上,给出均衡压力调整信号后,牵引车准备完毕即可进行牵引作业。公铁两用车的牵引驱动行驶和公路行驶通过四个钢制实心外附高强度耐磨材料且摩擦系数大的大直径轮子实现,牵引车驱动前后车桥实现公路铁路的四轮驱动行走。在轨道上可以实现对列车两端的牵引作业。公铁两用车既可以正向牵引也可以反向牵引,驱动轮由于采用特殊材料及整车重量的设计理念完全可以满足在雨雪天气的情况下实现库外的牵引作业功能。公铁两用车通过自带车钩适配器(高度需要根据实际情况可以调整)与车辆连挂后即可在轨道上进行牵引作业。牵引旋修或牵引调车作业完成后,公铁两用车可在指定位置转为公路状态行驶离线,准备下次牵引作业。公铁两用车如图 1-15 所示。

4. 地坑式架车机

地坑式架车机适用于动车检修基地动车组检修时的同步架车作业。设备用于动车组转向架的更换、车辆的拆卸、装配及维修，能满足对 8 辆编组列车在不解编状态下的同步架车作业。地坑式架车机可以对整列编组列车中所有转向架同时进行更换，也可以对整列编组列车中的任一个转向架进行更换。地坑式架车机如图 1-16 所示。

图 1-15 公铁两用车

图 1-16 地坑式架车机

5. 侧移式接触网

侧移式接触网用于保证动车组进、出库时正常受流，同时在动车组检修时侧移至线路侧释放机车上部空间，方便动车组检修；与库内安全监控系统、起重机实现安全联锁，保证设备安全运行。侧移式接触网如图 1-17 所示。

6. 单车试验台

单车试验器适用于动车基地动车组单车制动管系保压、漏泄及救援试验，同时可为动车组提供 DC 110 V 电源。其由可移动式试验台壳体、微机测试处理系统、压力采集系统、电信号处理系统、自动供风系统、附件等部分组成。单车试验台如图 1-18 所示。

图 1-17 侧移式接触网

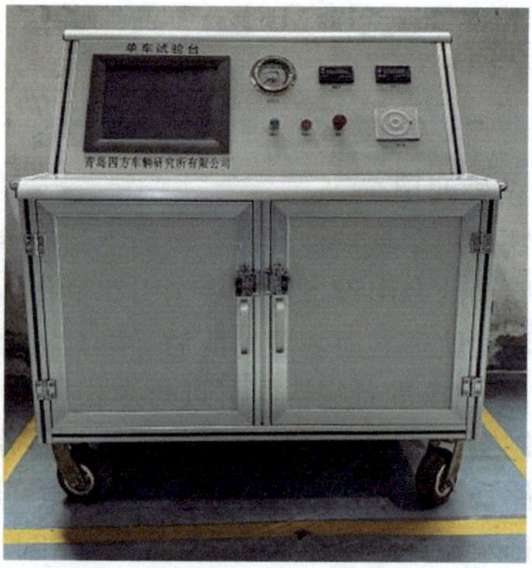

图 1-18 单车试验台

7. 轮重检测仪

轮重检测仪是动车组检修时检验其轮对、轴、转向架是否偏载的一项高科技新产品，是动车组检修单位的重要设备。它对检修后的动车组各个轮重进行检测，具有精度高、使用灵活、造价低等特点，在允许条件下能长期(至少 10 年)稳定工作。

8. 转盘

转向架在检修线上作业时需要转向，必须通过转盘来实现。该设备是动车车辆转向架进出车间作业需要转向换线时使用的专业设备，能满足转向架在检修过程中的多种转向要求。

转盘的操作方法分为电动操作和手动操作。电动操作又有控制台控制和遥控控制两种方式，控制台上有电源开关、急停按钮、正转按钮、反转按钮等。转盘如图 1-19 所示。

9. 构架检修输送线

构架检修输送线主要用于动车组转向架从构架和轮对分离，根据不同的车型，多功能检修小车能携带构架等工件，自动调节吊挂装置的 $x$、$y$、$z$ 向距离，根据工序需求自动实现正反向转换，具有前进、后退和辅助检修作业（工件的升降、旋转等作业）功能，同时对构架的检修信息进行实时跟踪和监控。构架检修输送线如图 1-20 所示。

图 1-19 转盘

图 1-20 构架检修输送线

# 第四节 高级修管理

## 一、技术管理

我国动车组检修技术标准可分为检修规程、检修技术条件、检修工艺及作业指导书等三个自上而下的层级，逐级细化。

1. 检修规程

检修规程由国铁集团组织制定并发布，也是动车组高级修的基本遵循，是动车组高级修检修管理、监造验收、质量评价的重要技术依据。在检修规程中，通常会对动车组各级修程的检修周期、检修范围、检修标准等给出明确规定。

2. 检修技术条件

检修技术条件由国铁集团车辆主管部门组织制定并发布，是检修规程内容的进一步细化，主要目的是将各车型同类部件集中编写，规范各车型部件检修技术要求，通过对比检修标准优化，为新部件设计提供参考并推进统型统图，指导部件维修资质审查。

3. 检修工艺及作业指导书

检修工艺及作业指导书由动车组检修单位制定并发布，是依据检修规程和检修技术条件的相关技术要求和规定，并结合检修单位检修能力和设备设施、工艺流程等实际情况编制的。在动车段一般将检修工艺与作业指导书合并编制，作为作业者现场工作的唯一标准。

为不断强化作业指导书的准确性，检修单位一般选派技术经验丰富的人员组成高级修对规管理小组，对规人员应掌握检修规程、技术条件、作业指导书、检修工艺通知等技术文件，重点掌握对规项目涉及必换件、工艺流程、工艺标准等内容。

## 二、计划管理

动车组高级修生产计划是现场生产作业组织的主要根据，是保障高级修正常生产运作的基础，各检修单位根据高级修计划分头组织、按时兑现。高级修计划由动车段、铁路局集团公司、国铁集团逐层向上编制审核，检修单位过程参与，然后逐级向下发布实施，形成年、月、列、日的四层闭环计划管理体系。

1. 年计划

每年各动车段根据动车组日均走行公里、春暑运等特殊时段运输需求等编制下年度高级修计划建议并报铁路局集团公司审核，形成科学均衡的全年检修轮廓计划，并在动车组管理信息系统中发布。

2. 月计划

每月上旬铁路局集团公司以发布的年度高级修轮廓计划为基础，结合动车组实际运用情况，按照动车组接近上限入修的原则编制下月计划，并在动车组管理信息系统中提报。国铁集团汇总审核后通过调度命令进行发布。

3. 列计划

检修单位根据国铁集团发布的月度检修计划，制定本单位动车组高级修列计划，明确架车、落车、调试、交检交验等重要检修节点完成时间，并对重要部件配置信息、重点故障，周转件等生产要素进行信息预测，针对预测出的问题提前组织处置，消除延误风险。

4. 日计划

检修单位高级修车间根据列计划，考虑班组人员配置、部件检修周期、设备设施能力等因素细化形成日工作计划。车间各班组每日召开生产会议，按计划进行生产组织，出现异常情况及时采取解决措施，确保计划兑现率。

## 三、质量管理

动车组高级修经过多年的发展，形成了从过程监督、结果确认、质量分析等覆盖全流程的质量管理制度，制定了符合行业特点的“三检一验”上下工序互控、质量对规等质量控制措施。

1. 质量监督机构

检修单位设置质量检查部门(如质量检查科、验收室)，负责参与质量管理体系建设，制定《动车组质量管理检查办法》《动车组产品验收细则》等体系文件，指导高级修质量管理业务；高级修车间内设置质检班组，配置质检员，负责动车组现场质量过程控制和结果确认。有些动车段将质检组从各个车间剥离出来，单独成立质检车间，实现现场质量集中化、专业化管控。

2.“三检一验”制度

“三检”是指作业者自检、工长或技术骨干互检、质检员专检。“一验”是指验收，属企业内部质量监督，如动车段内一般设有专门的验收机构，负责对产品质量进行监管。按检查范围不同，分为全数检查和抽样检查两种形式；按检查方式不同，分为过程检查和最终检查两种形式；按发现质量问题不同，综合考虑问题类型、危害程度和潜在风险一般划分为重大质量问题(C级)、较大质量问题(B级)、一般质量问题(A级)，通过分类归纳、管控、整改，确保检修质量可控。

3. 入库检验管理制度

动车组材料、配件入库前，材料管理部门通知相关车间安排质检员参加入库检验，复检合格后办理入库。材料、配件入库检验时，须附有相应产品合格证明材料。无合格证明材料、发现假冒或其他不符合要求的合格证明材料时，检验人员有权拒绝检验。属于验收范围内的动车组材料配件入高修厂仓库时，质检员复检合格后须联系验收员进行入库验收。

## 复习思考题

1. 动车组的分类方式主要有哪几种？
2. 动车组由哪几部分组成？
3. 动车组修程分为哪几个等级？
4. “三检一验”制度是什么？
5. 轮重检测仪的作用是什么？
6. 单车试验台由什么组成？
7. 安全联锁监控系统由什么组成？
8. 各动车段主修车型分别是什么？
9. 动车组不同制动初速度分别对应的紧急制动距离是多少？
10. 动车组应有识别的标记包括哪些？

# 第二章　动车组基本组成及原理

对于动车组维修师，学习动车组基本组成及原理是保障安全检修的基础。动车组包括车体系统、转向架系统、高压系统、牵引系统、制动系统和车端连接系统等，通过深入掌握动车组的组成及原理，动车组维修师可以更迅速、准确地发现和解决问题，提高检修的技能水平，确保列车安全运行。

## 第一节　车体系统

动车组的车体承载结构采用车体全长的大型中空铝合金型材组焊而成，为筒形整体承载结构。车体具有很好的防振、隔音效果，尤其是侧墙。车体所使用的材料为可焊接铝合金，具有良好的防腐性。

### 一、车体组成及特点

车体承载结构是由底架、侧墙、车顶、端墙以及设备舱组成为一个整体。对于头车还设有司机室，头车的车体结构设计能够为司机提供一个安全的驾驶空间。头车车体结构如图 2-1 所示，中间车车体结构如图 2-2 所示。车体主要技术参数见表 2-1。

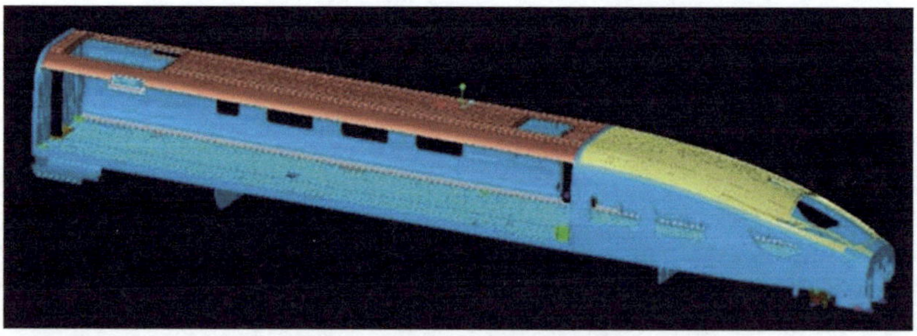

图 2-1　动车组头车车体结构

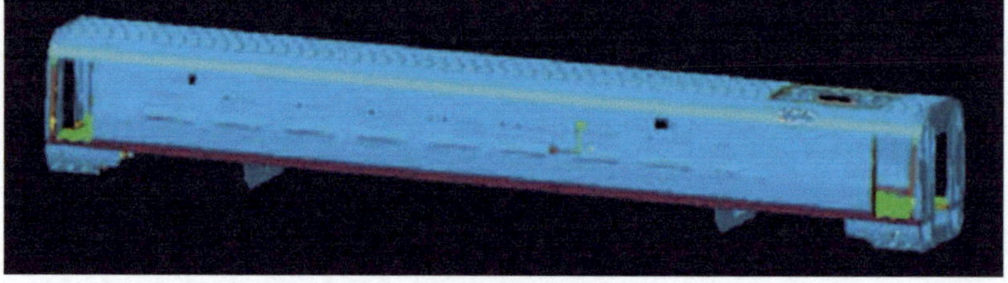

图 2-2　动车组中间车车体结构

表 2-1　车体主要技术参数

| 参　　数 | 头　　车 | 有受电弓中间车 |
|---|---|---|
| 长度(mm) | 27 255 | 25 000 |
| 宽度(mm) | 3 360 | 3 360 |
| 高度(mm) | 4 050 | 4 050 |
| 车辆定距(mm) | 17 800 | 17 800 |
| 车体结构质量(t) | 10.9 | 11.3 |

## 二、底　　架

底架主要由底架前端结构和底架中部结构两大部分组成。底架中部结构包括地板、边梁两部分,地板与边梁焊接,纵向贯通,底架端部为整体结构,包含固定裙板,固定裙板上集成注水口、注砂口等部件。底架端部与底架底板之间通过过渡板相连,固定裙板与边梁组焊,具有很好的强度。底架结构如图 2-3 所示。动车地板下部焊接有用于牵引电机通风的风道组成。

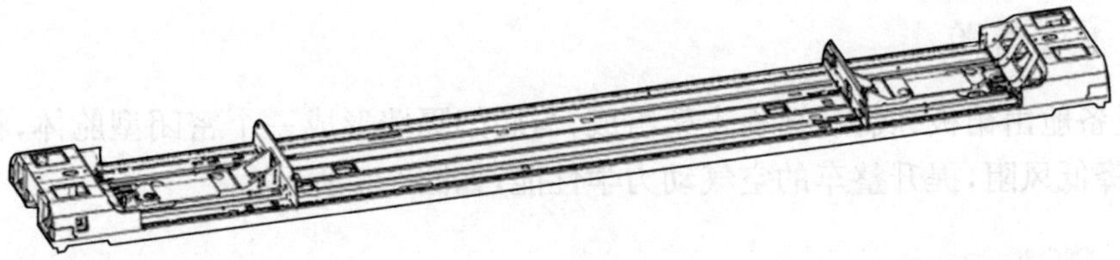

图 2-3　底架结构

## 三、车　　顶

车顶主要有高顶结构和平顶结构,由 7 块大型中空铝型材拼焊而成,提供空调、新风口及车顶电气部件等设备的安装接口。在受电弓的拖车车顶还提供由有受电弓和高压箱等重要设备的平台,为保证空气动力学性能,此平台上的设备除受电弓外都沉到车体轮廓线以内。车顶型材内壁设置通长 C 形槽,用于安装风道和线槽等设备。车顶边梁还集成有高压线缆穿过的 U 形腔,高压线缆内置其中,既节省了固定支座,又提高了空气动力学性能。

## 四、侧　　墙

侧墙主要由侧墙上部型材、侧墙下部型材、窗口下部型材、窗口上部型材等部件组成。各车侧墙的外部轮廓及型材断面组成均相同,由 5 块大型中空铝型材拼焊而成。

## 五、端　　墙

端墙主要由门框、端角柱、端墙板和端墙附件四部分组成。

## 六、司 机 室

头车的司机室框架结构为板梁式,所有的梁、柱、墙顶板采用开口型材和板材。司机室框架结构由六部分组成,即司机室前端、司机室后框、司机室左侧墙、司机室右侧墙、司机室车顶和司机室前窗挡风玻璃安装框，如图 2-4 所示，其具有强度好、头型适应性强、工艺性好的优点。

图 2-4　司机室结构

## 七、车下设备舱

车下设备舱由裙板、底板、裙板支架组成，与底架隔墙形成一个密闭型舱体，将车下设备置于其中，降低风阻，提升整车的空气动力学性能，如图 2-5 所示。

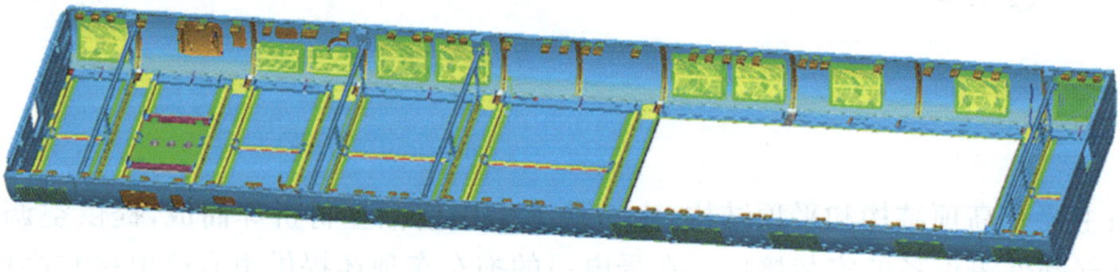

图 2-5　车下设备舱结构

# 第二节　转向架系统

## 一、转向架功能及结构

### (一)转向架功能

转向架是动车组车辆系统中最重要的组成部件之一，其结构设计的合理性直接影响车辆的运行品质和行车安全。

对动车组来说，转向架必须具有以下功能：

1. 承载：承受车体、旅客、水箱及动态载荷等质量，并使轴重均匀分配。

2. 牵引(动车转向架)：保证必要的轮轨黏着，并把轮轨接触处产生的牵引力传递给车体，使车辆前进。

3. 减振:减缓线路不平顺对车辆的冲击,保证车辆具有良好的运行平稳性。

4. 转向:保证车辆顺利通过曲线。

5. 制动:提供制动力,使车辆按运用要求减速或停车。

**(二)转向架各部位作用**

1. 构架:转向架的主要承载部件,它将转向架的各个零部件组成一个整体,并承受和传递各种载荷。

2. 轮对:轮对作为车辆与线路的系统界面,直接向钢轨传递力,通过轮轨间的黏着产生牵引力或制动力,并通过车轮转动实现车辆在钢轨上的运行。

3. 轴箱:轴箱是连接构架与轮对的活动关节,对轮对进行弹性约束。

4. 一系悬挂:用来减缓线路不平顺对车辆的冲击,保证车辆运行平稳性,并且平衡轴重分配。

5. 二系悬挂:指车体与转向架之间的连接装置,用于传递车体与转向架之间的垂向力和水平力,减缓车体与转向架之间的冲击振动,并且在车辆通过曲线时使转向架能相对于车体回转。

6. 驱动装置(动车转向架):将动力装置的扭矩有效地传递给轮对,驱动车轮转动。

7. 基础制动装置:将制动缸压力增大若干倍以后传给闸片,使其压紧制动盘,对车辆施行制动。

**(三)转向架结构特点**

转向架为两轴无摇枕、有过渡枕梁转向架,所有转向架的主模块都基本相同。采用H形焊接构架、转臂式轴箱定位、双圈螺旋式钢弹簧和垂向减振器的一系悬挂,大柔度空气弹簧、横向减振器、横向止挡、抗蛇行减振器和Z形牵引装置的二系悬挂,盘式基础制动单元,架悬式交流电机、联轴器和齿轮传动系统。非动力转向架采用与动力转向架基本相同结构形式。动车组动车转向架、拖车转向架分别如图2-6和图2-7所示。

图2-6 动车转向架

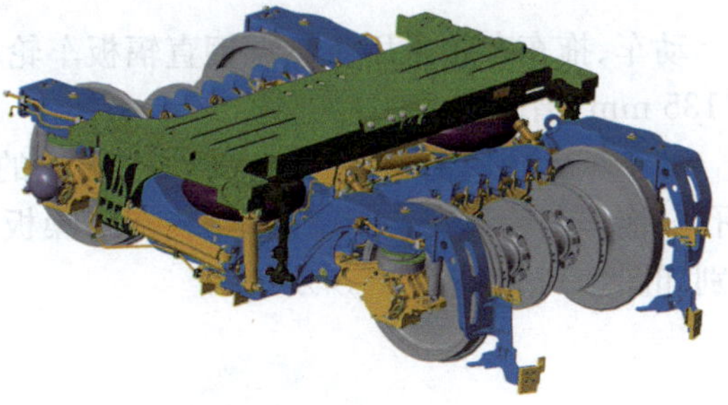

图2-7 拖车转向架

## 二、转向架构架

构架组成采用H形焊接结构,动车构架和拖车构架基本结构相同。主体结构均由两个侧梁、一个横梁组成,呈H形结构。侧梁和横梁均由钢板焊接而成。动车构架横梁上设有电机和齿轮箱装置的悬挂支座,拖车构架横梁上设有小纵向梁,轴盘制动吊座通过制动梁与小纵向梁焊接。动车转向架构架如图2-8所示,拖车转向架构架如图2-9所示。

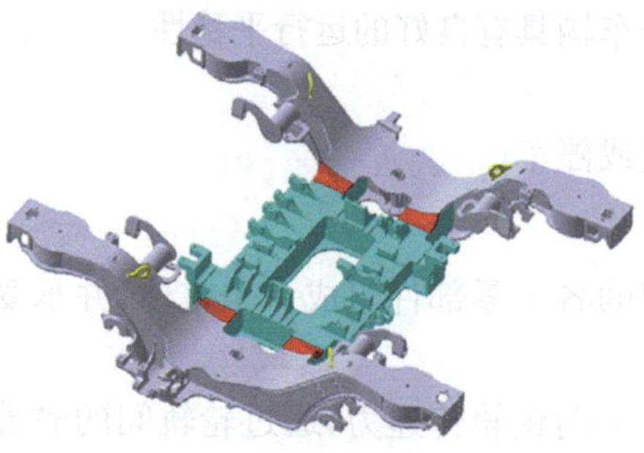
图 2-8　动车转向架构架

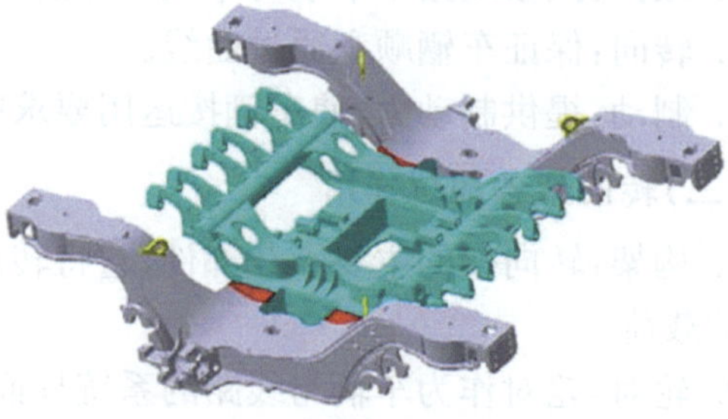
图 2-9　拖车转向架构架

## 三、轮对组成

轮对组成是转向架上的主要受力部件，关系车辆运行安全，其主要由车轴、车轮和制动盘等零部件组成，对于动力轮对，还装有齿轮箱等部件。动力轮对为可安装制动盘的直辐板结构。非动力轮对装有降噪阻尼材料或降噪块，每条动力轮对采用 2 套轮装制动盘，每条非动力轮对采用 3 套轴装制动盘。动车组动力轮对和非动力轮对分别如图 2-10 和图 2-11 所示。

图 2-10　动力轮对

图 2-11　非动力轮对

### (一)车　　轮

动车、拖车车轮采用整体辗钢直辐板车轮，新轮直径 920 mm，磨耗到限 850 mm，轮厚度为 135 mm，踏面为 LMB-10 型。

动车车轮圆周上均布 6 个直径 $\phi$25 mm 的定位销安装孔和 12 个直径 $\phi$22 mm 的螺栓安装孔。拖车车轮不安装制动盘，安装有降噪板或降噪块以减少轮轨噪声。动车和拖车车轮分别如图 2-12 和图 2-13 所示。

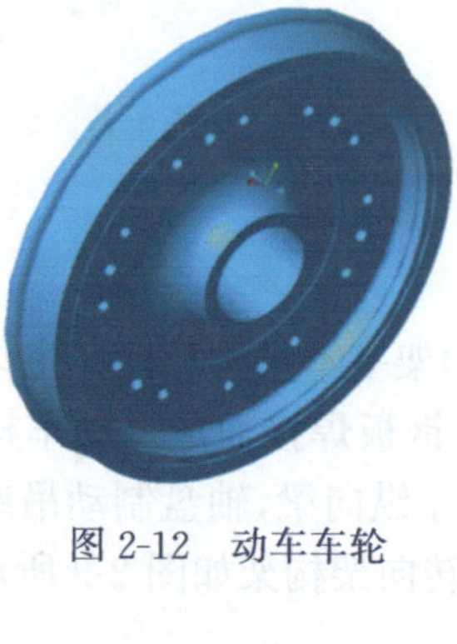
图 2-12　动车车轮

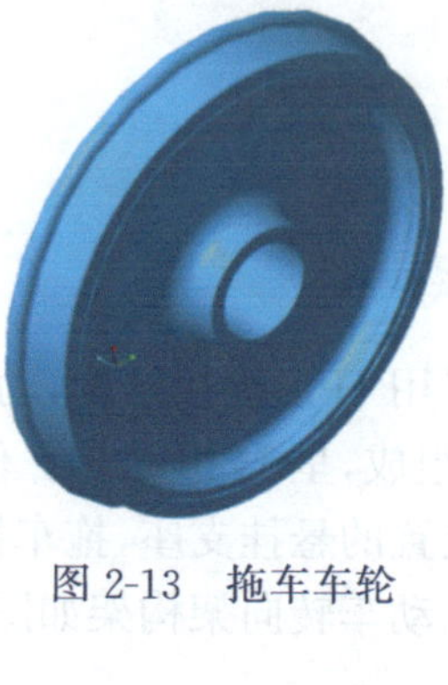
图 2-13　拖车车轮

**(二)车　　轴**

车轴的轴颈中心距为 2 000 mm,轴颈直径为 $\phi$130 mm,采用空心车轴,车轴中心孔为 $\phi$30 mm,每个动车车轴设有 1 个齿轮箱安装座,每个拖车车轴设有 3 个制动盘安装座。

## 四、一系轴箱定位装置

一系轴箱定位装置包括一系悬挂及轴箱装置,采用轴箱转臂式定位,安装一系定位节点,实现轮对纵向、横向弹性定位,轴箱轴承采用单元式自密封免维护轴承,采用分体式轴箱体。

**(一)一系悬挂**

一系悬挂主要由轴箱弹簧,叠层橡胶弹簧、一系垂向减振器和定位节点等组成。轴箱体与构架弹簧之间设置两圈螺旋钢弹簧,弹簧下部设置叠层橡胶弹簧,轴箱体前端与构架间设置垂向减振器以吸收车辆振动能量,后部通过橡胶定位节点与构架连接。

**(二)轴箱弹簧**

轴箱弹簧为双层螺旋钢弹簧,置于轴箱顶部,弹簧组上半部伸到构架侧梁的弹簧座里面,在弹簧顶部与构架弹簧座之间设有一块橡胶垫,用以吸收来自钢轨的冲击和高频振动。轴箱弹簧结构如图 2-14 所示。

**(三)橡胶弹簧**

橡胶弹簧的主要用途是确保结构噪声最佳绝缘性能,进行垂直静态预载并吸收垂直方向上的相对运动,以及水平方向上倾斜运动。

**(四)垂向减振器**

在构架与轴箱之间,每组轴箱弹簧各并联了一个垂向减振器。垂向减振器主要作用是衰减转向架构架垂向及点头振动,其两端各设置缓冲橡胶节点。一系垂向减振器外形结构如图 2-15 所示。

图 2-14　轴箱弹簧

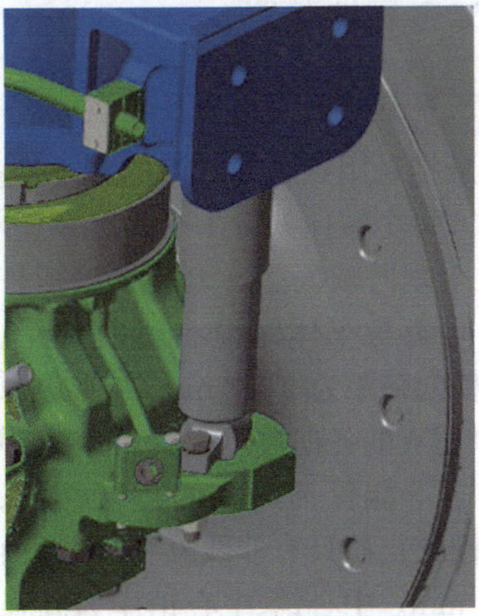

图 2-15　一系垂向减振器

### (五)定位节点

转向架转臂定位节点为金属橡胶的弹性元件，其心轴固定在构架定位座上，外套及芯轴橡胶与轴箱转臂连接，提供轮对轴箱装置的横向、纵向定位刚度。轮对与构架间的横向及纵向相对位移依靠节点橡胶套的变形实现，定位节点是直接影响车辆运行稳定性和曲线通过性能最主要的部件。动车组定位节点外形结构如图 2-16 所示。

图 2-16　定位节点

### (六)轴箱装置

轴箱装置主要部件包括：轴箱转臂、转臂箱、轴箱盖、轴箱端盖、轴承组、轴端压盖等，内部结构如图 2-17 所示。

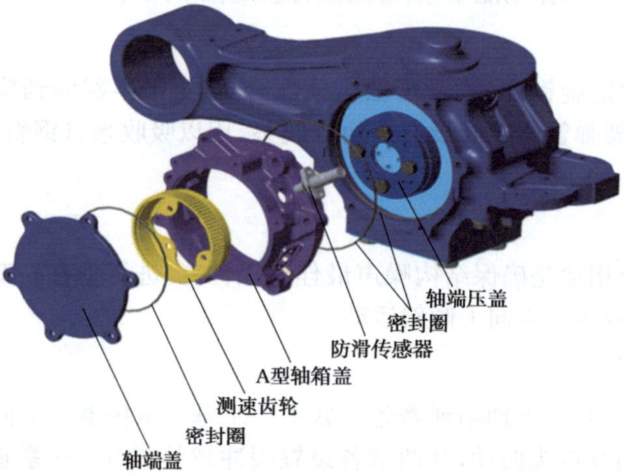


图 2-17　轴箱装置

## 五、二系悬挂装置

### (一)二系悬挂装置组成及特点

二系悬挂采用有过渡枕梁的高柔性空气弹簧承载方式，牵引装置为对中性能良好 Z 形牵引拉杆。每个转向架设 1 个高度调整阀、1 个防过冲安全阀、2 个横向减振器，4 个抗蛇行减振器，2 个垂向减振器，1 套抗侧滚扭杆装置。转向架与车体间设有过渡枕梁。空气弹簧横向跨距为 1 900 mm，带有应急弹簧，提供适宜的各向刚度以保证空气弹簧失气状态下能保证一定的运行性能。横向缓冲橡胶止挡具有非线性特性，自由间隙为 20 mm。中心销、中心销座为高强度低合金钢铸造结构，牵引拉杆为锻造结构。二系悬挂装置如图 2-18 所示。

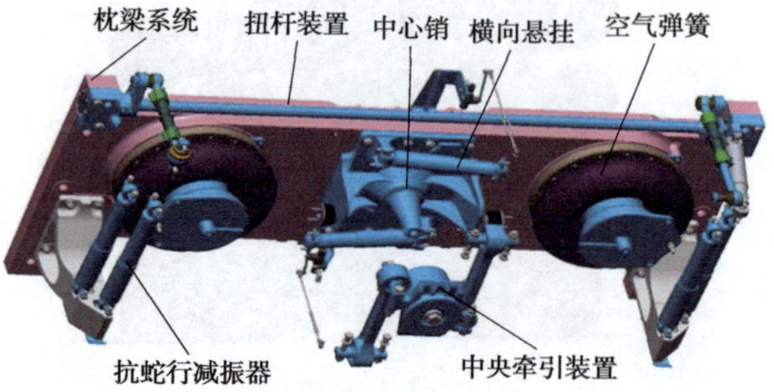


图 2-18　二系悬挂装置

## (二)空气弹簧装置

空气弹簧控制组成用来检测车体与转向架之间由于乘客负载变化而引起的高度变化,并针对高度变化情况对空气弹簧进行充、放气,进而保证车辆处于平衡高度,如图 2-19 所示。高度阀安装在枕梁上,高度阀调整杆下端安装在构架上,上端与水平杠杆的一端相连,水平杠杆的另一端穿过高度阀的转轴。这样,车体与转向架之间的高度变化就转化为水平杠杆的角度变化,完成高度阀的打开或关闭。高度阀调整杆的两端使用球形关节轴承,能满足车体与转向架间相对位移的要求。

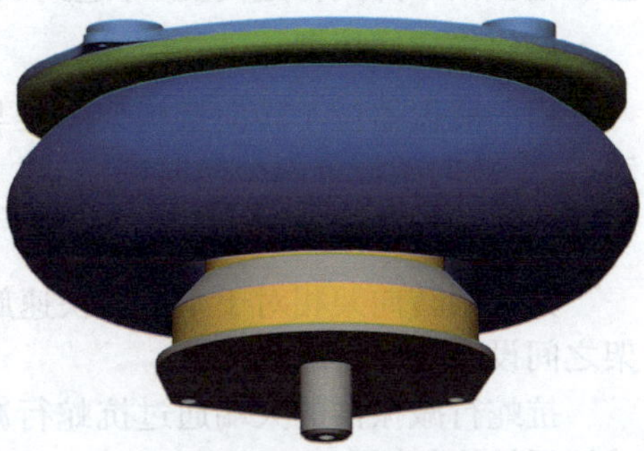

图 2-19　空气弹簧

为了保持车体距轨面的高度不变,在车体(枕梁)与转向架间装有高度调节阀,调节空气弹簧橡胶气囊中的压缩空气(充气、放气或保持压力),使空气弹簧始终发挥良好的工作性能,并使车辆地板面始终保持水平。高度调节阀的调节原理如图 2-20 所示。

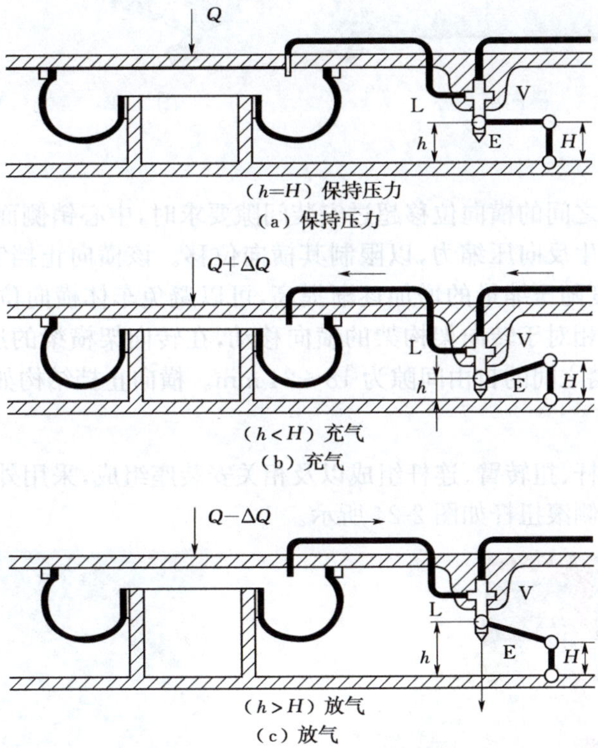


图 2-20　高度调节阀原理

$h$—地板实际高度;$H$—地板标定高度

1. 在正常载荷位置,即 $h=H$ 时,充气通路 V→L 和放气通路 L→E 均被关闭。

2. 当车体载荷增加时,此时 $h<H$,阀动作,使 V→L 通路开启,压缩空气向空气弹簧充气,直至地板面上升到标定高度(即 $h$ 达到 $H$ 高度)为止。

3. 当车体载荷减小时，此时 $h>H$，阀动作，使 L→E 通路开启，空气弹簧向大气放气，直至地板面下降到标定高度(即达到 $H$ 高度)为止。

**(三)横向减振器**

横向减振器位于转向架构架横梁与过渡枕梁之间，用于减缓车体与转向架间的横向振动，每个转向架设置两个横向减振器。横向减振器结构如图 2-21 所示。

**(四)抗蛇行减振器**

为抑制转向架相对于车身的快速旋转运动，避免发生高速车辆蛇行运动，在车体与转向架之间设有抗蛇行减振器。

抗蛇行减振器的大端通过抗蛇行减振器座与过渡枕梁连接，小端与构架连接。抗蛇行减振器结构如图 2-22 所示。

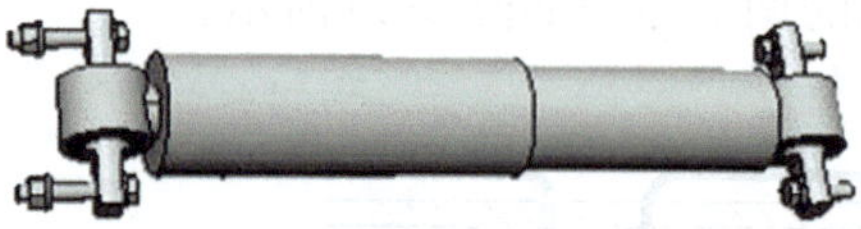

图 2-21　横向减振器

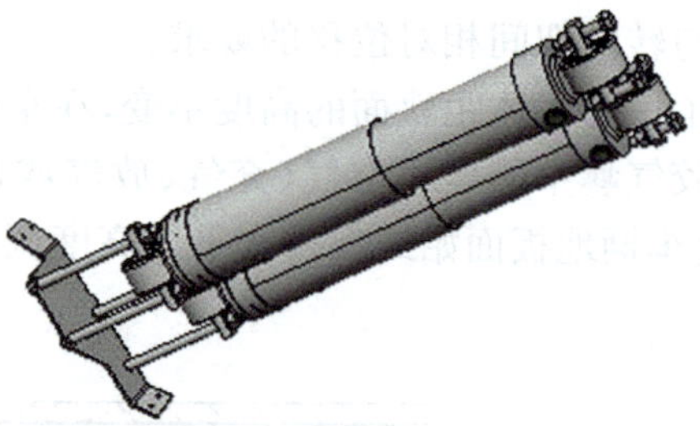

图 2-22　抗蛇行减振器

**(五)横向止挡**

当车体与转向架之间的横向位移超过安装间隙要求时，中心销侧面与横向弹性止挡(缓冲橡胶)接触，继而产生反向压缩力，以限制其横向位移。该横向止挡实际上是具有非线性特性的缓冲橡胶，刚度随压缩量的增加逐渐提高，可以避免车体横向位移偏大，以保证车辆安全。为了限制车体相对于转向架构架的横向移动，在转向架横梁的连接梁上设置横向止挡，横向止挡与中心销之间的自由间隙为 18～24 mm。横向止挡结构如图 2-23 所示。

**(六)抗侧滚扭杆**

抗侧滚扭杆由扭杆、扭转臂、连杆组成以及相关安装座组成，采用外置式安装，连接在枕梁和构架侧梁间。抗侧滚扭杆如图 2-24 所示。

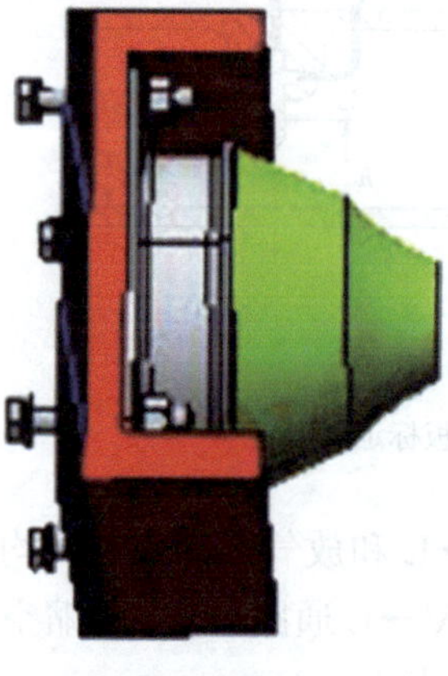

图 2-23　横向止挡

图 2-24　抗侧滚扭杆

### (七)转向架与车体连接装置

转向架与车体间通过枕梁连接，传递车体与转向架之间的各种力，转向架通过枕梁上的两个圆形和方形定位销与车体实现横向和纵向定位，并通过双侧 8 根螺栓与车体实现连接。转向架与车体连接装置如图 2-25 所示。

## 六、牵引装置

每个转向架设一套中央牵引装置，采用传统的 Z 形拉杆结构，主要由中心销、牵引梁、中心销套和两个牵引拉杆组成，如图 2-26 所示。

图 2-25　转向架与车体连接装置

图 2-26　牵引装置

## 七、齿轮传动装置

动车转向架配有齿轮箱组成(含联轴器、吊杆组成、接地装置)，齿轮箱输出端安装在车轴上，输入端通过联轴器与牵引电机相连、通过吊杆组成与构架相连，牵引电机输出扭矩，通过联轴器传到齿轮箱，再通过一级减速齿轮箱将扭矩传输到动力轮对上，从而为车辆提供前进的动力。齿轮箱结构如图 2-27 所示，联轴器结构如图 2-28 所示。

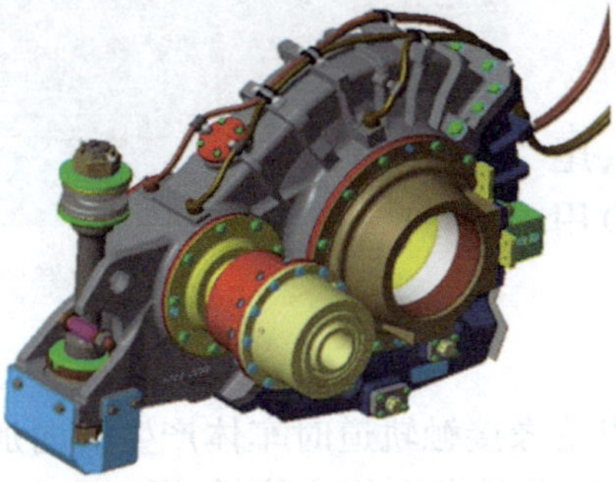

图 2-27　齿轮箱

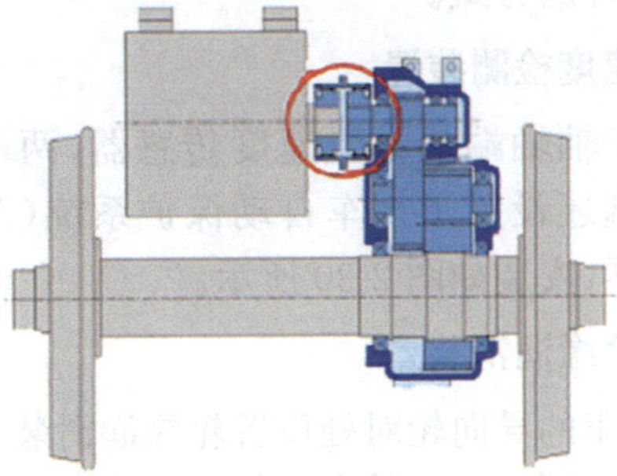

图 2-28　联轴器

## 八、转向架辅助装置

### (一)安全检测装置

转向架安全检测装置主要包括轴承温度传感器和转向架失稳检测装置。

1. 轴承温度传感器

转向架在齿轮箱轴承、轴箱轴承、牵引电机轴承上均设有实时温度传感器，轴箱的温度由轮对轴承上的一个温度传感器进行测量，齿轮箱每个轴承都安装有一个温度传感器，轴箱轴承或齿轮箱轴承温度异常时会触发车辆报警，并按照设计的速度限速运行。动车组轴承温度传感器安装如图 2-29 所示。

可能引起轴承温度过高的原因有：

(1)轴承严重甩油。

(2)轴承因焊接和电流故障导致电腐蚀。

(3)轴承异常磨损。

2. 转向架失稳检测装置

运行稳定性受很多因素的影响，包括轮轨接触状态、轮轨几何关系以及转向架组成结构。运行稳定性可能受到以下情况的影响：

(1)减振器故障。

(2)车轮过度磨耗或损坏。

(3)轨道过度磨耗或损坏。

(4)轮对导向装置损坏。

图 2-29　齿轮箱温度传感器安装

运行稳定性监测装置装于转向架构架端部，即转向架构架的横向加速度不得超出特定极限范围。每个转向架上均有一个加速度传感器，通过该传感器测量加速度值。稳定性异常时会触发车辆报警，并按照设计的速度进行自动限速。

**(二)接地装置**

接地装置主要功能是为防止电流通过齿轮箱、轴箱轴承而造成电蚀，保证车体和钢轨之间形成可靠的低电阻连接，动车组在拖车设置轴端接地装置，采用端磨方式。动车齿轮箱上设置齿轮箱接地装置，采用环磨方式。

**(三)速度检测装置**

每根车轴轴端均设置速度传感器，两端头、尾车部分轴端还设置了列车自动保护系统(ATP)用速度传感器，安装如图 2-30 所示。

图 2-30　速度传感器安装

**(四)轮缘润滑装置**

头、尾车的导向轮对处设置轮缘润滑装置，当轮缘接触轨道时车体产生横向加速度会触发离心开关，同时此开关会向轮缘润滑系统的控制设备发出相应信号，通过电气计时脉冲，控制装置将电磁阀打开。动车组轮缘润滑装置结构如图 2-31 所示。

**(五)撒砂扫石器装置**

撒砂：当轮轨间摩擦系数降低时，可以通过在车轮和钢轨之间的撒砂增加摩擦系数。增大制动效率，从而减少车轮打滑趋向。

扫石器:排障器安装在头车一位端转向架的前端,排障器可以清除钢轨上的障碍物,将车轮踏面受损的危险和出轨的风险降低到最低限度。撒砂扫石器装置如图 2-32 所示。

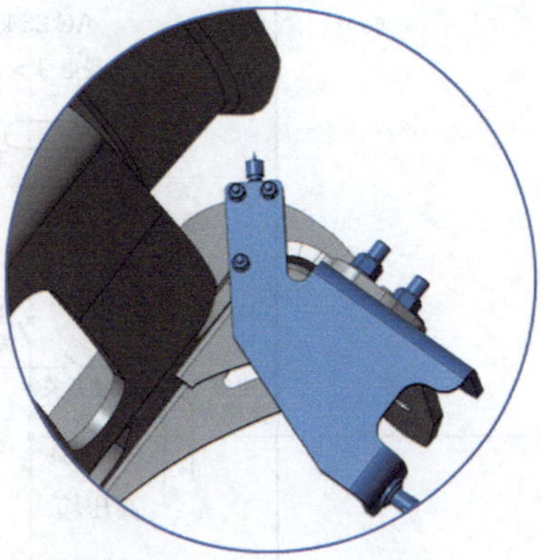

图 2-31 轮缘润滑装置

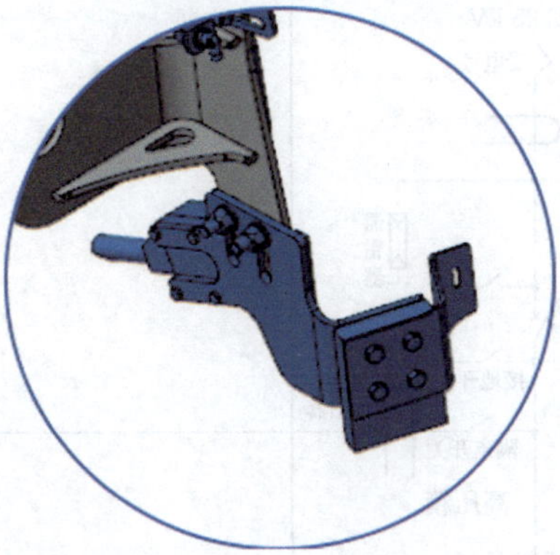

图 2-32 撒砂扫石器装置

**(六)踏面清扫装置**

踏面清扫装置通过四个螺栓固定在车辆上。通入压缩空气,活塞杆伸出将研磨子压附在车轮踏面上进行工作,卸压后活塞杆在复位弹簧作用下带动研磨子离开车轮。闸瓦托通过铰制螺栓、防振橡胶等与活塞杆进行连接,吸收能量、缓解振动冲击并防止研磨子的偏磨耗。

# 第三节 高压系统

## 一、高压系统构成及设备分布

CR400BF 平台动车组由两组牵引单元对称组成,每组牵引单元具有一套高压设备。高压系统是由受电弓、支撑绝缘子、真空断路器、高压隔离开关、高压互感器、保护接地开关、避雷器、高压电缆及电缆连接器等组成。高压设备采用集成高压设备箱方案,将除受电弓、绝缘子、网侧避雷器外的其余高压部件全部放置于集成高压设备箱内。高压系统具备为全车供电、电气保护、监测网压及工作电流和在线绝缘监测的能力。

受电弓从接触网 25 kV/50 Hz 单相交流电源受电,通过主断路器 VCB 连接到两台牵引变压器原边绕组上。每台受电弓下布置网压互感器及列车总网流互感器,主断路器前、后均安装 1 台避雷器。高压系统主电路如图 2-33 所示。

在 Tp03/Tp06 车顶二位端布置了受电弓和高压箱,通过位于 Mh04、Mb05 车的高压电缆连接。高压系统部件在列车上的分布见表 2-2。

**表 2-2 高压系统部件分布**

| 车 厢 | 部 件 分 布 |
|---|---|
| 头车 Tc01/Tc00 | — |
| 变流器车 M02/M07 | — |
| 变压器车 Tp03/Tp06 | 受电弓、带有接地开关的主断路器、避雷器、车顶电缆、车顶线路开关、车与车之间高压连接、网压互感器、网流互感器、变压器 |
| 变流器车 Mh04 | 车顶电缆、车与车之间高压连接 |
| 变流器车 Mb05 | 车顶电缆、车与车之间高压连接 |

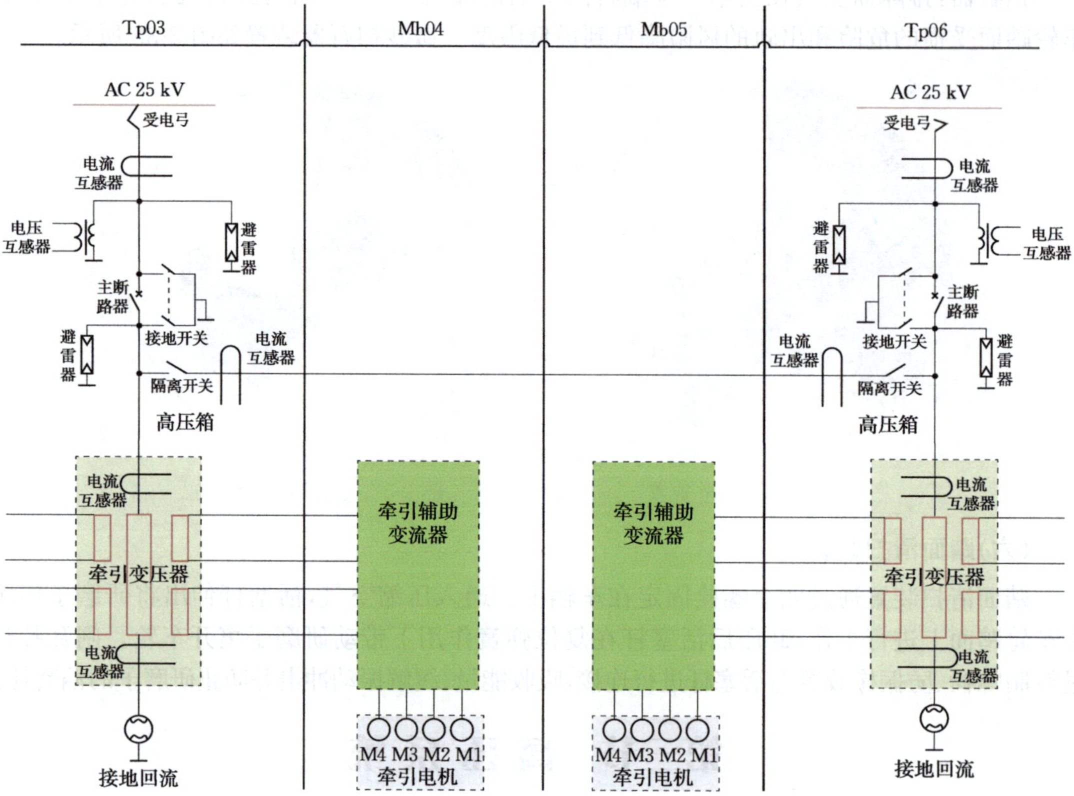


图 2-33　高压系统主电路

## 二、受 电 弓

### (一)作　　用

车辆通过受电弓收集接触网提供的 AC 25 kV 电能。由于高压电缆连接列车的两个牵引单元,正常操作中只需要升起一个受电弓收集 AC 25 kV 电能用于整列车使用。受电弓由压缩空气来驱动。此外,碳滑板自动降落装置(ADD)可确保在碳滑板磨损或断裂时通过断开紧急关闭环路使受电弓降落。

### (二)主要参数

1. 额定电压:25 kV。
2. 额定电流:1 000 A。
3. 静止时最大电流:120 A。
4. 最大运行速度:380 km/h。
5. 最大试验速度:420 km/h。
6. 额定静态压力:(80±10)N(不带阻尼器)。
7. 最低工作高度:470 mm(从落弓位置起)。
8. 最高工作高度:2 500 mm(从落弓位置起)。
9. 最大升弓高度:2 600 mm(从落弓位置起)。

10. 弓头总长度:(1 950±12)mm。

11. 弓头宽度:53.5～55 mm。

12. 落弓位保持力:≥120 N。

13. 滑板长度:(1 050±1)mm。

**(三)设备结构及组成**

受电弓主体结构采用单滑板、单臂(上臂)设计,无导流翼片,其结构及组成如图 2-34 所示。

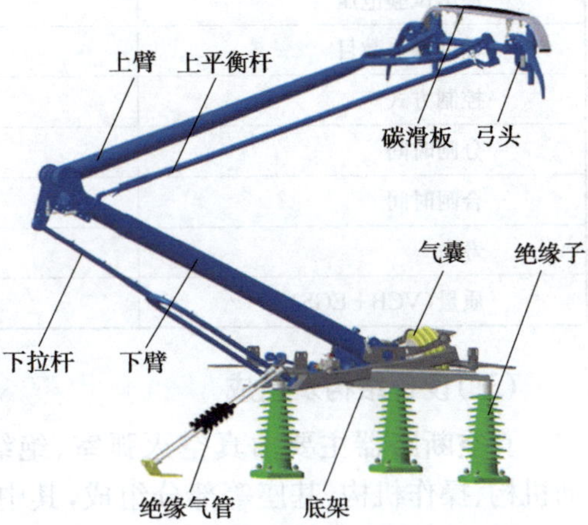


图 2-34　单滑板受电弓结构与组成

**(四)工作原理**

受电弓的升降是由气囊组成的平衡系统控制,气囊的压力空气由列车压缩机提供并由受电弓控制阀板调节后输入,在压力空气作用下气囊伸长产生扭矩,通过凸轮及弹性连接轴作用在下臂铰链处,从而使受电弓升起。电子控制单元接收来自车辆的控制信号如速度、接触网类型等,通过内部运算,调整输出至气囊的压力,使弓头和接触网之间保持设定的接触力。如果压力空气供应中断或者低压电源供应发生故障,受电弓会自动降弓,降弓是随着气囊内的压力空气排空后由重力作用自动实现。

## 三、真空断路器

**(一)作　　用**

真空断路器和接地保护开关集成在一起形成一个部件,安装于高压设备箱内。真空断路器用于接通和切断主电路;接地保护开关接地操作时使真空断路器的进出线端接地,所有牵引电路和再生电流由接地保护开关接地,保证检修操作人员的安全。

**(二)主要参数**

真空断路器用作线路断路器,可断开、闭合电源电路,同时在过载和短路故障情况下可将主电路安全切断,防止事故进一步扩大,对牵引系统中的牵引变压器、牵引变流器等其他部件起到保护的作用。真空断路器基本参数详见表 2-3。

表 2-3　真空断路器基本参数

| 名　　称 | 参　　数 |
|---|---|
| 标称电压 | AC 25 kV |
| 额定电压 | AC 31.5 kV |
| 额定电流 | 1 000 A |
| 额定频率 | 50 Hz |
| 额定分断电流 | 20 kA |
| 额定接通电流 | 50 kA |
| 短时耐受电流 | 20 kA/1 s |

续上表

| 名　称 | 参　数 |
|---|---|
| 主电路极间工频耐压 | 85 kV |
| 主电路对地工频耐压 | 100 kV |
| 冲击试验电压 | 185 kV |
| 辅助触点数目 | 5 个常闭+6 个常开 |
| 控制方式 | 电空控制 |
| 分闸时间 | ≤60 ms |
| 合闸时间 | ≤100 ms |
| 寿命 | 300 000 次循环/300 000 次动作 |
| 质量(VCB+EGS) | 130 kg(115+15) |

### (三)设备结构及组成

真空断路器主要由真空灭弧室、绝缘支撑、传动机构、操作机构、基座等部分组成,其中真空灭弧室是其关键部件,如图 2-35 所示。真空灭弧室主要由静导电杆、动导电杆、触头、屏蔽罩、波纹管和绝缘外壳六部分组成,其中触头是灭弧室关键部件。触头有多种形式,如圆柱触头、螺旋形触头、横向磁场触头和纵向磁场触头等。屏蔽罩是灭弧室的另一重要元件,分为内屏蔽式和外屏蔽式。

图 2-35　真空断路器

### (四)动作原理

VCB 合闸动作原理:车辆控制发出 VCB 合闸指令,电磁阀线圈得电,电磁阀进气口与工作气口导通,储风缸的压缩空气迅速进入气缸,气缸内活塞驱动绝缘推杆向上运动,绝缘推杆推动灭弧室内真空管动静触头闭合,完成真空断路器的合闸过程。

VCB 分闸动作原理:车辆控制发出 VCB 分闸指令,电磁阀线圈断电,电磁阀工作气口与排气口导通,气缸中的压缩空气从快排阀和电磁阀的排气口排出,灭弧室内的分闸弹簧作用于绝缘推杆使其和气缸活塞一起向下运动,灭弧室内真空管动静触头断开,完成真空断路器的分闸过程。

## 四、高压隔离开关

### (一)作　　用

车顶隔离开关具有重要的作用,一方面当动车组同列相邻牵引单元中出现故障时,司机可通过断开车顶隔离开关切除同列相邻牵引单元的供电,此时动车组以 50%牵引力运行;另一方面在动车组紧急牵引工况下,通过切除车顶隔离开关并升起全列受电弓,列车仍可以运行,能够在特殊情况下保证旅客安全和最小限度地减少对运营秩序的影响。

### (二)主要参数

1. 额定电压:31.5 kV。

2. 额定电流：700 A。
3. 额定频率：50 Hz。
4. 控制电压：DC 110 V。
5. 最小动作电压：DC 77 V。
6. 动作电压范围：DC 77～137.5 V。
7. 额定工作气压：400～1 000 kPa。
8. 最小动作气压：350 kPa。
9. 短时耐受电流：16 kA/1 s。
10. 工频耐受电压：100 kV(有效值)/1 min。
11. 雷电冲击电压：185 kV(1.2/50 μs)。
12. 机械寿命：20 000 次。
13. 工作环境温度：-40～70 ℃。

**(三)设备结构及组成**

高压隔离开关通过高隔底架安装在高压箱内，如图 2-36 所示。它装有两个刀闸板，一端固定在固定座上，另一端延伸到接触头上。刀闸板通过拉杆与下面的传动机构相连，传动机构采用长槽滑块机构，采用电控、气动的控制方式。在高隔底架两侧，分别固定安装电磁阀和传动气缸、传动轴，保证了刀闸板与传动机构的转动。转轴末端上的凸轮是用来控制安装在高隔底架上的辅助触头开关。辅助触头开关用于检测开关状态并将信号传输到司机室。

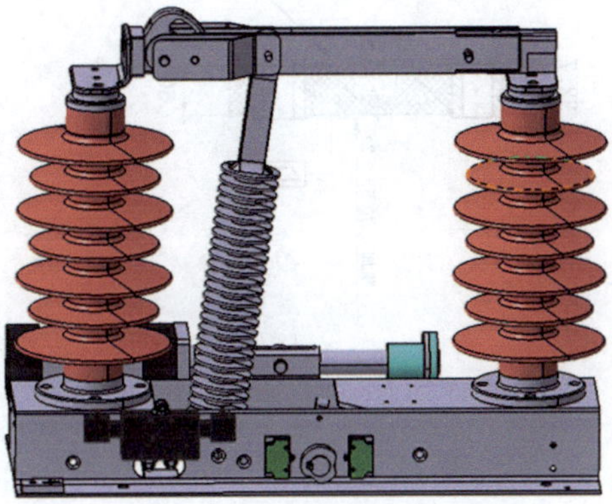

图 2-36　高压隔离开关

**(四)动作原理**

1. 分闸：合闸状态时，电磁阀得到分闸信号，得电动作，打开气路，压缩空气经电磁阀进入压力气缸，推动操纵杆，使转轴旋转 60°，隔离开关分断。转轴转动的同时，固定在主轴上的凸轮驱动低压联锁改变为分闸状态，并将信号传到司机室。

2. 合闸：分闸状态时，电磁阀得到合闸信号，得电动作，打开气路，压缩空气经电磁阀进入压力气缸，推动操纵杆，使转轴旋转 60°，隔离开关闭合。转轴转动的同时，固定在主轴上的凸轮驱动低压联锁改变为合闸状态，并将信号传到司机室。

高压隔离开关不带灭弧装置，不具有开断电流的能力，因此，它的所有动作都必须在主断路器处于分断状态时进行。

## 五、受电弓支撑绝缘子

**(一)作　　用**

受电弓支撑绝缘子由绝缘体、上下嵌件组成，绝缘体材料为环氧聚酯类，嵌件为不锈钢材质。绝缘子用于受电弓的安装和支撑，保证安装时的机械强度和电气绝缘的要求。

### (二)设备结构及安装

受电弓支撑绝缘子的外形尺寸和安装接口如图 2-37 所示。

受电弓支撑绝缘子在车辆上的安装如图 2-38 所示。

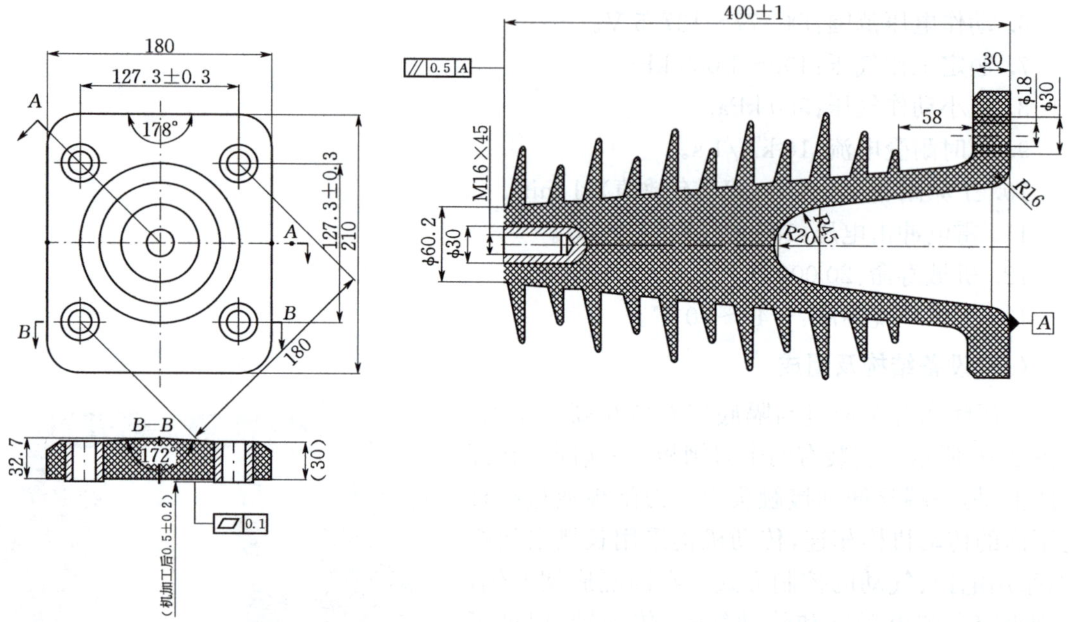


图 2-37　受电弓支撑绝缘子外形尺寸和安装接口(单位:mm)

## 六、高压互感器

### (一)作　　用

动车组主要使用电压互感器及电流互感器采集电压及电流数据信号。

### (二)电流互感器

电流互感器是依据电磁感应原理,由闭合的铁芯和绕组组成。串在需要测量的电流的线路中,因此经常有线路的全部电流流过。二次侧绕组匝数比较多,串接在测量仪表和保护回路中,电流互感器在工作时,二次侧回路始终是闭合的,因此测量仪表和保护回路串联线圈的阻抗很小,电流互感器的工作状态接近短路。电流互感器是把一次侧大电流转换成二次侧小电流来使用,二次侧不可开路。车辆上用于监测的电流互感器均为直通式电流互感器。

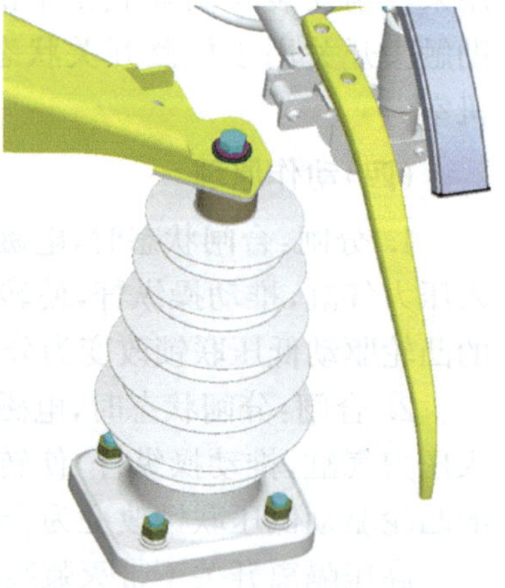

图 2-38　受电弓支撑绝缘子的安装

### (三)电压互感器

电压互感器是一个带铁芯的变压器,主要由一、二次线圈、铁芯和绝缘组成。当在一次绕组上施加电压 $U_1$ 时,在铁芯中就产生磁通 $\Phi$,根据电磁感应定律,则在二次绕组中就产生

二次电压 $U_2$。改变一次或二次绕组的匝数，可以产生不同的一次电压与二次电压比，这就可组成不同比的电压互感器。电压互感器将高电压按比例转换成低电压，用于二次仪表的显示或保护。动车组网侧电压互感器是高压电路的电压测量部件，具有两个二次绕组，二次绕组输出电压为 150 V。

# 第四节　牵引系统

## 一、作用及系统组成

### (一)作　用

牵引传动技术的发展目的在于改善轨道车辆的牵引和制动性能，提高整个车辆系统的可靠性和能源使用效率，尽量避免对电网造成谐波污染，降低运行成本，保障运营需求。

动车组牵引系统主要作用是在牵引运行时将电能转换成机械能(能量传递路径如图 2-39 蓝色箭头所示)，再生制动运行时将机械能转换成电能(能量传递路径如图 2-39 白色箭头所示)。

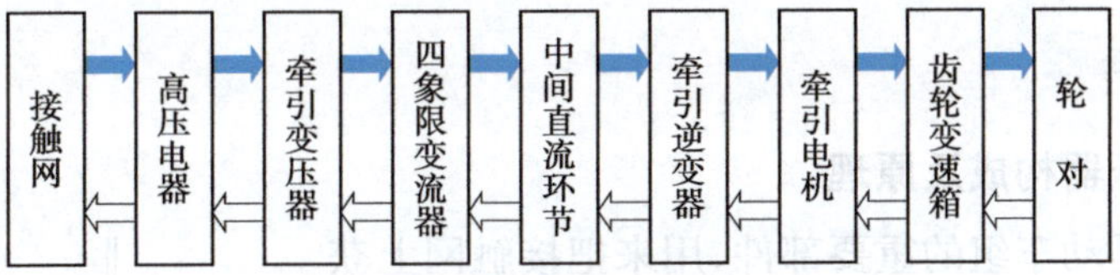


图 2-39　能量变换与传递路径示意

### (二)系统组成

牵引系统的一个牵引单元包括一台牵引变压器及冷却单元、两台牵引变流器及其冷却单元、八台牵引电机和四台牵引电机冷却风机。动车组共设置两台牵引变压器，分别安装在 03/06 号车，为相邻两个动力车的两台牵引变流器分别提供单相交流电源。每个动力车包含一台牵引变流器，牵引变流器采用交—直—交变换，可供本车四台牵引电机正常运行，并可实现牵引电机的变频调速。此外，牵引变流器通过中间直流环节为辅助变流器提供电源。牵引电机采用三相鼠笼式异步电机，在驱动模式下可将电能转换成机械能，制动时将机械能转换成电能。牵引系统组成如图 2-40 所示。

牵引变流器及冷却系统、牵引变压器及冷却系统、牵引电机及冷却风机布置及数量统计见表 2-4。

表 2-4　牵引设备布置及数量统计

| 设备名称 | 车　号 | 数　量 | 位　置 |
|---|---|---|---|
| 牵引变流器及冷却单元 | 02、04、05、07 | 1/车 | 设备舱 |
| 牵引变压器及冷却单元 | 03、06 | 1/车 | 设备舱 |
| 牵引电机 | 02、04、05、07 | 4/车 | 转向架 |
| 牵引电机通风机 | 02、04、05、07 | 2/车 | 设备舱 |

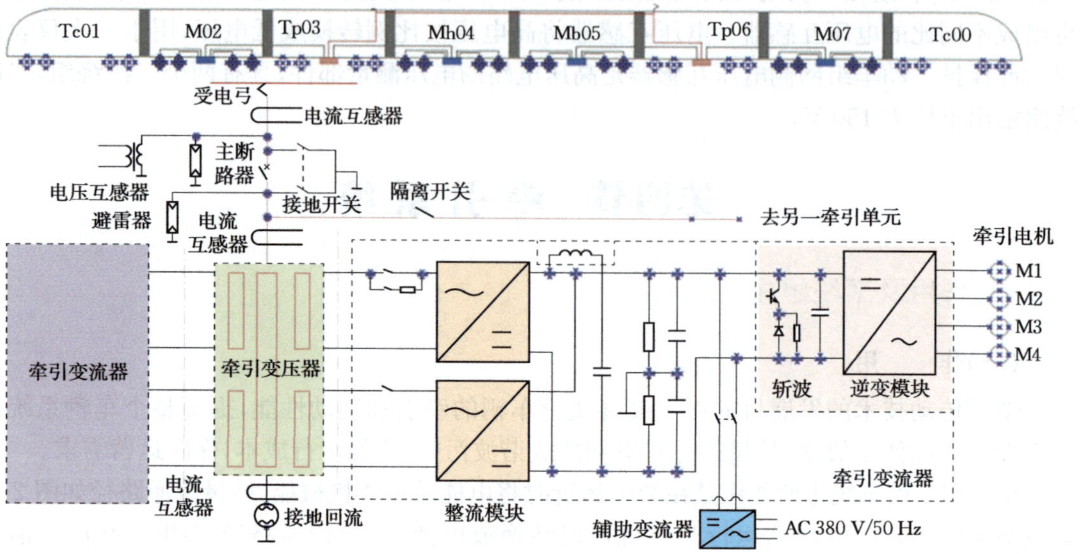


图 2-40　牵引系统组成

## 二、牵引变压器

### (一)牵引变压器构成及原理

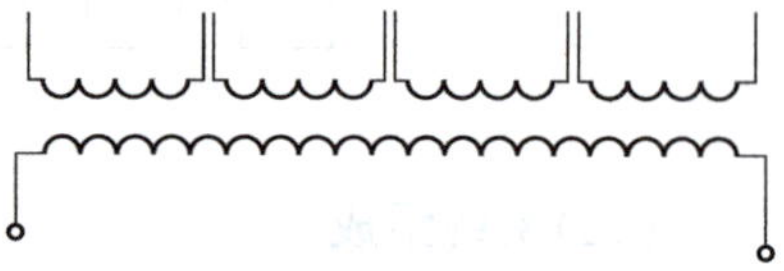

图 2-41　单相变压器原理

牵引变压器是动车组的重要部件,用来把接触网上获得的 AC 25 kV 高压电变换为牵引变流器所适合的 AC 1 900 V 电压。由于变压器是利用电磁感应原理工作的,因此将其结构设计为五个互相绝缘的绕组套在一个共同的铁芯上,它们之间有磁的耦合,但没有电的直接联系。所以,如发电机一样,变压器也是以磁场为媒介的,原理如图 2-41 所示。其中一个绕组接到交流电源,称为一次绕组,另四个接到牵引变流器输入端,称为二次绕组。

当一次侧接到 AC 25 kV 电源时,在外施电压的作用下,一次绕组中有交流电流流过,并在铁芯中产生交变磁通,其频率和外施电压的频率一样。这个交变磁通同时交链一次、二次绕组,根据电磁感应定律,便在一次、二次绕组内感应出电动势。二次侧有了电动势,便向牵引变流器供电,实现了能量传递。在这一过程中一次、二次侧感应电动势之比等于一次、二次绕组匝数之比,只要改变一次、二次绕组数,便可达到改变电压的目的。

牵引变压器主要构成如下:

1. 绕组:设有高压绕组、牵引绕组,不设置辅助绕组。
2. 铁芯:采用高导磁硅钢片,具有耐高温和绝缘表面,芯片进行充分堆叠和压制。
3. 油箱:采用高强度结构钢制油箱。
4. 冷却系统:离心风机冷却系统,风机与冷却器采用集成一体化设计技术;油冷却器前端设置过滤器,可有效防止堵塞,便于清洁。
5. 牵引变压器采用难燃性冷却介质脂油,提高安全性,具有很好的环保特性。
6. 牵引变压器设置有油流、油压力、油温度和油位保护,能有效保护设备的安全。

## (二)牵引变压器技术特点

1. 采用整体设计,单相芯式变压器,变压器本体与冷却系统、储油柜一体化布置,结构紧凑,采用整体弹性悬挂技术,同时便于牵引变压器运输安装与吊挂。

2. 配套冷却装置,采用强迫导向油循环风冷方式。冷却单元(过滤网)的设置易于清洁,清扫周期按二级修修程考虑(特殊情况除外),当有效进风面积减少15%时仍能满足变压器在额定功率运用下的冷却能力要求。

3. 采用难燃的变压器脂油,油品的维护和补给满足国家常规的条件和相关的环境保护要求。

4. 牵引变压器系统的膨胀油箱,用于补偿冷却介质在温度变化时造成的体积变化。

5. 设有可靠的接地装置。

## (三)牵引变压器结构及组成

牵引变压器为芯式变压器,由1个原边绕组和4个牵引绕组组成。

铁芯由2个轭架和2个芯柱构成,铁芯为冷轧、角铁制作的钢板,具有耐高温和绝缘表面。为降低损耗和噪声,铁芯片已进行了充分的堆叠和压制。2个芯柱不用螺栓装配,通过2个树脂浸渍细带压制。这些细带在干燥炉中进行生产时已进行了硬化。顶部和底部压力框架均使用抗磁性钢制作而成,这些框架使用绝缘的非磁性螺栓紧固在一起。

绕组为分层型绕组,通过强制冷却以环层方式固定在铁芯上。为防止绝缘材料长期运行后收缩,绕组已被充分烘干并紧密压实以备在短路时能够支撑轴向力。

为防止电容性负载,磁性铁芯要接地。接地带由绝缘铜线构成,连接在铁芯和压挤框架、油箱内侧之间。

牵引变压器结构组成如图2-42所示。

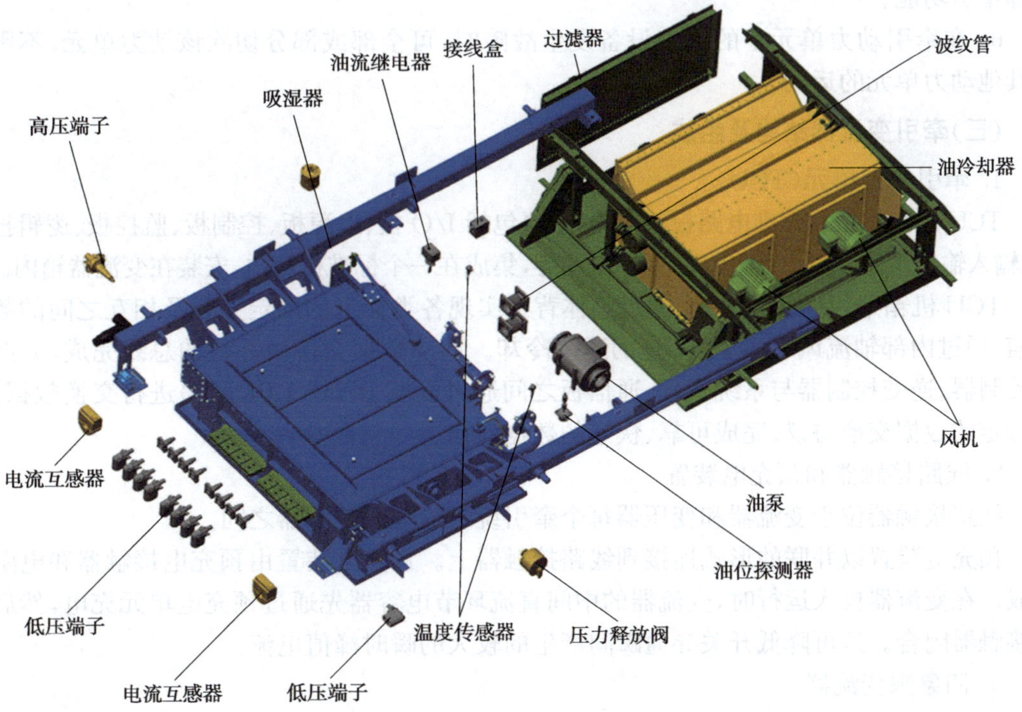


图2-42　牵引变压器结构组成

## 三、牵引变流器

### (一)牵引变流器构成及原理

牵引系统采用交流传动方式,三相异步牵引电机由牵引变流器驱动,变流器由四象限变流器、中间直流环节和脉宽调制逆变器组成。四象限变流器确保稳定的供电系统并且允许再生制动能量反馈到牵引供电系统。动车组车载电源的电能通过牵引变流器的中间直流环节获得,一台辅助变流器把直流电转化为列车车载电源供电的三相交流电。

经牵引变压器将牵引变流器连接到单相 25 kV/50 Hz 供电线上。用线路接触器将变压器次级线圈与牵引变流器分离。通过预充电单元(在接通期间)和两个并联四象限变流器(4QC)模块(每个模块为一个半桥)给中间直流环节电压回路供电。中间直流环节电容器、谐波滤波电路、接地检测装置和保护模块位于中间直流环节内。经牵引逆变器将中间直流环节电压转换为三相变频脉冲输出电压,给三相异步牵引电机供电。

### (二)牵引变流器技术特点

牵引变流器具有以下技术特点:

1. 采用大功率 IGBT 功率模块,整机设计、制造、试验验证具有完全自主知识产权。

2. 采用主辅分离结构,车控/架控模式,牵引电机采用并联供电,牵引电机功率发挥不均匀度≤5%。

3. 牵引变流器采用水循环强迫风冷;滤波电抗器位于冷却单元内部,强迫风冷。

4. 车顶过压抑制电阻放置在牵引变流器箱体内部,节省车顶空间,减少检修项点。

5. 增加紧急牵引模式硬线控制策略,在网络系统完全瘫痪情况下,牵引系统仍能正常发挥牵引功能。

6. 在牵引动力单元中的电气设备发生故障时,可全部或部分切除该动力单元,不影响到其他动力单元的运用。

### (三)牵引变流器结构及组成

1. 牵引控制单元(TCU)

TCU 是由一系列标准电路板组成的,主要包括 I/O 板、电源板、控制板、监控板、逻辑控制器、输入输出电路、脉冲分配电路、保护电路等,集成在一个标准机箱内,安装在变流器箱内。

TCU 机箱采用插箱式结构,通过整体背板实现各类板卡的固定安装及相互之间的数据通信,通过内部轴流风扇实现 TCU 的通风冷却。内部数据交换由并行的总线完成,如四象限控制器、逆变控制器与系统管理、通信板之间通过双端 RAM(DPRAM)进行交换数据,采用特定的数据交换协议,完成可靠、快速的数据通信。

2. 线路接触器和预充电装置

线路接触器位于变流器和变压器每个牵引绕组的输入控制器之间。

预充电装置以并联的形式连接到线路接触器上。预充电装置由预充电接触器和电阻器构成。在变流器投入运行时,变流器的中间直流环节电容器先通过预充电单元充电,然后线路接触器闭合。这可降低开关导通瞬间产生的较大的瞬时峰值电流。

3. 四象限变流器

四象限变流器从电气上可分为两个子系统,由两个完全相同 AC-DC 变流器构成。这两个子系统均由内部计算机监控，需要测量 4QC 内部的温度、电流和电压等参数。四象限变流器在牵引工况可以将交流转换为直流，在实施再生制动时将直流转换为交流反馈回电网。

4. 牵引逆变器

牵引逆变器将中间直流环节电能变成可控的三相对称交流电源，在再生制动时又可以将牵引电机发出来的三相交流电变成直流电压，对牵引电机进行牵引与制动控制，其功率模块为 IGBT。IGBT 的开关由门电路驱动单元驱动，门电路驱动单元根据 TCU 的指令开通和关断 IGBT。

5. 中间电路

中间电路包括串联谐振电路、过压限制器、接地故障检测模块、限压电阻器等。过压限制器用于减少中间直流环节的过压情况，防止对牵引电路的功率半导体造成损坏。

## 四、牵引电机

### (一)牵引电机构成及原理

CR400BF 平台动车组配有 16 台三相异步牵引电机，位于 02、04、05、07 车动车转向架构架上。牵引电机由牵引变流器供电，采用强迫通风的冷却方式，定子绕组采用 200 级绝缘。电机采用整体式机座结构，有效降低电机重量并保证其强度。基于轻量化设计理念，两端端盖均采用高强度、轻质铝合金材料。电机在定子铁芯、两端轴承部位均设有温度传感器，可实时监控牵引电机的运行状态。

### (二)牵引电机技术特点

动车组牵引电机单位转矩质量小，单位质量发挥功率大，具有高速、高效、低噪声等特点，其结构紧凑、维护简单，适用于高寒环境。其主要技术特点如下：

1. 电机主体结构：具有质量轻、体积小、磁路均匀、损耗小等优点。

2. 绝缘结构：采用薄膜与云母的 200 级有机硅绝缘结构，有效提高牵引电机的散热能力和整体绝缘性能。

3. 轴承及润滑结构：轴承的密封采用非接触式迷宫密封，并优化轴承配置结构，可显著提高牵引电机更换润滑油脂周期，有效提升牵引电机的免维护周期。

4. 电磁结构：充分考虑高速动车组牵引电机运行特点、交流变频调速技术和材料特性，综合衡量其性能、温升等因素，与系统具有良好的匹配性，电机具有一定的温升冗余性，又兼顾开发的经济性。

5. 电机保护：牵引电机的定子铁芯和两端轴承均设置有温度传感器，能够实时监测牵引电机各关键部位的温度。

### (三)牵引电机性能及参数

1. 牵引电机性能

牵引电机满足动车组整车牵引特性和电制特性，转速不低于 5 600 r/min，在定子铁芯和轴承都配有温度传感器，实时监测电机运行状态，在非传动端安装速度传感器，检测电机的转速及转向，电机在两端端盖设置废油脂腔，存储废油脂。

2. 主要技术参数

牵引电机的主要技术参数见表 2-5。

表 2-5 牵引电机的主要技术参数

| 名称 | 参数 |
|---|---|
| 每列车数量 | 16 台 |
| 类型及安装方式 | 4 极三相异步感应电机，架悬弹性安装 |
| 通风方式 | 强迫风冷 |
| 额定功率 | 650 kW |
| 额定电压 | 2 800 V |
| 额定电流 | 170 A(基波) |
| 额定转速 | 5 000 r/min |
| 额定功率下的效率 | 0.945(基波额定) |
| 额定功率因数 | 0.86 |
| 绝缘等级 | 耐温 200 ℃ |
| 最高电压 | 2 800 V |
| 最大电流 | 257 A |
| 最高转速 | 5 900 r/min |
| 质量 | 715 kg |

## (四)牵引电机结构及组成

牵引电机由定子，转子，轴承、端盖及总装零件，测速装置和温度监测装置等部件组成。

1. 定子

牵引电机定子由机座、定子绕组、定子铁芯、接线盒等零部件组成。定子铁芯热套进机座内部，定子铁芯是采用螺杆将定子冲片和定子端板连接成一体，将成型的定子线圈嵌入定子铁芯槽内，带绕组的定子采用真空压力浸漆，满足绝缘等级要求(耐温 200 ℃)。

2. 转子

牵引电机转子由转子铁芯、导条、端环等零部件组成鼠笼结构，转子铁芯由绝缘电工硅钢片叠压而成，冲片上开有轴向通风孔，鼠笼转子导条为铜合金导条，两端与端环焊接成一体。转轴采用高强度合金钢。

3. 轴承、端盖及总装零件

牵引电机两端均采用绝缘轴承，传动端为 6016 球轴承，非传动端为 NU210 圆柱轴承。两端油封都采用迷宫式密封结构。传动端端盖和非传动端端盖采用铝合金材料，装有注油嘴，具有补充润滑脂的功能。

4. 测速装置和温度监测装置

每台牵引电机的非传动端装有一个速度传感器。

每台牵引电机在定子铁芯、传动端轴承、非传动端轴承处分别装有一个温度传感器，用于实时检测牵引电机温度。

# 第五节　车端连接系统

## 一、车端连接系统作用及组成

### (一)车端连接系统作用

车端连接系统在动车组中具有重要的作用，不仅要实现车辆间的机械连接，还要实现车辆与车辆之间的电气通路和空气通路连接等。机械连接的作用主要是使连接各车辆彼此间保持一定的距离，并且传递与缓和动车组在运行过程中，以及在调车过程中产生的纵向力及其冲击和振动。电气通路和空气通路连接为车辆间提供各种电压的电气与压缩空气的通路。另外，车端连接装置还应为车辆间的流动人员提供安全、舒适的通道等。

### (二)车端连接系统组成

车端连接系统主要由车钩缓冲装置、风挡装置、电气连接、空气管路连接等部件组成。

车钩缓冲装置主要分为三种：用于动车组两端的自动车钩，用于动车组车辆之间的中间车钩，以及紧急情况下用于动车组救援使用的过渡车钩。电气连接按连接种类可分为：高、中和低压供电连接，控制和通信连接。压缩空气连接可分为：制动管空气管路连接、总风管空气管路连接、解钩空气管路连接。按位置又可分为：相邻两车之间的电气连接和动车组之间的电气连接。动车组之间的电气连接通过电气车钩来实现。

## 二、端部车钩缓冲装置

### (一)端部车钩缓冲装置的结构及作用原理

端部车钩缓冲装置由机械车钩、电气车钩及推送装置、缓冲压溃系统、安装吊挂系统、连接卡环和接地线等零部件组成，为全自动密接式车钩缓冲装置，如图 2-43 所示。自动车钩的车钩头表面设有凸锥和凹锥，允许两车钩间自动对齐和同心。

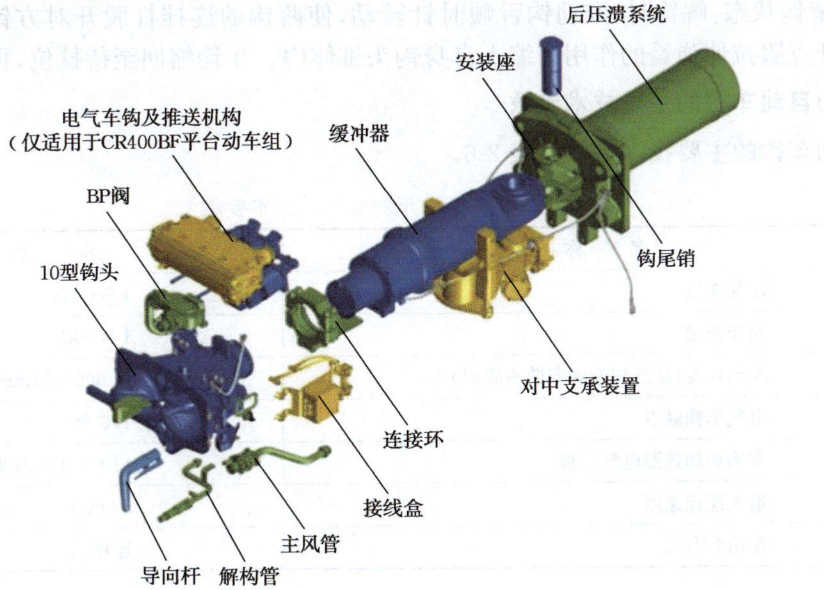


图 2-43　自动车钩

在连挂过程中，车钩头内部连挂机构旋转，使两钩连挂，此时连挂机构形成完整平行四边形结构的车钩。其结构类型属于连杆式车钩。车钩连挂部分结构如图 2-44 所示。

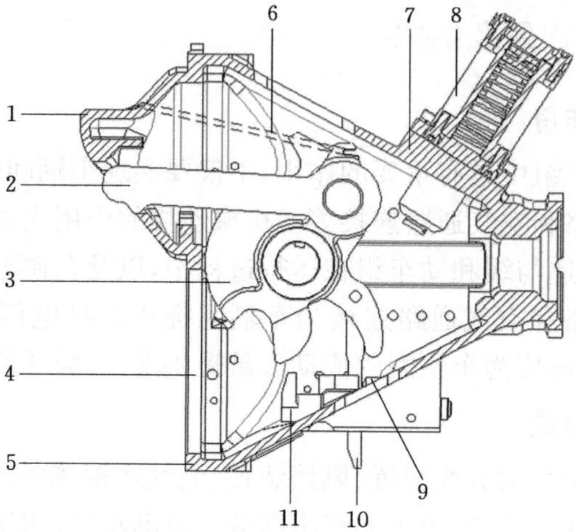


图 2-44　车钩连挂部分结构

1—凸锥；2—钩舌；3—钩板；4—凹锥；5—连挂面；6—拉伸弹簧连挂杆销；7—钩体；8—解钩风缸；9—顶筒组成；10—定位销；11—触发器

自动车钩有待挂、连挂、解钩三种状态。

1. 待挂状态：为车钩连挂前的准备状态，此时连挂杆被固定在待挂位置，拉伸弹簧处于最大拉伸状态，由钩舌定位杆固定，钩舌定位杆突出车钩头一侧并且卡在导向杆上。

2. 连挂状态：车钩的凸锥导入相对车钩的凹锥，将导向杆向后压，释放钩舌定位杆，通过拉伸弹簧将钩舌按逆时针方向转动到连挂位置，直至钩舌与连接杆咬合。连挂之后，钩舌和连挂杆形成一个平行四边形机构以确保力的平衡，不会发生意外解锁，这样可以将牵引荷载均匀地分布在两个钩舌和连挂杆上。

3. 解钩状态：解钩时，推动钩舌顺时针转动，使两钩的连挂杆脱开对方钩舌的钩嘴，同时连挂杆克服拉伸弹簧的作用力缩入自身钩头锥体内。车钩缩回至待挂位，再次准备连挂。

**(二)自动车钩的主要技术参数**

自动车钩的主要技术参数见表 2-6。

**表 2-6　自动车钩的主要技术参数**

| 名　称 | 参　数 |
|---|---|
| 压缩强度 | 1 500 kN |
| 拉伸强度 | 1 000 kN |
| 车钩长度(从连挂面到安装座底面) | (1 500±5)mm |
| 电气车钩触点 | 196 个 |
| 车钩头加热器电气参数 | 110 V,4×50 W |
| 最大连挂速度 | 5 km/h |
| 车钩头形式 | 连杆式 |

### (三)自动车钩的缓冲装置

自动车钩的缓冲装置由一个可逆部分和一个不可逆部分组成。可逆部分采用气液缓冲器,超过气液缓冲器吸收能力的能量会被分散到车钩牵引杆上的压溃管中,其参数见表 2-7。

表 2-7　自动车钩缓冲装置的静态参数

| 缓冲装置 | 拉伸方向 | | 压缩方向 | |
|---|---|---|---|---|
| | 阻抗力(kN) | 最大行程(mm) | 阻抗力(kN) | 最大行程(mm) |
| 气液缓冲器 | 600 | 30 | 1 000 | 100 |
| 压溃管 | — | — | 1 500 | 600 |

### (四)自动车钩的连挂与解编

自动车钩的连挂或解编既可以通过司机在司机室进行遥控操作,也可以在轨道旁进行手动操作。

## 三、中间车钩缓冲装置

### (一)中间车钩的结构及作用原理

中间车钩为半永久车钩缓冲装置,半永久车钩包括两个不同的部分,其中一部分带缓冲装置,另一部分带有压溃管。缓冲装置由一个可逆部分和一个不可逆部分组成。可逆部分满足当连挂速度为 5 km/h 时,车钩和车体无永久变形。不可逆部分在压缩载荷达到 1 500×(1±10%)kN 时投入使用。可逆部分采用液缓冲器和环簧组合作为吸能装置,不可逆部分采用压溃管作为吸能装置。两部分用易于分离的卡环连接,确保连接可靠和安全。半永久车钩可以满足连挂的列车通过垂直和水平曲线运动。半永久车钩结构如图 2-45 所示。

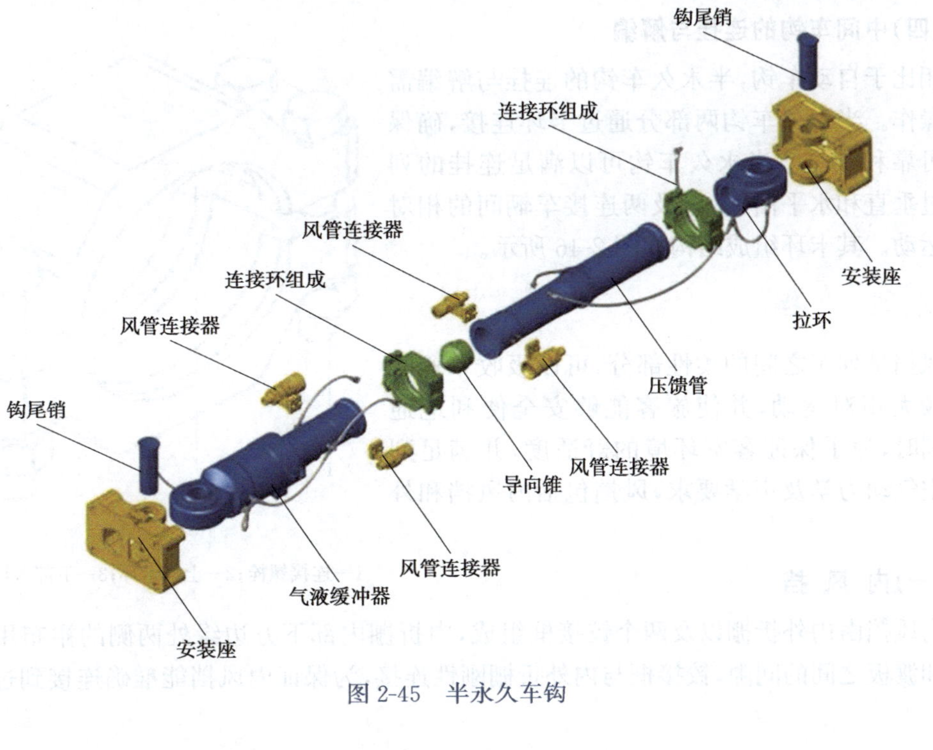


图 2-45　半永久车钩

### (二)中间车钩的主要技术参数

中间车钩的主要参数见表 2-8。

表 2-8 中间车钩的主要技术参数

| 名 称 | 参 数 |
|---|---|
| 压缩强度 | 500 kN |
| 抗拉强度 | 1 000 kN |
| 卡环连接螺栓 | M20 |
| 最大垂直摆角 | 6° |
| 最大水平摆角 | 20° |

### (三)中间车钩的缓冲装置

中间车钩的缓冲装置包括一个环簧缓冲器和一个气液缓冲器，在拉压两个方向相对均衡，利用其阻抗力随冲击速度改变的非线性能量吸收特性；同时中间车钩配备了能量吸收装置(压溃管)，当列车在运行或连挂过程中发生碰撞，压溃管发挥作用产生形变，最大限度地吸收冲击能量，以达到保证车辆人身安全和保护车辆设备目的。缓冲装置技术参数见表 2-9。

表 2-9 中间车钩缓冲装置的静态参数

| 缓冲装置 | 拉伸方向 | | 压缩方向 | |
|---|---|---|---|---|
| | 阻抗力(kN) | 最大行程(mm) | 阻抗力(kN) | 最大行程(mm) |
| 气液缓冲器 | 600 | 23 | 800 | 62 |
| 压溃管 | — | — | 1 500 | 350 |

### (四)中间车钩的连挂与解编

相比于自动车钩，半永久车钩的连挂与解编需人工操作。半永久车钩两部分通过卡环连接，确保连接可靠和安全。半永久车钩可以满足连挂的列车通过垂直和水平曲线，以及两连接车辆间的相对旋转运动。其卡环组成结构如图 2-46 所示。

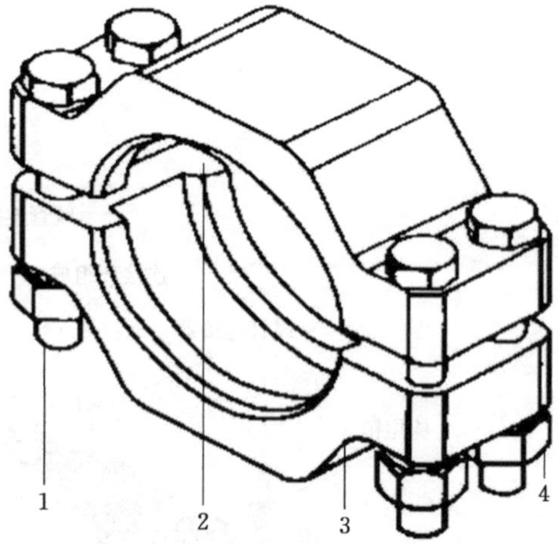


图 2-46 卡环组成

1—连接螺栓；2—上部卡环；3—下部卡环；4—螺母

## 四、风　　挡

风挡是列车之间的柔性部分，可以吸收车辆之间的较大相对运动，并使旅客能够安全便利地通过。同时，为了保证客室环境的舒适度，并满足列车的空气动力学及声学要求，风挡包括内风挡和外风挡。

### (一)内 风 挡

内风挡由内外折棚以及两个铰接框组成，内折棚内部下方边缘处两侧的裙布用于覆盖折棚和渡板之间的间隙，铰接框与内外折棚刚性连接，为保证内风挡能准确连接到过渡板组成上，在铰接框上设置了定位座，锁闭系统位于铰接框上，用收紧杆将铰接框铰接到过渡板组成上。在此过程中过渡板组成上的锁钩插入到锁座上，从而实现与铰接框的连接，实现刚性连接。拆卸中的内风挡如图 2-47 所示。

折棚由两个连接框、双层折棚和防护裙边组成。连接框由铝型材焊接而成，包含有风挡连接到过渡板上的锁闭机构。双层折棚由柔软的布材料制成，内外布用铝型材压褶在一起，形成完整封闭 O 形，具有良好的隔声、隔热性能。框架使折棚具有刚性，折棚材料使风挡具有韧性。

渡板在车辆运行状态时为乘客提供一个安全通道。渡板是由一个铰接式的框架构成，包括支架、止挡、框架和踏板等部件，如图 2-48 所示。渡板的设计能够适应车辆间的相对运动，使乘客在车辆运行时能自由地通过。

踏板用于覆盖车体和渡板之间的间隙，补偿在高度方向上的变化，实现平滑过渡。踏板表面附有防滑条，防止旅客通过时滑倒。踏板由固定踏板、翻板、铰接轴等部件组成。

图 2-47　拆卸中的内风挡

图 2-48　渡板

### (二)外 风 挡

全包外风挡是抵御外部影响(环境影响)和维持内风挡气密性的组件。由于其形状与车身外形一致，可提高车体空气动力学性能。全包外风挡是由柔性篷布制作的拱形朝外的波浪部件。用两个螺钉框通过螺栓安装到车体上，与波浪式风挡相比，全包外风挡的波浪由铝型材相互连接，铝型材确保了波浪的稳定性和风挡篷布的灵活性。外风挡实物如图 2-49 所示。

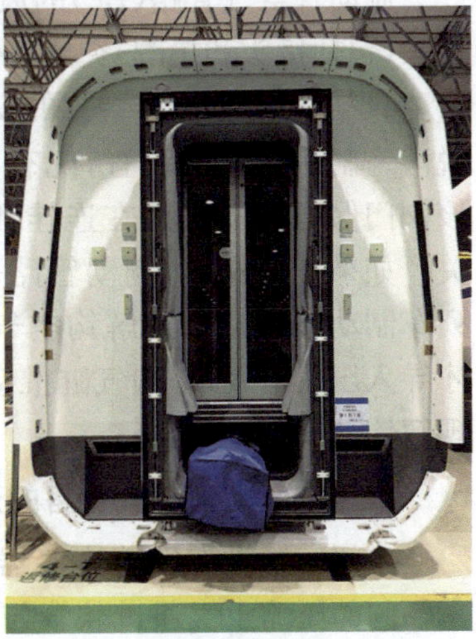

图 2-49　外风挡

## 五、电气连接

### (一)动车组电气连接

1. 高压电气连接

高压电气连接分为车顶 AC 25 kV 高压电气连接和车

下高压电气连接两部分。

车下高压电气连接主要为牵引变压器输出AC 1 900 V,为邻车牵引变流器供电,为牵引变流器中间直流环节(DC 3 600 V)输出,为邻车辅助变流器供电。采用专用过桥电缆,通过车体终端箱接线端子排连接,结构形式如图 2-50 所示。

图 2-50 车下高压电气连接

2. 中压电气连接

中压电气连接主要为车辆间辅助用三相 AC 380 V 电缆连接,与高压电气连接一起,通过接线端子排,采用专用过桥电缆,与高压电气连接走同样的位置。

3. 低压电气连接

低压供电连接主要是指 DC 110 V 的蓄电池供电连接,以及控制用直流电供电连接。主直流供电是通过螺接式端子排,采用专用电缆来实现两车之间的电气连接。

**(二)控制与通信电气连接**

控制与通信连接主要包括 PIS/UIC 总线连接、MVB、WTB、以太网和其他数据电缆的连接,主要是通过 Harting 连接器,采用专用电缆进行数据的传输。连接器分别把高压、中压和低压相连接,并分别安置在每个车体的终端箱中。由于高压在一个终端箱里(一位侧),中、低压在另一个终端箱里(二位侧),可有效预防电磁干扰。

## 六、压缩空气连接

压缩空气是动车组制动系统的动力源之一,同时也是其他一些辅助设备的动力源。动车组车端压缩空气连接按照位置可分为端部车钩压缩空气管路连接和中间车钩压缩空气管路连接。按照用途可分为:制动管空气管路连接、总风管空气管路连接和解钩空气管路连接。

**(一)制动管空气管路的连接**

制动管空气管路(BP)的风管接头位于车钩头表面上部的中心处,安装在套筒中。风管接头(包括接头和垫圈)突出车钩表面,在连挂过程中将其按下,使其接触相邻车钩的风管接头,实现压缩空气连接装置的良好密封。制动管空气管路的止动弹簧可以防止垫圈从孔中脱落。制动管连接装置,配有由车钩控制的阀门,该阀门保证制动管路在连挂和解钩过程中自动开关。如果车钩损坏,制动管路保持打开状态,同时列车制动系统启动。解钩空气管路只有在解钩时才导入压缩空气,解钩气缸推动车钩内机构旋转实现解钩。

**(二)中间车钩空气管路的连结**

中间车钩设有风管连接器,如图 2-51 所示,两车辆间的压缩空气通过软管与风管连接器连结,管路在中间车钩连挂完成后自动连结。

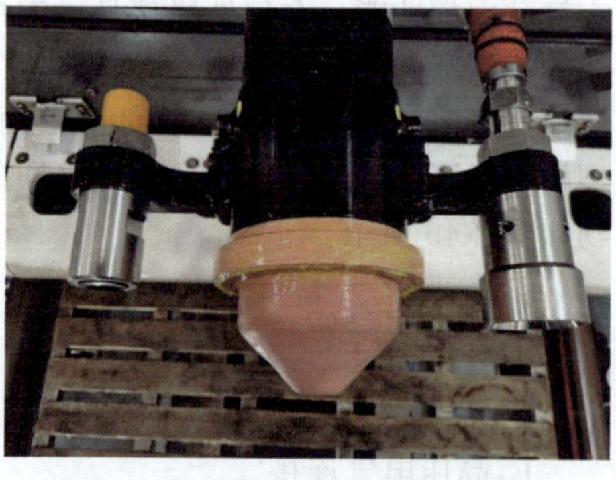

图 2-51 中间车钩空气管路连结

# 第六节　制动系统

制动系统采用计算机控制的直通式电空制动系统，基于列车 WTB+MVB 的网络架构，实现列车级制动力管理和分配。制动过程中采用复合制动方式，即空气制动+再生制动（动力制动），优先采用无磨耗的再生制动，当再生制动力不足时，空气制动进行补充，降低了闸片和制动盘之间的磨耗，从而降低了维护成本。

制动过程中微机控制的直通式电空制动系统对各车的制动性能进行智能监测，并进行防滑控制、轴抱死检测，以提高制动系统的安全性、可靠性。

## 一、制动系统组成

制动系统主要由制动控制系统、风源系统、基础制动装置等组成，如图 2-52 所示。

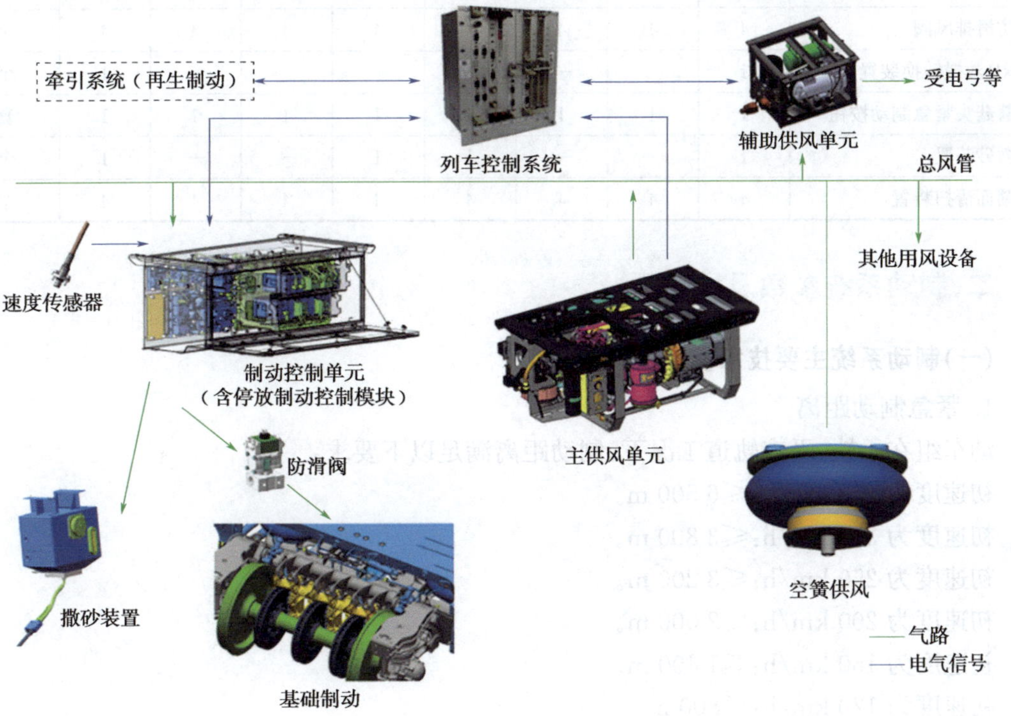


图 2-52　制动系统组成

制动控制系统负责接收来自司机控制器、列车控制系统的制动指令，进行空气制动力和动力制动力的管理和分配，发出制动压力驱动转向架上的基础制动装置动作产生制动力或发出精确的动力制动指令使牵引系统发挥电制动能力。

风源系统主要由主供风单元、辅助供风单元、风缸以及贯穿全列的总风管组成。在有受电弓的车辆上设置辅助供风单元，在动车组主供风单元不能供风且总风压力不足时，可利用动车组蓄电池启动辅助空气压缩机组为受电弓升降弓装置，真空断路器（VCB）等提供风源。

基础制动装置由制动盘、制动夹钳单元、闸片组成，安装在转向架上，拖车采用轴装制动盘，动车采用轮装制动盘。

动车组各车制动部件配置见表 2-10。

表 2-10 动车组各车制动部件配置

| 部件 | Tc01 | M02 | Tp03 | Mh04 | Mb05 | Tp06 | M07 | Tc00 | 单位 |
|---|---|---|---|---|---|---|---|---|---|
| 司机制动指令设备 | 1 | — | — | — | — | — | — | 1 | 个 |
| 制动控制设备 | 1 | 1 | 1 | 1 | 1 | 1 | 1 | 1 | 套 |
| 制动夹钳单元 | 10 | 8 | 8 | 8 | 8 | 8 | 8 | 10 | 套 |
| 带停放制动夹钳单元 | 2 | — | 4 | — | — | 4 | — | 2 | 套 |
| 主供风单元 | — | 1 | — | — | — | — | 1 | — | 个 |
| 辅助供风单元 | — | — | 1 | — | — | 1 | — | — | 个 |
| 速度传感器 | 4 | 4 | 4 | 4 | 4 | 4 | 4 | 4 | 个 |
| 防滑排风阀 | 4 | 4 | 4 | 4 | 4 | 4 | 4 | 4 | 个 |
| RP 救援转换装置 | 1 | — | — | — | — | — | — | 1 | 个 |
| 蘑菇头紧急制动按钮 | 1 | 1 | 1 | 1 | 1 | 1 | 1 | 1 | 套 |
| 撒砂装置 | 1 | — | — | 1 | 1 | — | — | 1 | 个 |
| 踏面清扫装置 | 4 | 4 | 4 | 4 | 4 | 4 | 4 | 4 | 个 |

## 二、制动系统参数及原理

### (一)制动系统主要技术参数

1. 紧急制动距离

动车组在干轨、平直轨道工况下，制动距离满足以下要求：

初速度为 350 km/h：≤6 500 m。

初速度为 300 km/h：≤3 800 m。

初速度为 250 km/h：≤3 200 m。

初速度为 200 km/h：≤2 000 m。

初速度为 160 km/h：≤1 400 m。

初速度为 120 km/h：≤800 m。

2. 制动响应时间

常用制动：≤3 s。

紧急制动 EB：≤3 s。

紧急制动 UB：≤2.3 s。

3. 工作压力

总风正常工作压力：800～950 kPa。

4. 冲击极限要求

冲击极限：≤0.75 $m/s^3$。

紧急制动 UB 无冲击限制要求。

5. 额定供电电压

制动控制系统:DC 110 V。

风源系统:AC 380 V/50 Hz。

辅助供风单元:DC 110 V。

6. 停放制动

停放制动保证动车组在定员载荷下停放在20‰的坡道上不溜逸,并具有不小于1.2倍的安全系数。

**(二)制动系统功能**

制动系统具有常用制动、紧急制动EB、紧急制动UB、保持制动、停放制动、清洁制动、速度黏着控制、网络通信、制动力管理、防滑控制、司机制动试验、空压机启停控制管理、救援/被救援控制等功能。

1. 常用制动

常用制动分为B1~B7,优先采用电制动,电制动力不满足所需制动力时,空气制动力补充,以维持编组列车上所需要的制动力。具有空重车载荷功能,能够保证不同车重条件下维持一定的减速度。

除列车自动速度控制模式(ASC)之外的常用制动请求,由制动系统来进行列车(含重联)制动力管理。制动系统具有列车级制动管理器TBM,即头车的EBCU,实现全列车制动力管理、分配和计算,TBM功能满足冗余要求。列车中的每个MVB网络单元(2M2T)内具有单元管理功能的EBCU,即SBM,进行MVB网络单元内的制动力管理、分配和计算,SBM满足冗余要求。

常用制动时制动系统进行列车空电复合制动控制,按速度模式曲线控制方式实施制动控制。

制动系统能使空气制动随时与动力制动进行自动配合,实现空电复合制动,优先采用动力制动,动力制动力不足时,由空气制动补充。此制动模式的操作和缓解必须在有冲击限制及车轮防滑起作用的情况下工作。

停车制动过程中,空气制动与动力制动的转换平稳,即动力制动力的陡降梯度与电空制动力陡增的梯度相匹配,该过程在列车速度降低到10 km/h前完成。

司机控制器的常用制动指令通过列车硬线传送到列车中所有车辆的制动控制单元,正常模式下,由TBM检测硬线制动指令,进行全列制动力管理和分配。

2. 紧急制动EB

紧急制动EB是在制动系统设备正常情况下实施的紧急制动,按速度模式曲线控制方式实施制动控制。列车设置紧急制动EB环路,EBCU通过检测紧急制动EB环路状态和网络信号触发紧急制动EB。

紧急制动EB时,制动系统能使空气制动随时与再生制动进行自动配合,实现空电复合制动,充分利用再生制动。

紧急制动EB时,制动系统具有制动力不足检测功能,其以硬线形式输出断开紧急制动UB环路。

当司机控制器在紧急制动EB位、客室及乘务员室触发乘客紧急制动设施、列车非静止条件(速度>5 km/h)下停放制动意外施加、司机警惕装置触发紧急制动请求报警信号时,制动系统实施紧急制动EB。当司机控制器或乘客紧急制动设施触发的紧急制动EB指令解除后，紧急制动 EB 可以缓解，其他情况触发的紧急制动 EB，制动系统在列车完全停止前不允许缓解紧急制动 EB。

3. 紧急制动 UB

紧急制动 UB 是在紧急制动安全环路失电时控制紧急制动电磁阀实施的紧急制动。

当发生列车运行控制系统触发列车紧急制动、列车分离、紧急制动 UB 安全回路断开或失电、列车失电、EB 制动力不足、按下司机室紧急制动按钮时，制动系统实施紧急制动 UB 控制，在列车完全停止前不允许缓解紧急制动 UB。

紧急制动 UB 通过独立的紧急制动安全环路实施，直接作用于紧急制动电磁阀。紧急制动电磁阀采用失电制动的控制形式。

当实施紧急制动 UB 时，EBCU 施加直通作用电空制动的最大制动缸压力(通过模拟转换装置)作为冗余。

4. 乘客紧急制动

在动车组每辆车的客室两端、商务座区、机械师室、乘务员室设有手动乘客紧急制动设施。如果乘客触发乘客紧急制动设施，将在司机室中产生声光报警信号并可显示具体车辆位置，乘客紧急制动拉闸手柄设有电开关，拉动它将使得乘客紧急制动环路断开，同时使得列车自动触发紧急制动 EB，该紧急制动可由司机按下乘客紧急报警复位开关进行旁路。乘客紧急制动拉闸手柄外形如图 2-53 所示。

图 2-53 乘客紧急制动拉闸手柄

5. 停放制动

在停车时，司机操作停放制动施加按钮，停放制动缸中的空气排出，停放制动施加。当需缓解停放制动时，操作停放制动缓解按钮，停放制动缸充气到预定压力，停放制动缓解

为满足技术条件要求停放制动保证动车组在定员载荷下停放在 20‰的坡道上不溜逸，并具有不小于 1.2 倍安全系数的要求，根据基础制动装置的参数，整车需设置 12 套停放制动缸才能满足，因此在 01 车和 00 车的 3 轴、4 轴，03 车和 06 车的每根轴各安装 1 个停放缸。制动系统具有停放制动状态检测及诊断功能，停放制动的施加、缓解由贯穿列车的硬线控制。

6. 保持制动

动车组有保持制动功能，保持制动在动车组速度低于 1.5 km/h 时自动施加直至停车，动车组起动后自动缓解。保持制动力满足定员载荷状态的动车组在一定坡道上静置和起动但不溜逸的要求，保持制动力对应 4 级常用制动时的制动力。

司机室内设置自复位形式的保持制动缓解按钮和保持制动切除开关。按下保持制动缓解按钮期间或通过保持制动切除开关切除保持制动时，保持制动缓解指令通过贯穿列车的硬线传递到各车 EBCU，正常模式下由 TBM 检测保持制动缓解指令并缓解全列保持制动，自律模式下各车 EBCU 通过硬线获取保持制动缓解指令后实施保持制动缓解。

7. 比例制动

动车组具有比例制动功能，此时动车组中各车辆采用等减速度控制模式。司机室内设置自复位形式的比例制动按钮。比例制动一次有效，触发条件如下：

(1)动车组施加常用制动期间按下比例制动施加按钮，则自动施加比例制动。动车组未施加常用制动，按下比例制动按钮后松开，如果 10 s 内施加了常用制动，则自动施加比例制动；如果 10 s 内未施加常用制动，则不施加比例制动。

(2)动车组施加常用制动且速度低于 25 km/h 时，始终施加比例制动，与比例制动按钮状态无关。

动车组施加紧急制动 EB 时，始终施加比例制动，与比例制动按钮状态无关。

动车组制动缓解后取消本次比例制动。

8. 清洁制动

为了改善冰雪潮湿天气下制动盘和闸片的摩擦系数，司机可通过清洁制动按钮手动施加清洁制动，此时每辆车均施加(70±20)kPa 的空气制动力。清洁制动按钮为自复位按钮，按下保持有效，进入头车 TCMS，通过网络发送给各车 EBCU，施加清洁制动。

9. 冲动限制

当制动控制单元收到制动指令信号时，此功能使制动力的输出为“缓升式”，以确保旅客乘车的舒适性。常用制动和紧急制动 EB 冲动限制的极限值≤0.75 $m/s^3$，紧急制动 UB 无冲动限制要求。

10. 制动力分级控制

考虑黏着特性、摩擦副的能力以及故障导向安全控制要求，制动力采用分级控制方式。制动力分级控制实施工况包括常用制动、紧急制动 EB、紧急制动 UB。

11. 升弓供风控制

制动系统具有升弓供风控制功能，以选择总风或辅助风源向受电弓提供压缩空气。受电弓的选择和辅助风源的控制由列车控制系统来实现。

12. 空压机启停控制管理

制动系统具有主空压机控制的功能，TBM 对全列车空压机启动和停止进行统一控制管理。协调并控制列车中的各空压机为动车组提供压缩空气，各台空压机启动时错峰启动，避免同时启动造成瞬间电流过大。

(1)控制方式：端车和空压机车辆的 EBCU 将本车检测的 MR 压力通过列车网络传送到 TBM，由 TBM 通过列车网络统一控制主空压机的启停。

(2)压力控制范围：

MR 压力值≤800 kPa 时，单列时主控端牵引单元内的空压机为首选空压机启动；重联时主控车的两台空压机为首选空压机启动。若首选空压机不可用，则按网段向后选择空压机启动。

MR 压力值≤780 kPa 时，单列时两台空压机同时激活错峰启动；重联时四台空压机同时激活错峰启动。

MR 压力值≥950 kPa 时，所有空压机关闭。

(3)EBCU 故障时，空压机可通过压力开关控制启动，保证系统安全。

MR 压力值≤750 kPa 时，直接控制本车主空压机启动。

MR 压力值≥950 kPa 时，压力开关控制空压机停止。

(4)诊断信号：油温较高报警信号开关量直接输出给本车 EBCU，干燥器故障信号给网络用于故障显示。

(5)司机可通过 HMI 切除单个空压机。

13. 撒砂控制功能

动车组配置撒砂装置，可由司机手动控制，也可由制动系统进行自动控制，在制动工况下发生严重滑行时自动撒砂，以改善轮轨之间的黏着。

14. 监测、诊断、记录

制动系统可连续监测和诊断制动系统的主要设备和信号状态，可以接收和发送数据给相关诊断系统。

制动系统具备自诊断及数据存储和读取功能，能够监控制动设备的状态，在列车主控钥匙占用期间，各车 EBCU 持续记录制动系统过程数据，并允许维护人员读取和下载故障数据。

制动系统至少有存储 150 条故障及历史数据记录的存储容量。

15. 制动试验

为防止动车组带有潜在的制动故障运营，制动系统具备制动试验功能，在动车组每次投入运营前对整列动车组的制动性能和相关参数进行检查，制动试验的每个操作步骤和方法列在司机室的监控屏上，以指导司机进行试验。试验内容包括：

(1)直通制动试验。

(2)紧急制动 EB 试验/EB 转 UB 试验。

(3)紧急制动 UB 试验。

(4)防滑系统试验。

(5)总风管贯通性试验。

试验结果须在动车组断电后至少保持 30 min，无需重复进行制动试验。在制动试验期间，不能出现车辆移动等不安全的现象，如在开始制动试验或制动试验过程中，检测到停放制动未施加，立即终止制动试验，并提示司机停放制动未施加，无法进行制动试验。

**(三)司机制动指令设备**

1. 司机控制器制动指令

司机控制器采用牵引制动一体化设计，可产生牵引/制动指令编码信号、EB 制动。

ATP 系统产生的 1、4、7、紧急级制动指令通过硬线传送给车辆。其中，1、4 级硬线指令直接进头车 EBCU；ATP7 级硬线指令以硬线贯通线的形式发送给各车 EBCU；ATP 系统产生的紧急制动 UB 指令串入列车紧急制动 UB 安全环路。

2. 救援模式下制动指令

当动车组被机车救援时，BP 救援转换装置可采集机车的 BP 管压力并转换为与司控器指令逻辑相同的格雷码形式硬线制动指令，在列车电气中与司控器产生的制动指令并联，通过硬线传递给各车 EBCU。

## 三、基础制动装置

基础制动装置采用盘形制动，包括制动夹钳单元、制动盘以及闸片。每个动轴设置 2 套轮盘，每个拖轴设置3套轴盘。拖车设置停放制动功能，满足定员载荷动车组在20‰坡道上安全停放的要求。

### (一)制动夹钳单元

制动夹钳单元采用三点吊挂传统杠杆式，由(停放)制动缸、制动夹钳和闸片托等部分组成。闸片托与闸片的安装接口采用UIC 541-3:2010《制动　盘形制动及其应用　闸片验收的一般规定》燕尾通用型接口形式。制动缸采用活塞式制动缸。制动夹钳单元结构如图2-54所示。

三点吊挂式制动夹钳工作原理是用一根横杆将两个制动杠杆用销轴连接起来，形成H形的结构，制动缸和闸片分别安装在H形夹钳的两端。制动时，通过制动缸及制动杠杆的作用，使安装在另一端的闸片夹紧制动盘；缓解时，由于制动缸内的压强降低，在制动缸内缓解弹簧的作用下，闸片离开制动盘。通过向夹钳制动缸充人压缩空气，将压力转换成活塞推力，经夹钳杠杆机构放大后，产生一定大小的闸片正压力，实现运行车辆的制动作用。

制动夹钳单元分为常用制动夹钳和带停放制动夹钳，均带有自动间隙调整机构，并能够手动调整。在相关部件正确安装使用的情况下，即使闸片和制动盘磨耗后，闸片与制动盘之间的间隙均匀。每个带停放的夹钳单元停放输出力不小于63 kN，在转向架两侧均有手动缓解装置，通过手动缓解装置可以缓解该夹钳单元的停放制动。

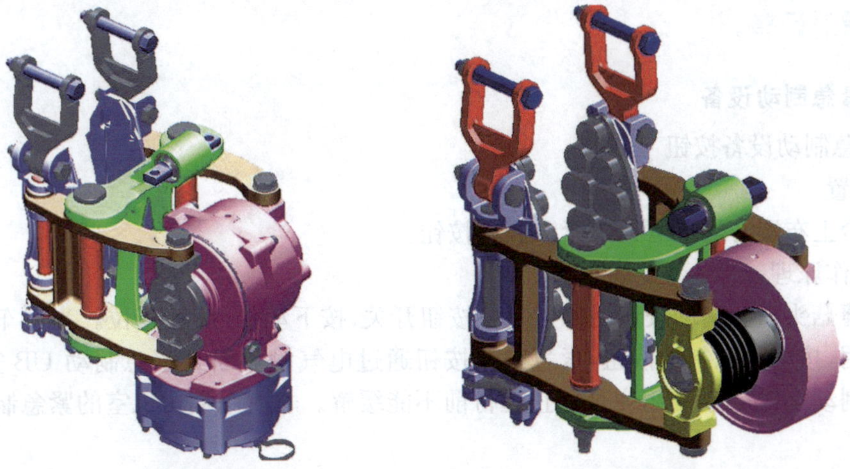

(a) 停放制动夹钳　　(b) 普通夹钳

图2-54　三点吊挂式制动夹钳单元

### (二)制 动 盘

制动盘根据安装位置分为轮装制动盘和轴装制动盘，轮装制动盘材料为铸钢或锻钢，轴装制动盘材料为铸钢。

轮装制动盘是安装在车轮轮辐两侧并与闸片组成制动摩擦副的部件。轮装制动盘为整体式，分左右两片安装在车轮的两侧，设有散热筋，为通风自冷却式结构。轮装制动盘尺寸：外径750 mm，内径460 mm，盘厚46.5 mm，磨耗限度3 mm。轮装制动盘通过12个螺栓和6个定位销与车轮紧固在一起，螺栓孔在车轮辐板上开孔直径为ϕ22 mm，定位销开孔为ϕ25 mm。

轴装制动盘是安装在车轴上并与闸片组成制动摩擦副的部件。轴装制动盘盘体为整体式，设有散热筋，为通风自冷却式结构。轴装制动盘盘体尺寸：外径640 mm，内径350 mm，盘厚 80 mm,磨耗限度 5 mm。根据安装位置,制动盘盘毂内径分为 ϕ197 mm 和 ϕ199 mm 两种尺寸,其中 ϕ199 mm 为中间轴盘尺寸。

轮装制动盘、轴装制动盘结构如图 2-55 所示。轮装制动盘由盘体、紧固件及对中销等零件组成,轴装制动盘由盘体、盘载、紧固件等零件组成。制动盘满足最高试验速度下的紧急制动能力要求,并满足动车组最高运行速度下连续两次紧急制动的热负荷要求。

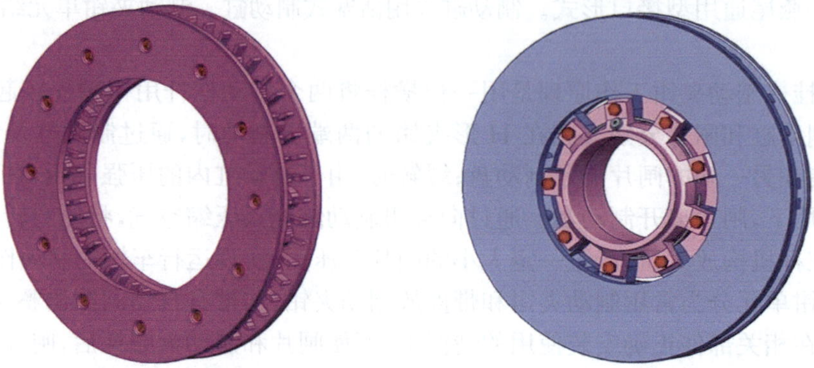

(a) 轮装制动盘　　(b) 轴装制动盘

图 2-55 制动盘

## 四、辅助设备

### (一)紧急制动设备

1. 紧急制动设备按钮

(1)布置

司机台上布置有红色蘑菇头紧急制动按钮。

(2)工作原理

红色蘑菇头紧急制动按钮是非自复位按钮开关,按下动作,旋转复位。当动车组有紧急情况时使用,按下紧急制动按钮,紧急制动按钮通过电气触点断开紧急制动 UB 安全环路,触发紧急制动 UB,在动车组完全停止运行前不能缓解。非占用端司机室的紧急制动按钮也可以使用。

2. 乘客紧急制动装置

(1)布置

在 Tc01 车和 Tc00 车的商务座区设置乘客紧急制动装置,在 Mb05 车监控室和乘务员室设置乘客紧急制动装置,在所有车客室两端设置乘客紧急制动装置。乘客紧急制动装置具体布置见表 2-11。

表 2-11 乘客紧急制动装置布置

| 车　辆 | Tc01 | M02 | Tp03 | Mh04 | Mb05 | Tp06 | M07 | Tc00 |
|---|---|---|---|---|---|---|---|---|
| 数量(个) | 3 | 2 | 2 | 2 | 4 | 2 | 2 | 3 |

(2)工作原理

列车上所有的乘客紧急制动装置通过乘客紧急制动环路连接。如果乘客拉动紧急制动装置手柄，乘客紧急制动安全环路断开，串联在列车紧急制动 EB 回路中的继电器辅助触点断开，列车施加紧急制动 EB，同时将在司机室产生一个声光报警信号并可显示具体车辆位置，司机可根据需要通过操作司机台面“乘客报警旁路”按钮旁路乘客报警，旁路后紧急制动 EB 缓解。

乘客紧急制动拉手操作后，会将拉手位置锁住，不能自动复位且在手动作用下也无法复位，需采用四角钥匙操作后方可自动复位，电触点动作后，必须待拉手复位后，触点方可重新闭合。

**(二)撒砂装置**

1. 设备布置

每列车有 4 个轴安装撒砂装置，分别安装在 Tc01 车、Mh04 车、Mb05 车、Tc00 车 1 轴，撒砂装置的布置如图 2-56 所示。

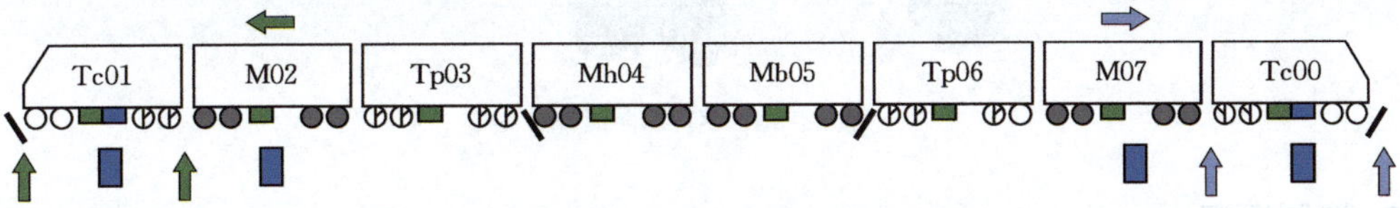


图 2-56　撒砂系统布置

2. 撒砂控制原理

(1)手动撒砂功能

司机操纵台设置球形拨键开关，自复位三级。

前向或后向：全部轮对前进方向撒砂(01 车主控时，01 车 1 轴、04 车 1 轴同时撒砂)。

中间 0 位：不撒砂。

(2)自动撒砂

在制动工况，EBCU 检测出严重滑行时前进方向 2 根轴撒砂。

(3)撒砂分级控制

手动控制或自动控制时进行撒砂分级控制。列车速度高于或等于 160 km/h 时，高速撒砂电磁阀得电，撒砂装置施加高压进行撒砂；若列车速度低于 160 km/h 时，低速撒砂电磁阀得电，撒砂装置施加低压撒砂。

(4)砂箱干燥和加热控制

主控信号投入后，干燥电磁阀处于常得电状态，一直施加压缩空气干燥砂子，自动干燥砂子；温度低于 5 ℃，砂箱加热器和砂嘴加热器自动启动。

3. 设备组成

撒砂装置由砂箱(含砂箱盖)、撒砂控制装置、撒砂单元和撒砂喷嘴组成，如图 2-57 所示。

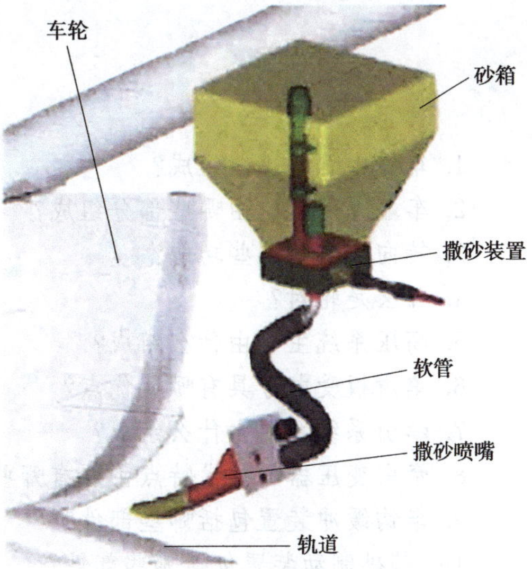


图 2-57　撒砂装置组成

### (三)踏面清扫装置

1. 结构组成

动车组每个车轮设置一个踏面清扫器,每辆车设置踏面清扫控制装置,控制装置由电磁阀、减压阀、截断塞门、测试接头等部件组成。踏面清扫器如图 2-58 所示。

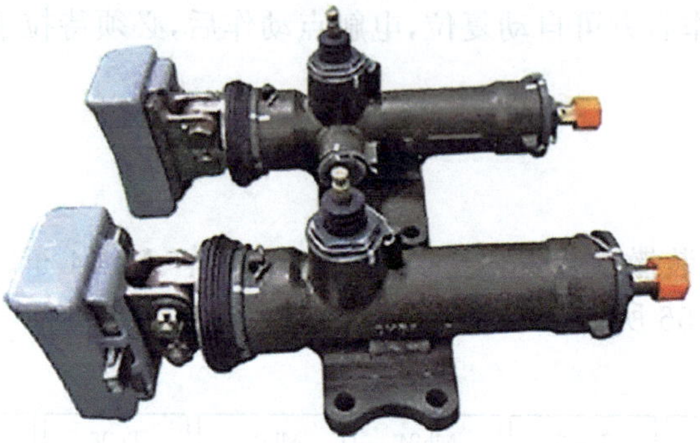

图 2-58 踏面清扫器

2. 控制原理

踏面清扫控制装置的输入风源由车辆的总风管提供,踏面清扫控制装置上电磁阀接收动车组踏面清扫控制指令,对转向架上的踏面清扫器进行动作控制。

每车踏面清扫器单独进行控制,以下条件成立时,踏面清扫装置间歇动作。

(1)当动车组处于制动状态且速度在 30 km/h 以上。

(2)检测到空转或滑行。

3. 性能特点

(1)输入压力:800～1 000 kPa。

(2)输出压力:300 kPa。

(3)额定电压:DC 110×(1±30%)V。

## 复习思考题

1. 车体由哪些部分组成?
2. 车端开闭机构由哪些部分组成?
3. 转向架具备哪些功能?
4. 什么是轮对?
5. 高压系统主要由什么组成?
6. 单滑板受电弓具有哪些优点?
7. 牵引系统主要由什么组成?
8. 牵引变压器的技术特点主要有哪些?
9. 车钩缓冲装置包括哪些部件?
10. 基础制动装置包括哪些部件?

# 第三章　动车组维修基本技能

动车组维修师必须掌握钳工操作、电工操作、工量具的使用、仪器仪表的使用等动车组维修基本技能。在动车组维修过程中，不仅需要使用各种类型的钳工工具对动车组零部件进行处理或加工，还需要进行诸多电工操作，如更换继电器等。与此同时，使用工量具和仪器仪表以检查检修作业，并保证合乎标准与电气性能合格也是维修作业中的必修课。

## 第一节　钳工操作

### 一、锉　　削

用锉刀对工件进行切削加工的方法，称锉削。锉削可用于加工工件的内平面、外平面、内曲面、外曲面及各种复杂形状的表面，还可以加工样板、修整个别零件的几何形状等。锉削按加工表面形状的不同可分为平面锉削、曲面锉削和球面锉削。

正确地使用和保养锉刀可以延长其使用寿命，保证安全生产。使用时必须遵守下列规则：

1. 不准用无柄或破柄的锉刀进行锉削，防止伤手。锉刀柄的正确拆装如图 3-1 所示。

2. 锉刀每次用完都应用锉刷顺锉纹方向，刷去锉纹中的残留锉屑。使用过程中发现锉屑嵌在锉纹中，也要及时刷去。若嵌入的锉屑大，要用铜片去除。锉屑清除方法如图 3-2 所示。

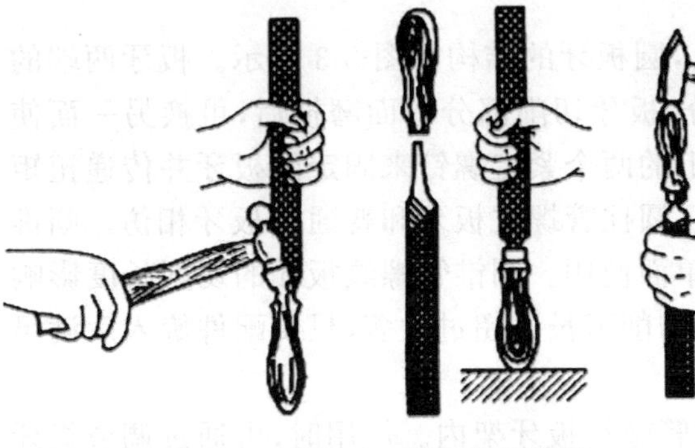

图 3-1　锉刀柄的拆装

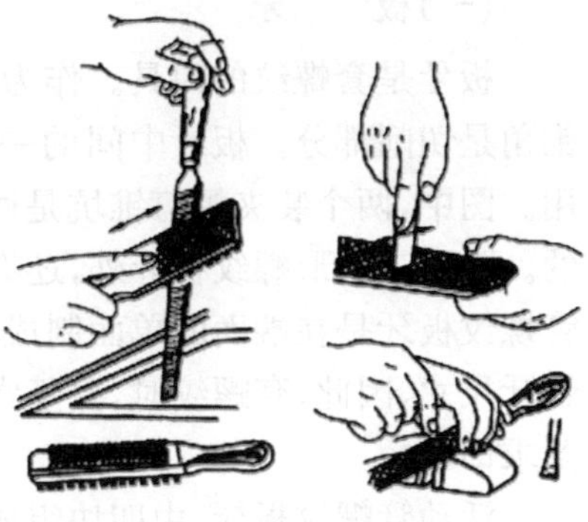

图 3-2　清除锉屑

3. 锉刀应先用一面，用钝后再用另一面。因为用过的锉面容易锈蚀，两面同时都用，总的使用时间缩短。

4. 锉削中不得用手摸锉削表面，以防再锉时打滑。锉刀严禁接触油类，黏附油脂的锉刀一定用煤油清洗干净、涂上白粉。

5. 锉刀放置时不能叠放，不能与其他金属硬物相碰，以免损坏锉齿。

6. 不得用新锉刀锉硬金属。铸锻件上的砂粒和硬皮，要先用砂轮磨掉后，才能锉削。

7. 不能将锉刀当锤子或撬杠使用，否则极易损坏。

## 二、钻　　孔

钻孔是用钻头在实体材料上加工孔的方法，主要用于螺纹过孔、铰前底孔、镗前底孔、螺纹底孔及铆钉孔等精度较低和表面质量要求不高的孔类加工。钻削时，要注意零件的定位、夹紧钻头的找正及切削用量的选择等环节。

### （一）钻削平面上的孔

1. 电线接线要安全，电线要放在不绊着人或碰着的地方。

2. 钻孔时，一定要用双手握紧电钻，否则容易发生人身事故。

3. 孔位要找准，加力方向要正，防止钻头摆动、摇晃。

4. 通孔钻削快通时，一定要双手紧握电钻，减轻进给压力，思想要高度集中。

### （二）在圆柱形工件上钻孔

1. 工件、V 形块必须夹紧、压牢，不要发生位移。

2. 装夹钻头、检测孔应在停机状态下进行。

### （三）钻削半圆孔

冲眼孔中心的偏移量要控制好，过大、过小都影响切削力平衡。

## 三、绞丝和攻丝

攻螺纹的刀具是丝锥，它是一种标准刀具。一般 M16 以下的内螺纹可以手工攻制，M16 以上的内螺纹由于加工的切削力较大，大部分都在机床上加工完成。丝锥有手用、机用，左旋、右旋，粗牙和细牙之分。管螺纹丝锥分圆柱管螺纹丝锥和圆锥管螺纹丝锥。

### （一）板　　牙

板牙是套螺纹的刀具。作为一种标准刀具，圆板牙的结构如图 3-3 所示。板牙两端的锥角是切削部分。板牙中间的一段是导向部分，板牙切削部分一面磨损后，可换另一面使用。图中，两个装夹螺钉锥坑是通过板牙铰杠上的两个紧定螺钉来固定圆板牙并传递扭矩的。除了三角形螺纹板牙外，还有管螺纹板牙。圆柱管螺纹板牙和普通圆板牙相仿。圆锥管螺纹板牙是在端面的单面制成切削锥，只能单面使用。圆锥管螺纹板牙的切削长度影响管牙尺寸，因此，套螺纹时，要经常检查，不能使切削刃长度超过太多，只要配件旋入后满足要求即可。

活动管螺纹板牙，由四块组成，镶嵌在可调管螺纹板牙架内。使用时，可通过调节板牙位置套出所需直径的管螺纹。圆板牙架是用来安装、固定板牙的工具，构造如图 3-4 所示。

### （二）绞丝和攻丝的注意事项

1. 当攻较硬的材料时，头锥、二锥可交替使用。

2. 攻螺纹的底孔孔径要正确，孔端要倒角。

3. 切削力较大加套管时，不可加过大力臂，同时，要经常反转，避免丝锥轧住或折断。

图 3-3　圆板牙

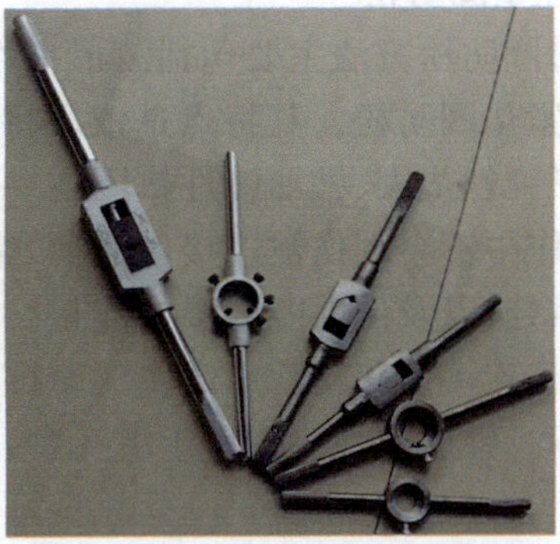

图 3-4　圆板牙架

**(三)取出折断在螺孔中丝锥的方法**

1. 折断的部分露在螺孔外,可用钳子拧出或用尖錾和锤子轻轻剔除。

2. 折断的部分在螺孔内,如图 3-5 所示,可用自制的旋取器将丝锥取出。

3. 对于断在螺孔内且难以取出的丝锥,可用气焊或电焊的方法在折断的丝锥上堆焊一弯杆或螺母,以便将丝锥拧出。

4. 用电火花破坏丝锥后取出。

5. 在工件允许退火的情况下,将工件、丝锥退火后钻孔取出。

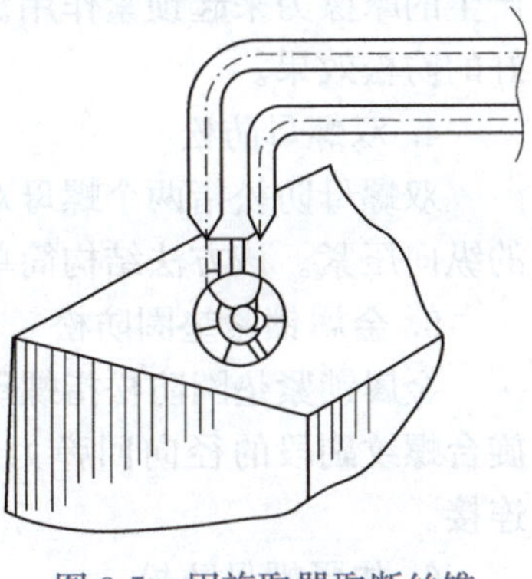

图 3-5　用旋取器取断丝锥

## 四、防松紧固件使用

防松紧固件对于确保列车的安全和平稳运行具有重要作用。动车组在高速运行时,面临着各种振动和冲击力,如果紧固件松动或者失效,可能导致列车部件脱落、破损或松动,进而引发事故或故障。防松紧固件的存在可以有效地固定和保持列车部件的紧密连接。总而言之,防松装置和防松方法有很多种,各有各的特点,同一连接常可用不同的办法防松,至于具体用什么防松方法可根据具体的工作情况和使用要求来确定。

螺纹连接防松的基本原理是防止螺纹副的相对转动。

按照螺纹连接防松的基本原理,常用的防松方法大致可分为:增大摩擦力防松、用机械固定件锁紧防松和破坏螺纹运动副关系防松等三种。

**(一)增大摩擦力防松**

1. 弹簧垫圈防松

弹簧垫圈防松方法主要包括弹簧垫圈、尖钩端弹簧垫圈、双圈弹簧垫圈、鞍形弹簧垫圈、波形弹簧垫圈等五种,其特点是依靠拧紧螺母,把弹簧垫圈压平之后所产生的纵向弹力作用弹簧垫圈与被连接件的支承面间的摩擦力来起防松作用。该防松方法结构简单、成本低廉、使用方便。

2. 弹性垫圈防松

弹性垫圈防松方法主要包括波形弹性垫圈、鞍形弹性垫圈、锥形弹性垫圈、外齿锁紧垫圈、内齿锁紧垫圈防松。其特点是依靠将垫圈压平后产生的回弹力来防松，弹力均匀，效果良好。波形弹性垫圈、鞍形弹性垫圈在一定的载荷条件下，弹性好，各种硬度的被连接件均可使用；工作中不会划伤被连接件表面，常用于经常拆卸的场合；常用于连接并调整被连接件间的间隙处，以及低性能等级的连接。齿形锁紧垫圈也是靠垫圈翘齿压平后产生的回弹力，以及齿与连接件和支承面产生的摩擦力来起锁紧作用；外齿应用较多，内齿用于尺寸较小的钉头下。锥形弹性垫圈用于沉孔中，经常拆卸或被连接件材料过硬或过软的场合不宜使用。

3. 锯齿锁紧垫圈防松

锯齿锁紧垫圈防松方法主要包括锥形锁紧垫圈、外锯齿锁紧垫圈、内锯齿锁紧垫圈、锥形锯齿锁紧垫圈防松。其特点也是依靠齿被压平产生的回弹力，以及齿与连接件和支承面产生的摩擦力来起锁紧作用。锯齿强度高，可适用于性能等级较高及较大的规格，能获得较好的防松效果。

4. 双螺母防松

双螺母防松指两个螺母对顶拧紧，使螺栓在旋合段内受拉而螺母受压，构成螺纹连接副的纵向压紧。该方法结构简单、成本低廉，多用于低速重载或载荷平稳的场合。

5. 金属锁紧垫圈防松

金属锁紧垫圈防松指螺母一端具有非圆形收口或开缝后径向收口，拧紧后张开，利用相旋台螺纹副段的径向回弹力来锁紧。该方法简单、可靠，且可多次装拆，可用于较重要的连接。

6. 扣紧螺母防松

先用六角螺母拧紧连接件，然后再拧上扣紧螺母。松开扣紧螺母时，必须先拧紧六角螺母，使其与扣紧螺母之间产生间隙，然后才能拧下扣紧螺母。该方法防松性能良好，但不宜用于频繁装拆的场合。

7. 带尼龙嵌件锁紧螺栓或螺钉防松

带尼龙嵌件锁紧螺栓或螺钉防松是在螺纹旋合处嵌入一尼龙环或块，使该处摩擦力增大。其效果良好，用于工作温度低于 100 ℃的连接处。锁紧部分的尼龙件，其尺寸与安装位置都影响锁紧性能。

8. 尼龙圈锁紧螺母防松

尼龙圈锁紧螺母防松是将尼龙圈或块嵌装在螺母体上。没有内螺纹的尼龙圈，当外螺纹杆件拧入后，由于尼龙材料良好的弹性产生锁紧力，达到锁紧目的。该类螺母由于尼龙熔点的限制，用于工作温度低于 100 ℃的连接处。尼龙易受酸性物质的腐蚀，在装尼龙圈之前可电镀，之后不可电镀。

**(二)用机械固定件锁紧防松**

1. 螺栓杆带孔和开槽螺母配开口销防松

螺杆上的销孔位置不易与螺母最佳锁紧位置的槽口吻合，装配较难，用于变载、有振动场合的重要连接处的防松。

2. 开口销防松

开口销防松指普通螺母配以开口销。为便于装配，销孔待螺母拧紧后配钻，适用于单件或零星生产的重要连接，但不适用于高强度紧固件及双头螺柱的防松。

3. 止动垫圈防松

止动垫圈防松指利用单耳或双耳止动垫圈把螺母或钉头锁紧。防松可靠，只能用于连接部分有容纳弯耳的场合。

4. 钢丝串接防松

钢丝串接防松指用低碳钢丝穿入一组螺栓头部的专用孔后使其相互制约。防松可靠，钢丝的缠绕方向必须正确。

5. 楔压紧防松

楔压紧防松指利用能自锁的横楔楔入螺杆横孔压紧螺母。防松良好，一般用于大直径的螺栓连接。

6. 双联止动垫圈防松

双联止动垫圈防松指利用双联止动垫圈把成对螺母或螺栓锁住，使之彼此制约，不得转动。防松效果良好。

7. 凹锥面锁紧垫圈防松

凹锥面锁紧垫圈防松指螺母一端为外圆锥体，拧紧螺母时，楔入垫圈相应的凹锥内，借助楔紧的作用可以增大摩擦力。防松效果良好，用于重载或有振动的场合。

8. 翘形垫圈防松

翘形垫圈防松指带翘垫的内翘卡在螺纹杆的纵向槽内，圆螺母拧紧后，将对应的外翘锁在螺母的槽口内。防松可靠，多用于较大直径的连接和滚动轴承的紧固。

**(三)破坏螺纹运动副关系防松**

1. 铆接防松

铆接防松指螺栓杆末端外露部分拧紧螺母后铆死，用于低强度螺栓不拆卸的场合。

2. 端面冲点防松

端面冲点防松指冲点中心在螺栓螺纹的小径处或在钉头直径的圆周上冲点进行防松。

3. 粘接防松

粘接防松指粘接螺纹方法简单、经济有效。其防松性能与黏结剂直接相关，应根据低强度、中等强度和高温条件，以及可以拆卸或不可拆卸等要求，分别选用适当的黏结剂。

## 五、防松铁丝绑扎

螺栓或其他紧固件在随整体运动过程中，会由于振动等原因产生松动，进而引发安全事故，尤其对于高速动车组而言，任何的螺栓松脱都可能会引发较大的安全事故，因此，螺栓的防松至关重要。而在螺栓之间绑扎防松铁丝，是目前动车组检修中通常采用的一种螺栓防松方式。

**(一)防松铁丝的原理**

捆绑防松铁丝的目的是防止螺栓松动，其次有标记螺栓是否松动的作用。捆绑防松铁丝时应注意铁丝的预紧方向与螺栓的紧固方向相同，即铁丝的穿法为：上右下左。防松铁丝的原理是利用铁丝的弹性和环绕来提供稳定的紧固力，将螺栓与螺栓或其他固定位置相连接，防止紧固件松动。如果在松开螺栓时螺栓头被铁丝缠绕，固定方法就是正确的，其中，铁丝的牵拉作用起到了防止螺栓松动的效果，参考图 3-6 的示例。

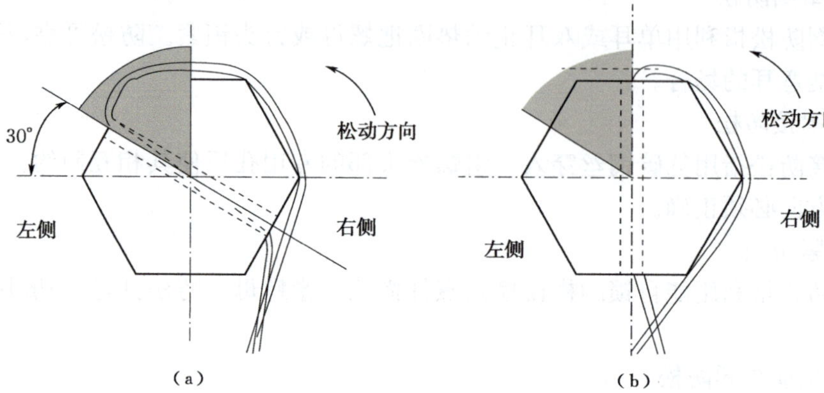


图 3-6 右螺纹缠绕固定方法

**(二)双螺栓八字形防松铁丝缠绕方法**

1. 观察螺栓的孔向。

2. 选取螺栓的中心点并连线，在各个螺栓上做垂线。

3. 选择图 3-7 中标注的黄色区域内的螺栓孔，并选择最靠近螺栓紧固方向的螺栓孔。

4. 考虑个人作业习惯问题，一般惯用右手，如果螺栓为上下排列，则铁丝先穿入上方螺栓；如果螺栓为左右排列，则先穿入右方螺栓。

5. 截取铁丝的长度为两个螺栓外侧距离的 3.5 倍。

6. 对铁丝进行捆绑固定。

**(三)防松铁丝捆绑的注意事项**

1. 在六角头螺栓上缠绕铁丝时，铁丝不可脱出六角头缺口，如图 3-8 所示。

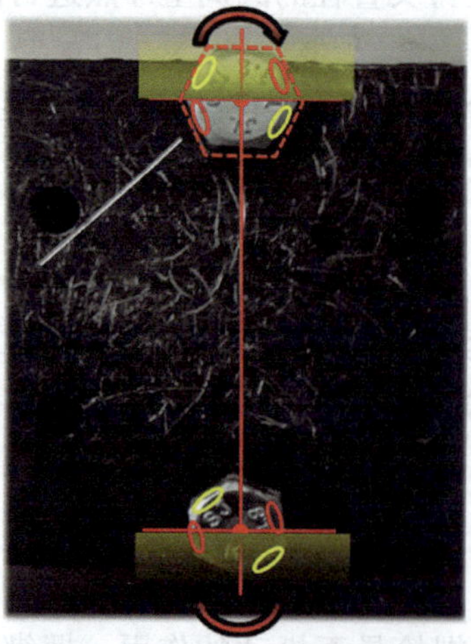

图 3-7 螺栓孔的选择方法

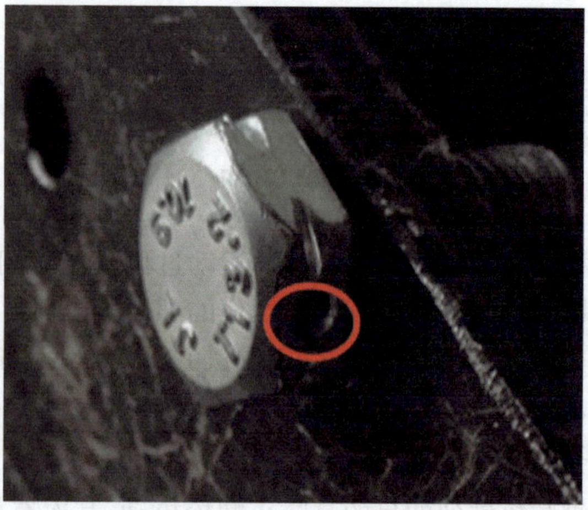

图 3-8 六角头螺栓上缠绕铁丝

2. 在带槽螺母上缠绕铁丝时，与上述相同，铁丝不得脱出槽部分，如图 3-9 所示。

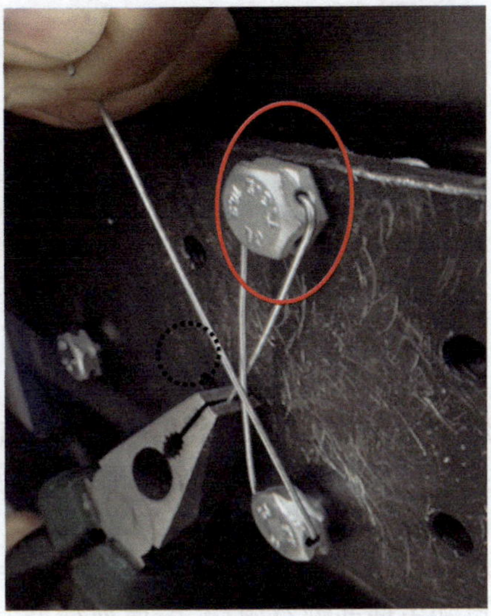

图 3-9　带槽螺母上缠绕铁丝

3. 防止制动铁丝松开。缠绕成"8"字形的铁丝打结时要并起来，不能有松脱，如图 3-10 所示。

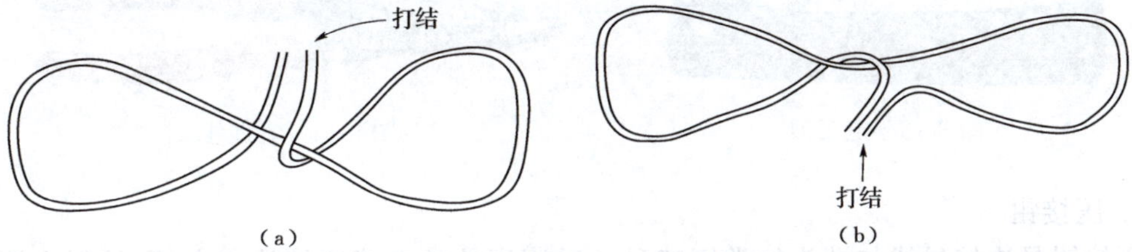


图 3-10　"8"字形铁丝打结方法

# 第二节　电工操作

## 一、常用电工工具

1. 低压验电器

验电器也称验电笔，俗称电笔，是用来检测导线、电器和电气设备的金属外壳是否带电的一种电工工具。根据验电器外形分为有钢笔式和螺丝刀式两种。低压验电器如图 3-11 所示。

2. 数字感应验电笔

数字感应验电笔是近年来出现的一种新型电工工具。它通过在绝缘皮外侧利用电磁感应探测，并将探测到的信号放大后利用 LCD 显示来判断物体是否带电，具有安全、方便、快捷等优点。数字感应验电笔如图 3-12 所示。

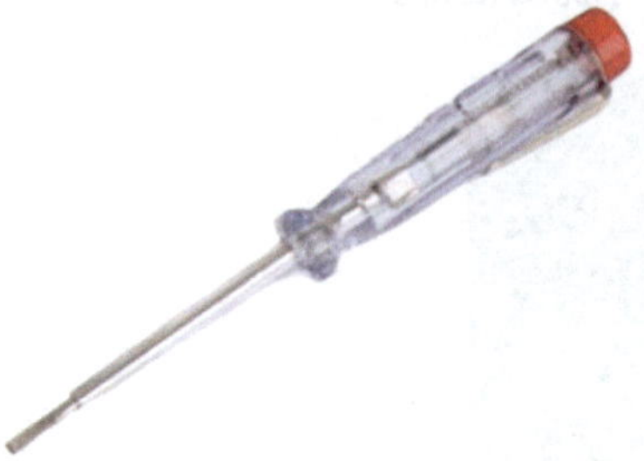

图 3-11 低压验电器

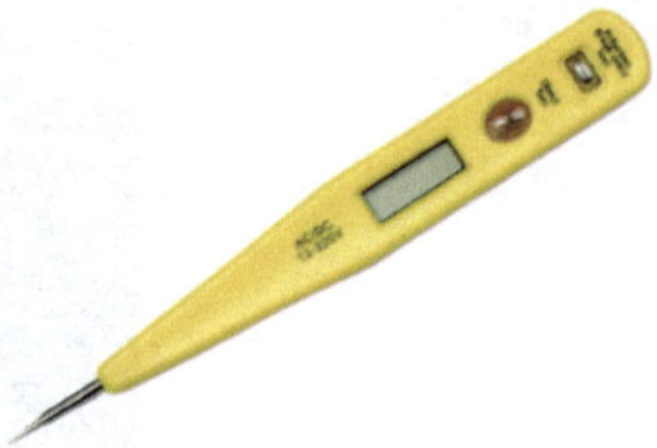

图 3-12 数字感应验电笔

3. 电工刀

电工刀是用来剖切导线绝缘层、电缆绝缘层、切割木台缺口、削制木枕的专用工具。普通的电工刀由刀片、刀刃、刀把、刀挂等构成。电工刀如图 3-13 所示。

4. 剥线钳

剥线钳是用来剥落小直径导线绝缘层的专用工具，是内线电工、电机修理、仪器仪表电工常用的工具之一。其由钳口和手柄两部分组成，钳口部分设有几个刃口，用以剥落不同线径的导线绝缘层。剥线钳如图 3-14 所示。

图 3-13 电工刀

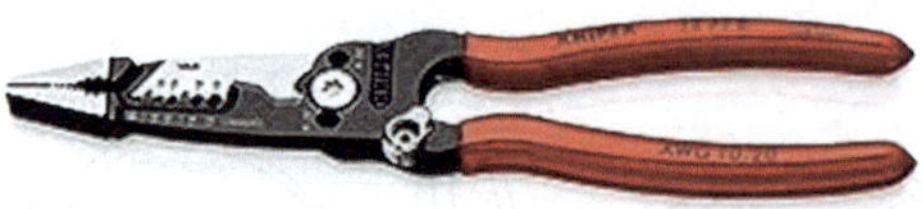

图 3-14 剥线钳

5. 压接钳

压接钳是连接导线与端头的常用工具。采用压接的电线连接施工方便，接触电阻比较小，牢固可靠。根据压接导线和压接套管的横截面积不同来选择不同规格的压接钳。

6. 电烙铁

常用的电烙铁有外热式（电热元件在烙铁头的外面）和内热式（电热元件在烙铁头的内部）两种，分别如图 3-15 和图 3-16 所示。

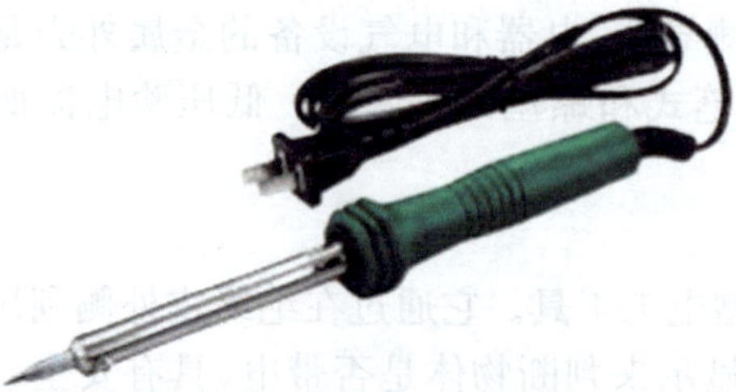

图 3-15 外热式电烙铁

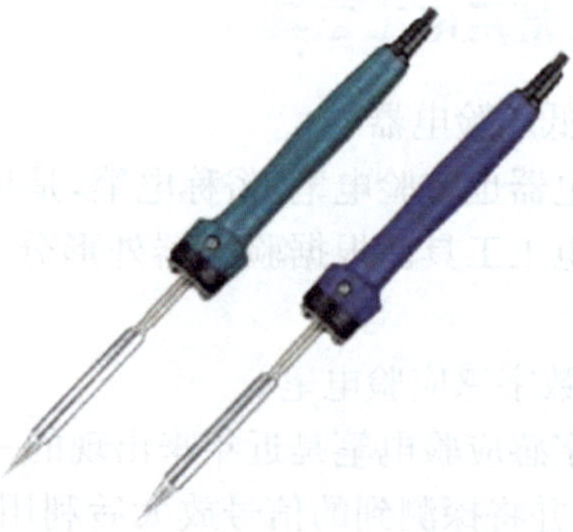

图 3-16 内热式电烙铁

7. 螺丝刀

螺丝刀也称为螺丝起子、螺钉旋具、改锥等,用来紧固或拆卸螺钉。其种类很多,按照头部形状的不同,常见的可分为一字和十字两种。电工用螺丝刀的刀体部分一般有绝缘管套住。

8. 钢丝钳、尖嘴钳和斜嘴钳

(1)钢丝钳

钢丝钳是在电工操作中使用最多的一种电工钳,主要用途就是夹持元件、剪切金属线、弯折金属线或金属片、开剥绝缘导线的绝缘层等。钳口可以弯折金属导线,齿口可以拧螺钉,刀口可以剪导线或者拉剥导线绝缘层,铡口可以切钢线。钢丝钳如图 3-17 所示。

(2)尖嘴钳

尖嘴钳的头部尖细,用法与钢丝钳相似,使用灵活方便;适用于狭小的工作空间,也可用于电气仪表制作或维修、剪断细小的金属丝、切断较细的导线与多股线、夹持小螺丝、垫圈并可将导线端头弯曲线端子(线鼻子)等。有刀口的尖嘴钳还可剪断导线、剥削绝缘层。尖嘴钳如图 3-18 所示。

图 3-17　钢丝钳

图 3-18　尖嘴钳

(3)斜嘴钳

斜嘴钳的头部扁斜,因此又叫斜口钳或剪线钳,专供剪断较粗的金属丝、线材及导线、电缆等。斜嘴钳如图 3-19 所示。

9. 活动扳手

活动扳手的开度可以自由调节,适用于不规则的螺栓或螺母。使用时,应将钳口调整到与螺栓或螺母的对边距离同宽,并使其贴紧,让扳手可动钳口承受推力,固定钳口承受拉力。活动扳手如图 3-20 所示。

图 3-19　斜嘴钳

图 3-20　活动扳手

## 二、电器元件

电器元件是一种能根据外界的信号和要求,手动或自动地接通或断开电路,断续或连续地改变电路参数,以实现电路或非电对象的切换、控制、保护、检测、变换和调节用的电气设备。其最基本、最典型的功能就是“开”和“关”。电器元件在电力输配电系统和电力拖动自动控制系统中被广泛应用。

**(一)电器元件的分类**

1. 按工作电压等级分类

(1)高压电器:用于 AC 1 000 V、DC 1 500 V 及以上电路中的电器(例如,高压断路器、高压隔离开关、高压熔断器等)。

(2)低压电器:用于 AC 1 000 V(50 Hz 或 60 Hz)、DC 1 500 V 及以下电路中起通断、保护、控制和调节作用的电器(例如接触器、继电器等)。

2. 按用途分类

(1)控制电器:用于各种控制电路和控制系统的电器,如接触器、继电器、电动机启动器。

(2)配电电器:用于电能的输送和分配的电器,如高压断路器、低压断路器。

(3)主令电器:用于自动控制系统中发送动作指令的电器,如按钮、转换开关。

(4)保护电器:用于保护电路及用电设备的电器,如熔断器、热继电器。

(5)执行电器:用于完成某种动作或传送功能的电器,如电磁阀、电磁铁。

**(二)常用低压电器元件**

1. 闸刀开关

闸刀开关是带有动触头的闸刀,并通过与底座上的静触头闸刀夹座相契合(或分离),以接通(或分断)电路的一种开关装置。其中以熔断体作为动触头的,称为熔断器式刀开关,简称刀熔开关。闸刀开关主要由操作手柄、触刀、静触座和绝缘底板构成。闸刀开关如图 3-21 所示。

图 3-21 闸刀开关

闸刀开关的使用注意事项:

(1)闸刀开关应该垂直安装。

(2)电源进线应接在静触点一边(进线座应在上方),用电设备应接在动触点一边的出线端,这样当开关断开时,闸刀和熔体均不带电,以保证更换熔丝时的安全。

(3)安装时,刀开关在合闸状态下手柄应该向上,不能倒装或平装,以防止闸刀松动落下时误合闸。

(4)更换熔断器,应该在开关断电的情况下进行,不能用铁丝或者铜丝代替熔断器。

2. 低压断路器

低压断路器用于电动机和其他用电设备的电路中,在正常情况下,可以分断和接通工作电流;当电路发生过载、短路、失压等故障时,能自动切断故障电路,有效地保护串接的电器设备;可用于不频繁地接通、分断负荷的电路,控制电动机的运行和停止。低压断路器如图 3-22 所示。

低压断路器主要由触点系统、灭弧装置、保护装置和传动机构等组成。保护装置和传动机构组成脱扣器。

低压断路器的使用注意事项:

(1)低压断路器应垂直安装,电源线应接在上端,负载接在下端。

(2)低压断路器用作电源总开关或电动机的控制开关时，在电源进线侧必须加装刀开关或熔断器等，以形成明显的断开点。

(3)各脱扣器的动作值调整好后，不允许随意变动，并应定期检查各脱扣器的动作值是否满足要求。

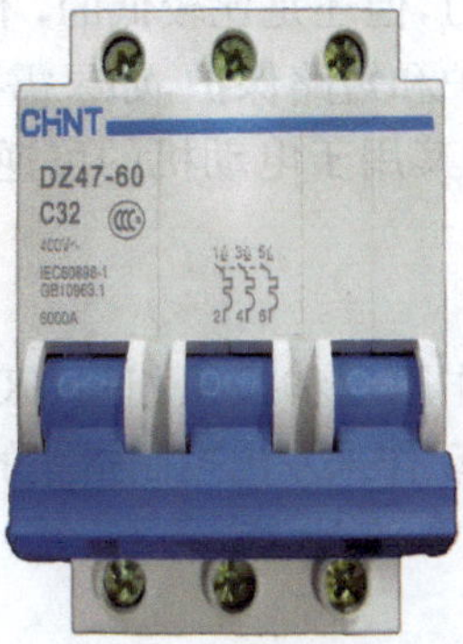


图 3-22　低压断路器

3. 按钮

按钮是一种短时接通或分离小电流电路的电器，是最常用的主令电器。它不直接控制主电路的通断，而是在控制电路中发出指令去控制接触器、继电器等电器，从而控制主电路。按钮如图 3-23 所示。

按钮的选择原则：

(1)根据环境，选择控制按钮的种类，如防水式、防腐式等。

(2)根据用途，选用合适的形式，如紧急式、带灯式等。

(3)按控制回路的需要，确定不同的按钮数，如单钮、双钮、三钮、多钮等。

(4)按工作状态指示和工作情况的要求，选择按钮及指示灯的颜色。

4. 转换开关

转换开关也叫组合开关，一般在 AC 380 V/50 Hz 以下或 DC 220 V 以下的电气线路中，用于手动不频繁地接通和分断电路、接通电源和负载、测量三相电压、改变负载的连接方式、控制小容量电动机正反转、星形—三角形启动、变速换向等场合。转换开关如图 3-24 所示。

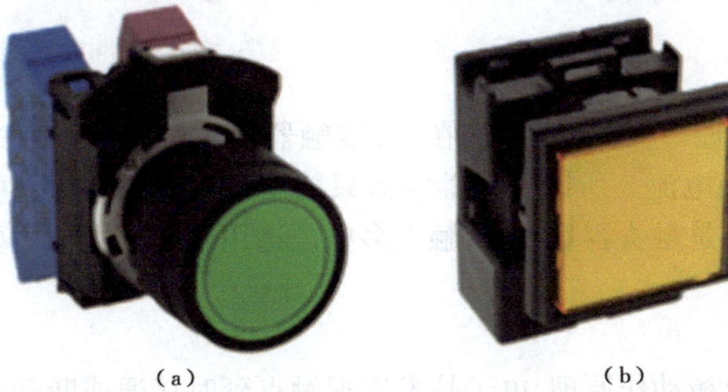

(a)　(b)

图 3-23　按钮

图 3-24　转换开关

转换开关由动触片、静触片、转轴、手柄、凸轮、绝缘杆等部件组成。当转动手柄时，每层的动触片随转轴一起转动，使动触片分别和静触片保持接通和分断。为了使组合开关在分断电流时迅速熄弧，在开关的转轴上装有弹簧，能使开关快速闭合和分断。

转换开关的使用注意事项：

(1)转换开关有一定的通断能力，但还是比较低的，不能用来分断故障电流。

(2)转换开关本身不带过载保护和短路保护，如果需要这类保护，应另设其他保护电器。

(3)转换开关的通断能力低，当其用于电动机的可逆运行时，必须在电动机完全停止转动后才允许反向接通。

5. 行程开关

行程开关又称限位开关，其工作原理和按钮相同，区别在于不是靠手的按压，而是利用生产机械运动的部件碰压而使触点动作来发出控制指令的主令电器，用作电路的限位保护、行程控制、自动切换等。行程开关如图 3-25 所示。

6. 接触器

接触器是一种接通或切断电动机或其他负载的主电路的自动切换电器。它是利用电磁力来使开关打开或断开的电器，适用于频繁操作、远距离控制强电电路，并具有低压释放的保护性能。接触器通常分为交流接触器和直流接触器。接触器是由触点系统、灭弧装置、电磁机构、支撑机构和外壳等组成，如图 3-26 所示。

7. 中间继电器

中间继电器是指用来增加控制电路中的信号数量或将信号放大的继电器。中间继电器主要起中间转换作用，其输入信号为线圈的通电和断电，输出信号是触头的断开和闭合，可将输出信号同时传给几个控制元件或回路。中间继电器如图 3-27 所示。

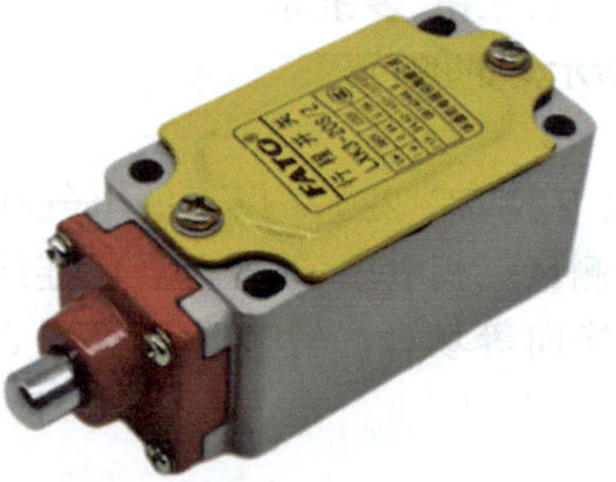

图 3-25 行程开关

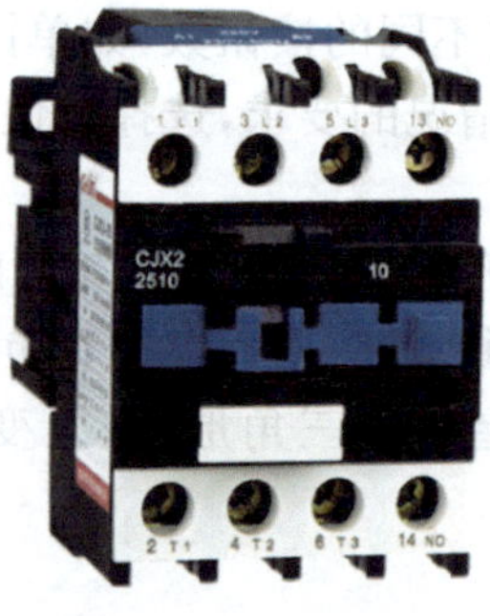


图 3-26 接触器

图 3-27 中间继电器

中间继电器和接触器的工作原理一样，主要区别在于：接触器的主触头可以通过大电流，而中间继电器的触头只能通过小电流。所以中间继电器只能用于控制电路中。中间继电器结构与交流接触器基本相同，只是触头容量小些，触点多些。选用中间继电器主要考虑电压等级和触点数量。

8. 时间继电器

时间继电器是利用电磁原理、机械动作原理、电子技术实现触点延时接通或断开的自动控制电器，是从得到输入信号(线圈通电或断电)起，经过一段时间延时后才动作的继电器。时间继电器如图 3-28 所示。

9. 熔断器

熔断器是在电流超过规定值时，以本身产生的热量使熔体熔断，从而使电路断开，运用发热熔断原理制成的一种保护电器。作为短路和过流的保护器，熔断器是运用最普遍的保护器件之一。熔断器如图 3-29 所示。

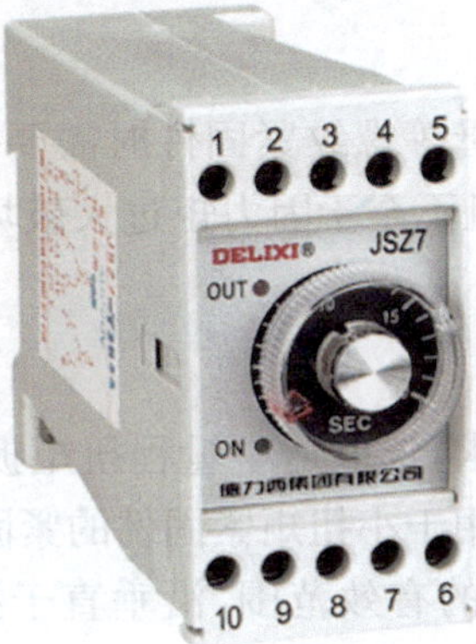

图 3-28　时间继电器

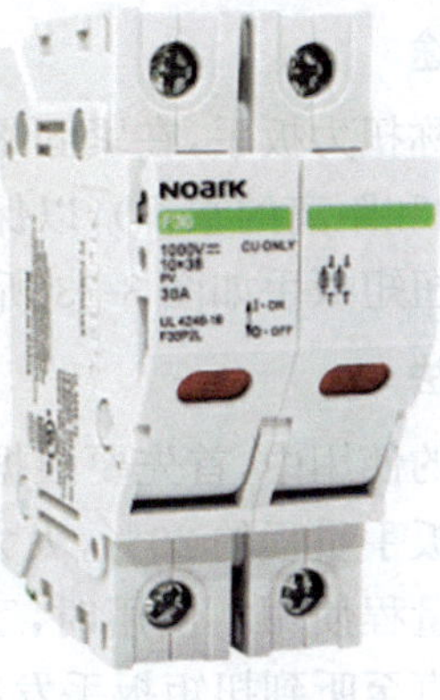

图 3-29　熔断器

10. 热继电器

热继电器是利用流过继电器的电流所产生的热效应而反时限动作(包括延时)的继电器。其专门用来对连续运转的电动机进行过载及断相保护，以防电动机过热而烧毁。热继电器如图 3-30 所示。

热继电器的工作原理：热继电器发热元件接入电机主电路，若长时间过载，双金属片被烤热。因双金属片的下层膨胀系数大，使其向上弯曲，扣板被弹簧拉回，常闭触头断开。

11. 电流继电器

电流继电器是反映输入量为电流的继电器。电流继电器的线圈串联在被测量电路中，用来检测电路的电流。电流继电器的线圈匝数少，导线粗，线圈的阻抗小。电流继电器如图 3-31 所示。

12. 电压继电器

电压继电器是指反映输入量为电压的继电器。其结构与电流继电器相似，不同的是，电压继电器的线圈是并联在被测量的电路两端，以监控电路电压的变化。电压继电器的线圈的匝数多，导线细，线圈的阻抗大。电压继电器如图 3-32 所示。

图 3-30　热继电器

图 3-31　电流继电器

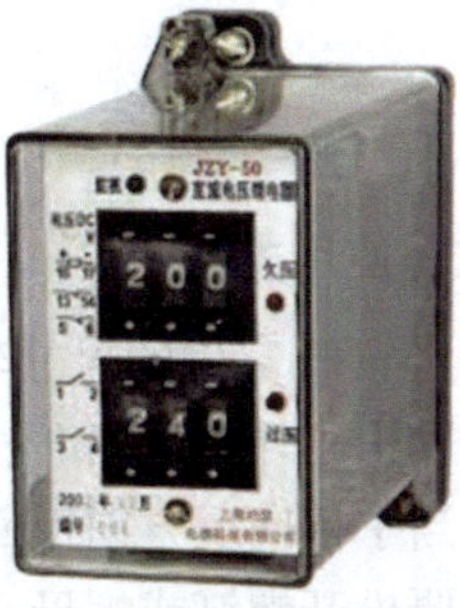

图 3-32　电压继电器

# 第三节　工具和量具的使用

## 一、扭矩扳手

### (一)用　　途

扭矩扳手也称扭力扳手，在紧固螺栓、螺栓、螺母等螺纹紧固件时需要控制施加一定的力矩(力矩就是力和距离的乘积)，以保证螺纹紧固且不至于因力矩过大破坏螺纹，所以用扭矩扳手来操作。扭矩扳手如图 3-33 所示。

### (二)使用方法

在扭矩扳手的使用中，首先要根据紧固件的要求，选取适中量程扭矩扳手，所施加扭矩值不可小于扭矩扳手量程的 20%，太大的量程不宜用于小扭矩紧固件的紧固，小量程的扭矩扳手更不可以超量程使用。使用时，手要握住把手的有效范围，沿垂直于扭矩扳手壳体方向，慢慢地加力，直至听到扭矩扳手发出“嗒”的声音，此时扭矩扳手已达预置扭矩值，工件已加力完毕，然后应及时解除作用力，以免损坏零部件。在施力过程中，按照国家标准仪器操作规范，其垂直度偏差左右不应超过 10°，其水平方向上下偏差不应超过 3°，操作人员在使用过程中应保证其上下左右施力范围均不超过 15°。

## 二、棘轮扳手

### (一)用　　途

棘轮扳手是一种手动螺丝松紧工具，经组装加工后，前端为四方孔，内嵌活动滚珠只能向一个方向旋转的扳手，一般配合套管使用。其活动扳柄可以方便地调整扳手使用角度，主要用于螺丝的松紧操作，具有适用性强、使用方便等特点。棘轮扳手如图 3-34 所示。

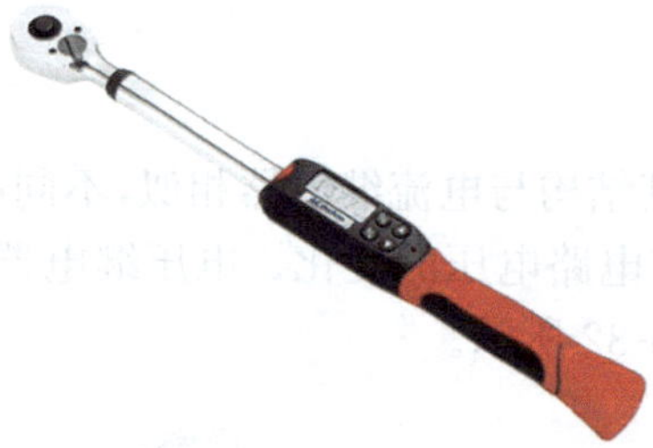

图 3-33　扭矩扳手

图 3-34　棘轮扳手

### (二)使用方法

当螺钉或螺母的尺寸较大或扳手的工作位置很狭窄时，就可用棘轮扳手。这种扳手摆动的角度很小，能拧紧和松开螺钉或螺母。拧紧时顺时针转动手柄。方形的套筒上装有一只撑杆。当手柄向反方向扳回时，撑杆在棘轮齿的斜面中滑出，因而螺钉或螺母不会跟随反转。如果需要松开螺钉或螺母，只需翻转棘轮扳手朝逆时针方向转动即可。其通过往复摆动手动扳转螺母，方便快捷，省力省时，可以进行松懈和紧装，适用性强，可以方便地调整使用角度。

## 三、第五种检查器

### (一)用　途

DCLJ 型动车组车轮检查器也称第五种检查器，用于测量 LMA、CN 和 XP55 三种车轮轮缘踏面外形的专用计量器具，检查器能够测量并直接读出车轮踏面圆周磨耗、轮缘厚度、轮缘高度、*QR* 值、轮辋厚度、轮辋宽度、踏面擦伤深度和长度、踏面剥离长度、车轮碾宽等技术参数，如图 3-35 所示。

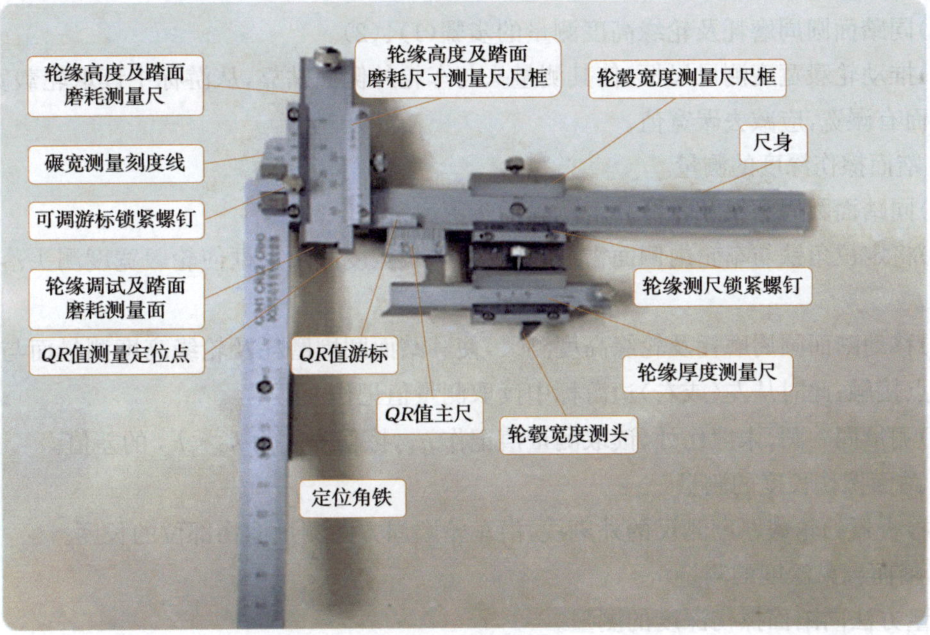


图 3-35　车轮检查器

### (二)使用方法

1. 踏面圆周磨耗及轮缘高度的测量

(1)动轮毂宽度测尺尺框，使定位销落入销孔内，然后锁紧其锁紧螺钉。

(2)将定位角铁与车轮内侧面密贴，使轮毂宽度测头与车轮踏面接触。

(3)移动踏面磨耗及轮缘高度测尺尺框到合适位置并锁紧。

(4)推动踏面磨耗及轮缘高度测尺使其测量面与车轮轮缘最高点接触，从左边游标读取踏面磨耗值，从右边游标读取轮缘高度值。

2. 轮缘厚度的测量

(1)同踏面圆周磨耗及轮缘高度测量的步骤(1)、(2)。

(2)推动轮缘厚度测尺使其测量头与轮缘接触，从游标尺中读取轮缘厚度值。

3. *QR* 值的测量

(1)同踏面圆周磨耗及轮缘高度测量的步骤(1)、(2)。

(2)移动踏面磨耗及轮缘高度测尺使踏面磨耗及轮缘高度测量面与轮缘最高点接触,并锁紧。

(3)移动踏面磨耗及轮缘高度测尺尺框使 $QR$ 值测量定位点与轮缘接触,并锁紧。

(4)推动轮缘厚度测尺使其测头与轮缘接触,此时即可从 $QR$ 值游标尺中读取 $QR$ 值。

4. 轮毂厚度的测量

(1)同踏面圆周磨耗及轮缘高度测量的步骤(1)、(2)。

(2)读取轮毂厚度测尺刻线中与轮毂内侧边缘对齐的数值,该数值即为轮毂厚度。

5. 轮辋宽度的测量

(1)同踏面圆周磨耗及轮缘高度测量的步骤(1)、(2)。

(2)推动轮毂宽度测尺尺框,使其测量头与车轮外侧面贴靠,从游标中读取轮毂宽度值。如果踏面有碾宽,应减去碾宽值。

6. 踏面擦伤深度的测量

(1)同踏面圆周磨耗及轮缘高度测量的步骤(1)。

(2)将定位角铁与车轮内侧面密贴,并移动轮毂宽度测尺尺框使轮毂宽度测头落入擦伤最深处。

(3)移动踏面圆周磨耗及轮缘高度测尺,使其踏面圆周磨耗及轮缘高度测量而与车轮轮缘最高点接触,此时从左(或右)边游标中读取测量值记作 $h_1$。

(4)测量同一圆,未擦伤处,读取测量值记作 $h_2$,擦伤深度为 $h_1-h_2$ 的差值。

7. 踏面擦伤长度的测量

用检查器的轮毂厚度测尺的外刻线,沿车轮圆周方向测量擦伤部位的长度。

8. 踏面剥离深度的测量

测量方法同踏面擦伤深度的测量。

9. 踏面剥离长度的测量

测量方法同踏面擦伤长度的测量。

10. 车轮碾宽的测量

将尺身垂直外边贴紧轮毂外侧面,用碾宽测量刻线测量碾宽,读取碾宽最宽处所对准刻线数值,即为车轮碾宽值。

## 四、游标卡尺

### (一)用　　途

游标卡尺是常用的测量仪器,可用来测量长度、内外径、深度等尺寸。游标卡尺由主尺和附在主尺上能滑动的游标两部分构成。若从背面看,游标是一个整体。游标与尺身之间有一弹簧片,利用弹簧片的弹力使游标与尺身靠紧。游标上部有一紧固螺钉,可将游标固定在尺身上的任意位置。游标卡尺的主尺和游标上有两副活动量爪,分别是内测量爪和外测量爪,内测量爪通常用来测量内径,外测量爪通常用来测量长度和外径。深度尺与游标尺连在一起,可以测槽和筒的深度。

### (二)使用方法

游标卡尺使用前应用软布将量爪擦干净,使其并拢,查看游标和主尺身的零刻度线是否对齐。如果对齐就可以进行测量,如果没有对齐则要记取零误差。游标的零刻度线在尺身零刻度线右侧的叫正零误差,在尺身零刻度线左侧的叫负零误差。

测量时,右手拿住尺身,大拇指移动游标,左手拿待测外径(或内径)的物体,使待测物位于外测量爪之间,当与量爪紧紧相贴时,即可读数,如图 3-36 所示。

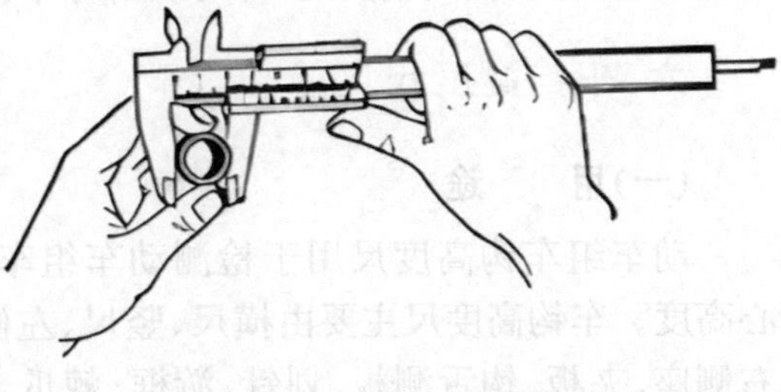

图 3-36　游标卡尺使用方法

游标卡尺读数时首先以游标零刻度线为准在尺身上读取毫米整数,即以毫米为单位的整数部分。然后看游标上第几条刻度线与尺身的刻度线对齐,如第 6 条刻度线与尺身刻度线对齐,则小数部分即为 0.6 mm(若没有正好对齐的线,则取最接近对齐的线进行读数)。如有零误差,则一律用上述结果减去零误差(零误差为负,相当于加上相同大小的零误差)。

## 五、轮 径 尺

### (一)用　　途

轮径尺是用于测量动车组车轮直径及判定同一轮对两车轮直径差的专用量具。轮径尺的测头一般是可调式的,当测头在使用中磨损时,可调整可调测头,延长轮径尺的使用寿命,测量精确度达到计量检定规程指标,满足车辆检修要求。轮径尺的结构如图 3-37 所示,主要由构架、定位架和指示表等组成。

图 3-37　轮径尺

### (二)使用方法

轮径尺在使用之前需要校对零位,具体操作方法如下:

1. 将轮径尺置于平稳的工作台上,移动左尺框使其游标“0”刻线与左主尺“0”刻线对齐,拧紧其锁紧螺钉。

2. 将校对杆放在两测头中间,移动右尺框,使右测头与校对杆测头接触,从游标上读取测量值,测量值应与校对杆尺寸相同,如不相同,可通过调整游标使其相同。

3. 轮径尺的校对零位操作不必每次都进行，可根据使用频率，一个月或三个月校对一次即可。

4. 校对零位操作完成后即可进行轮径测量。测量时，将校对好零位的轮径尺左定位板与车轮内侧面密贴，可调测头与滚动圆接触，移动右尺框使其定位板与车轮内侧面密贴，上下摆动右测头，找到最大处，即可从游标中读取轮径值。

## 六、车钩高度尺

### (一)用　　途

动车组车钩高度尺用于检测动车组车钩中心高度。车钩高度尺主要由横尺、竖尺、左侧座、右侧座、夹板、钩舌测板、划针、游框、棘爪、游框锁紧螺钉等组成。车钩高度尺如图 3-38 所示。

### (二)使用方法

1. 打开竖尺，使棘爪复位后固定。

2. 将车钩高度尺置于两钢轨上，移动钩舌测板至正好卡住钩舌的上下边缘，通过游标位置可以直接读出车钩中心高度值。

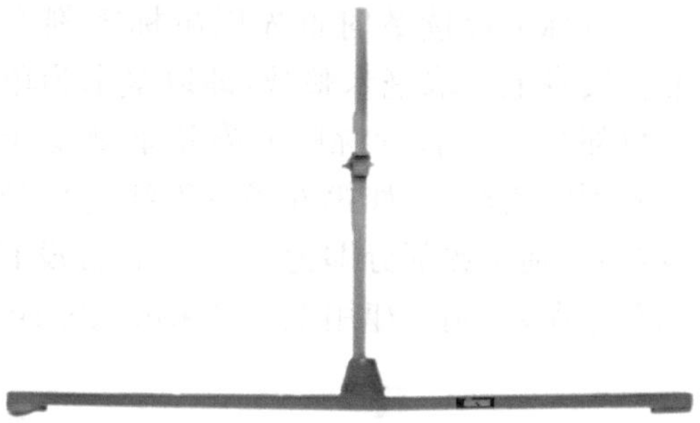

图 3-38　车钩高度尺

3. 锁紧游框锁紧螺钉，推动划针，所指位置即为钩舌中心位置。

4. 测量完毕后，拉起棘爪，合上竖尺，使磁铁嵌入磁铁座中。

## 七、塞　　尺

### (一)用　　途

塞尺是由一组具有不同厚度级差的薄钢片组成的量规，主要用于测量间隙尺寸。在检验被测尺寸是否合格时，可以用通止法判断，也可由检验者根据塞尺与被测表面配合的松紧程度来判断。塞尺一般用不锈钢制造，如图 3-39 所示。

### (二)使用方法

1. 使用前必须先清除塞尺和工件上的污垢与灰尘，不能在塞尺沾有油污或金属屑末的情况下进行测量，否则将影响测量结果的准确性。

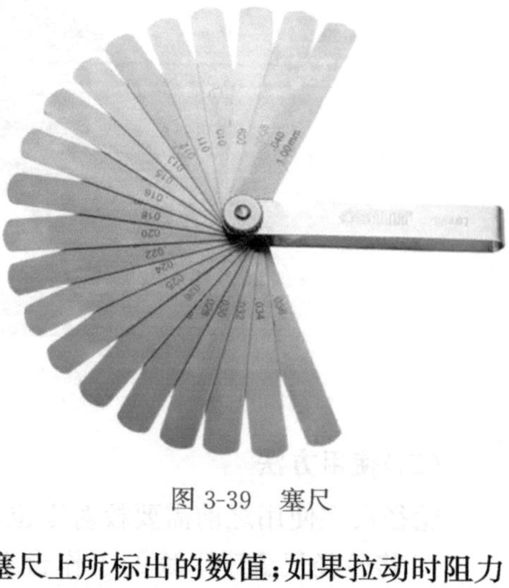

图 3-39　塞尺

2. 使用时可用一片或数片重叠插入间隙，以稍感拖滞为宜。测量时动作要轻，不允许硬插，也不允许测量温度较高的零件。将塞尺插入被测间隙中，来回拉动塞尺，感到稍有阻力，说明该间隙值接近塞尺上所标出的数值；如果拉动时阻力过大或过小，则说明该间隙值小于或大于塞尺上所标出的数值。

3. 进行间隙的测量和调整时，先选择符合间隙规定的塞尺插入被测间隙中，然后一边调整，一边拉动塞尺，直到感觉稍有阻力时拧紧锁紧螺母，此时塞尺所标出的数值即为被测间隙值。

## 八、液 压 泵

### (一)用　　途

液压泵是液压系统的动力元件，其结构形式一般有齿轮泵、叶片泵和柱塞泵。影响液压泵的使用寿命因素很多，除了泵自身设计、制造因素外和一些与泵使用相关元件(如联轴器、滤油器等)的选用、试车运行过程中的操作等也有关。

### (二)原　　理

液压泵的工作原理是机械运动带来泵腔容积的变化，从而压缩流体使流体具有压力能。其必须具备的条件是泵腔有密封容积变化。手动液压泵如图 3-40 所示。凸轮由电动机带动旋转。当凸轮推动柱塞向上运动时，柱塞和缸体形成的密封体积减小，油液从密封体积中挤出，经单向阀排到需要的地方去。当凸轮旋转至曲线的下降部位时，弹簧迫使柱塞向下，形成一定真空度，油箱中的油液在大气压力的作用下进入密封容积。凸轮使柱塞不断地升降，密封容积周期性地减小和增大，泵就不断吸油和排油。

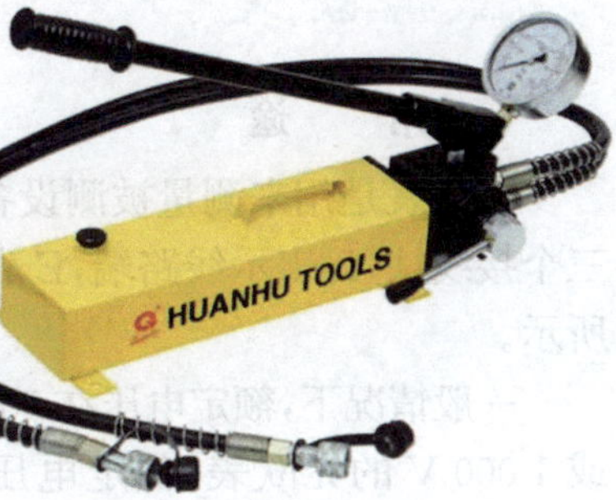

图 3-40　手动液压泵

# 第四节　仪器和仪表的使用

## 一、万 用 表

### (一)用　　途

万用表又称多用表、三用表、复用表，是一种多功能、多量程的测量仪表。一般万用表可测量直流电流、直流电压、交流电压、电阻等，有的还可以测交流电流、电容量、电感量及半导体的一些参数。万用表主要分为模拟式和数字式两种，当前动车组检修也主要采用数字式万用表。与模拟式万用表相比，数字式万用表灵敏度高，准确度高，显示清晰，过载能力强，便于携带，使用更简单。数字式万用表如图 3-41 所示。

### (二)使用方法

1. 使用前，应认真阅读有关的使用说明书，熟悉电源开关、量程开关、插孔、特殊插口的作用，并将电源开关置于 ON 位置。

2. 交直流电压的测量：根据需要将量程开关拨至 DC(直流)或 AC(交流)的合适量程，红表笔插入 V/Ω 孔，黑表笔插入 COM 孔，并将表笔与被测线路并联，读数即显示。

3. 交直流电流的测量：将量程开关拨至合适量程，红表笔插入 mA 孔(<200 mA 时)或 10 A 孔(>200 mA 时)，

图 3-41　数字式万用表

黑表笔插入 COM 孔，并将万用表串联在被测电路中即可。测量直流量时，数字万用表能自动显示极性。

4. 电阻的测量：将量程开关拨至 Ω 的合适量程，红表笔插入 V/Ω 孔，黑表笔插入 COM 孔。如果被测电阻值超出所选择量程的最大值，万用表将显示“1”，这时应选择更高的量程。测量电阻时，红表笔为正极，黑表笔为负极，这与指针式万用表正好相反。因此，测量晶体管、电解电容器等有极性的元件时，必须注意表笔的极性。

## 二、兆欧表

### （一）用　途

兆欧表是用来测量被测设备的绝缘电阻和高值电阻的仪表，由一个手摇发电机、表头和三个接线柱（L 表示线路端，E 表示接地端，G 表示屏蔽端）组成。2 500 V 兆欧表如图 3-42 所示。

一般情况下，额定电压在 500 V 以下的设备，应选用 500 V 或 1 000 V 的兆欧表；额定电压在 500 V 以上的设备，选用 1 000 V 至 2 500 V 的兆欧表。而对于电阻量程范围的选择，在兆欧表的表盘刻度线上有两个小黑点，小黑点之间的区域为准确测量区域。所以在选表时应使被测设备的绝缘电阻值在准确测量区域内。

图 3-42　2 500 V 兆欧表

### （二）使用方法

(1)首先对表进行校验检查。测量前应将兆欧表进行一次开路和短路试验，检查兆欧表是否良好。将两连接线开路，摇动手柄，指针应指在“∞”处，将两连接线短接，指针应指在“0”处，符合上述条件者即良好，否则不能使用。

(2)将被测设备与线路断开，对于大电容设备还要进行放电。

(3)选用电压等级符合的兆欧表。

(4)测量绝缘电阻时，一般只用“L”和“E”端，但在测量电缆对地的绝缘电阻或被测设备的漏电流较严重时，就要使用“G”端，并将“G”端接屏蔽层或外壳。线路接好后，点击开始检测按钮，到达检测时间后，进行读数。

(5)拆线放电。读数完毕，将被测设备放电。放电方法是将测量时使用的地线从兆欧表上取下来与被测设备短接即可。

## 三、压力表

### （一）用　途

压力表通过表内的敏感元件（波登管、膜盒、波纹管）的弹性形变，再由表内机芯的转换机构将压力形变传导至指针，引起指针转动来显示压力。压力表如图 3-43 所示。

### （二）使用方法

1. 将压力表连接到被测介质上确保连接管道紧固，无松动或漏泄。

2. 打开被测介质的阀门,使介质流经压力表。此时,压力表将显示被测介质的压力值。

3. 观察指针的位置,它将指向相应的刻度。读取指针所指刻度的数值,即为当前的压力值。

4. 如果压力表具有最大压力指示器,当压力超过其量程时,指针将停留在最大压力位置,此时,应立即关闭阀门,以避免对压力表造成损坏。

5. 使用完毕后,关闭被测介质的阀门,断开连接管道。注意,断开连接时应缓慢减压。

图 3-43　压力表

## 四、点温仪

### (一)用　　途

点温仪又称测温仪,是动车组运用检修中常用的设备。常用的点温仪为便携式非接触型,使用时只需对准目标,扣动扳机,不到 1 s 即可读取被测物体表面温度。因为无需接触,所以可以用来安全测量热的、危险的或难以接触物体的表面温度。点温仪如图 3-44 所示。

### (二)使用方法

1. 测量温度时,将点温仪对准物体并扣动扳机即可,但务必考虑与测量点的距离。如果点温仪装有激光,则激光仅用于瞄准。

2. 要查找被测物体过热点时,可将点温仪对准待测区域之外,然后上下扫描整个区域直至找出热点。

3. 要确保目标比测点大,目标越小,就应当越靠近它。当精确度很重要时,确保目标不小于测点的两倍。

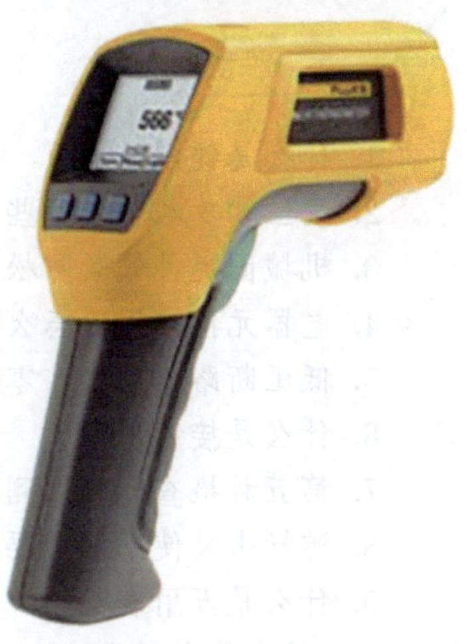
图 3-44　点温仪

# 第五节　安全注意事项

1. 使用电动工具前必须检查确认技术性能良好。禁止使用未安装漏电保护器的各种有线手持式移动电动工具和移动设备。

2. 电器设备、线路必须保持完整和绝缘性能良好。电气设备的金属外壳必须接地(接零)。

3. 必须贯彻禁电优先的原则,严格执行停电检修、挂牌和监护等制度。检查配电柜电器时,禁止手触各电器触头,不得带电检查、处理故障或接触高压带电部件。

4. 清洗区作业不得将喷枪对准风扇及电器插头,防止触电伤害。

5. 不准私接电源,乱拉电线。电器或线路拆除后,裸露的线头必须采取绝缘包扎措施。

6. 电气部分发生故障时,要立即关闭电源开关。

7. 严禁任何人员在电气设备处倚靠、坐卧。

8. 严格执行电气化铁路各项安全规章制度。禁止直接或间接地与接触网的各导线及其相连部件接触；不准与接触网支柱、支撑结构及其金属结构接触；携带的物件（包括长杆、导线等）与接触网设备的带电部分需保持 2 m 以上的距离；发现接触网断线或挂有异物时，任何人不得与之接触，应距已断线索或异物处所 10 m 以外。

9. 通过平过道车辆限界及货物装载高度（从地面算起）不得超过 5 m，超过时，应绕行或进行货物倒装；通过平过道车辆上部或其货物装载高度（从地面算起）超过 2 m 通过平交道时，车辆上部及装载货物上严禁坐人；行人持有长大、飘动等物件通过平过道时，不得高举挥动，应与牵引供电设备带电部分保持 2 m 以上的距离。

10. 地面电源的使用维护由班组包保负责，并加锁防护，其他班组使用须严格执行申请制度。

11. 对蓄电池检修线每日点检，发现问题立即反馈并关停检修线，整改合格后，方可重启设备；蓄电池充电前使用工装在注液口进行防护；蓄电池检修过程中须使用绝缘性能良好的工具进行检修作业。

## 复习思考题

1. 什么是锉削？
2. 绞丝和攻丝包括哪些注意事项？
3. 机械固定件锁紧防松包括哪些形式？
4. 电器元件按用途怎么分类？
5. 低压断路器由哪些零件组成？
6. 什么是接触器？
7. 第五种检查器可以测量哪些数据？
8. 游标卡尺使用前需要注意什么？
9. 什么是万用表？
10. 什么是点温仪？

# 第四章　动车组分解与检修

动车组在高级修时，首先要对动车组进行解编，依次拆卸车顶高压电缆、车内渡板和内风挡、车下终端箱和跨接电缆等部件，分离半永久车钩使动车组成为单辆车厢。随后，对车顶高压部件和车下设备舱内的设备进行拆卸并检修，车体部件检修主要是对高压牵引系统进行状态检修，主要有受电弓、车顶高压箱、避雷器、牵引变压器及冷却单元、牵引变流器及冷却单元、辅助变流器、牵引电机、蓄电池、车顶高压电缆、电池充电机、电气柜、车辆连接线缆、终端箱、蓄电池箱、配线及线槽、厨房变压器、网络信息控制系统、车顶天线、受电弓视频监控装置、客室空调、内风挡及渡板、悬挂吊装组成、前端开闭机构、车钩及主排障装置、塞拉门、端门及车窗、内装与设备部件、玻璃钢裙板、设备舱及盖板等。

## 第一节　车辆解编

### 一、车顶高压电缆拆卸

依次拆卸车顶高压电缆的线卡、CT-4 电流互感器安装螺栓、上部感应装置、接地线的紧固螺栓、高压电缆法兰板螺栓等，割除高压电缆插头处密封胶。

拆卸车顶高压箱的紧固螺栓，打开高压箱盖板，拆卸高压箱内高压端子紧固螺栓。将高压电缆插头拔出，检查高压线缆防磨保护橡胶。防磨保护橡胶应无破损、裂纹，磨耗超限时更新。将拆卸插头进行防护。车顶高压 L 形电缆如图 4-1 所示。

图 4-1　车顶高压 L 形电缆

### 二、渡板拆卸

将地毯布从渡板上方移开，对地毯布进行整理，放置于指定位置。将渡板组成上的翻转板保持竖直状态，向外推离内风挡棚布，使用木板插入渡板和内风挡棚布之间。打开渡板组成锁，用绳子将渡板组成拉起。将取下的渡板，用纸基胶带做好标识。拆卸后的渡板如图 4-2 所示。

## 三、终端箱底板拆卸

割除终端箱底板密封胶，拆卸终端箱盖板的螺栓，打开终端箱底板锁扣。拆卸盖板的接地线螺栓。将取下的终端箱底板搬运至指定位置，并做好对应的位置标识。

## 四、跨接电缆拆卸

首先拆卸跨接电缆在接线端子上的紧固螺母，拆下线缆端子后将螺母重新固定到螺栓上。拆卸终端箱内快速插头的紧固螺栓、法兰板固定螺栓及法兰板上接地线的紧固件。取下终端箱内跨接电缆，并对快速插头进行防护。跨接电缆拆卸后，撕下法兰板密封胶条。将跨接电缆按自然弧度放置于指定位置，做好防护及位置标识。车辆间跨接电缆如图 4-3 所示。

图 4-2　拆卸后的渡板

图 4-3　车辆间跨接电缆

## 五、内风挡拆卸、半永久车钩分离

1. 内风挡拆卸

打开内风挡一侧的锁盒，紧接着使用解锁扳手向上抬起两侧的锁闭装置。将折棚从解锁侧的端墙上移开，并使用风挡固定绳固定内风挡。

2. 车钩分离及防护

敲平防松板，拆卸车钩上接地线螺栓，拆下接地线并将螺栓固定在原位。拆卸卡环螺栓，从卡环上取下防松块、防松板和六角头螺栓。用铁锤配合木棍敲击卡环，使其松动。

将半永久车钩的两部分分离后，取下卡环。车钩分离后，在车端处安装防护网进行防护。将垫木放置于车钩下方，保证车钩基本处于水平位置，并对车钩及风管进行防护。内风挡、车钩分离前后的车端分别如图 4-4 和图 4-5 所示。

图 4-4　内风挡、车钩未分离的车端

图 4-5　内风挡、车钩分离后的车端

# 第二节　车体部件拆卸

## 一、受电弓拆卸

将受电弓支撑绝缘子上的紧固件拆卸，紧固件报废处理。拆卸避雷器与受电弓连接处电缆螺栓、电缆终端与受电弓连接螺栓。松开绝缘风管两端管接头、粗细风管两端的卡箍，拆卸 L 形支架上风管管夹紧固件、过渡风管的气动管路连接，分别取下粗细风管，安装管口防护堵。过渡风管管接头留存循环使用，拆卸安装座螺母，弹垫报废处理，其他紧固件循环使用。用天车将受电弓吊运到存放工装上，然后返回厂家进行维修。受电弓拆卸前后的状态分别如图 4-6 和图 4-7 所示。

图 4-6　受电弓拆卸前

图 4-7　受电弓拆卸后

## 二、高压箱拆卸

依次拆卸受电弓侧高压线缆线卡、受电弓侧高压线缆上方两处线卡、车端侧线缆终端盖板紧固螺栓，高压箱内受电弓侧及车端侧连接电缆，去除线缆法兰盘和高压箱箱体间的密封胶，拆除两端法兰盘四周螺栓及地线螺栓，将电缆端部抽出高压箱，抽出过程中避免损伤高压电缆，拆卸后妥善防护。拆卸后的高压电缆如图 4-8 所示。

拆卸高压箱与地线连接的紧固件，地线与车体接地座上连接的一端不做处理，将从高压箱拆卸下来的地线使用扎带固定在底座上。拆卸高压箱连接器，手动向插座方向按压卡扣，将连接器从插座上拔出。使用擦拭布擦拭干净高压箱连接器表面，并用连接器保护罩对连接器进行保护。拆卸高压箱内连接风管、高压箱底部接地开关钥匙盒，并按照原件原装的原则做好标识后进行防护。

拆卸高压箱四周的紧固件，使用壁纸刀和热风枪清理安装面与车体之间可见的密封胶。使用天车和四腿索具将高压箱吊起并存放至现场临时存放区域，然后返回厂家进行维修。吊运高压机箱如图 4-9 所示。

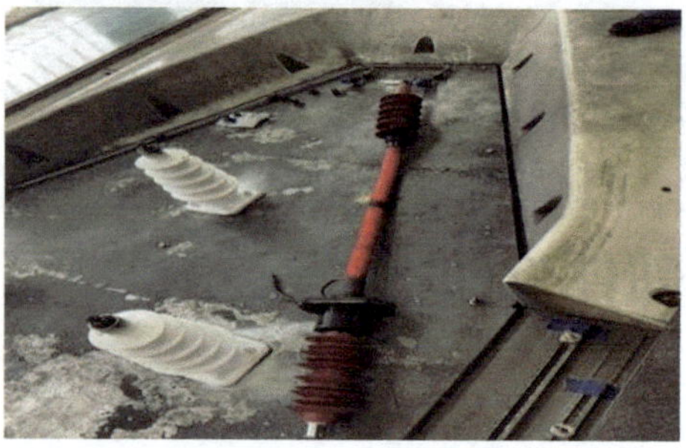

图 4-8 拆卸后的高压电缆

图 4-9 吊运高压机箱

## 三、避雷器拆卸

拆卸避雷器铜编织电缆两端紧固件、连接避雷器与地线的紧固件，将地线从避雷器上拆卸下来。地线与车体接地座上连接的一端不做处理，使用扎带将避雷器拆卸下来的地线固定在底座上。避雷器如图 4-10 所示。

图 4-10 避雷器

## 四、客室空调拆卸

拆卸新风格栅外罩紧固件、压力波紧固件、拆混合箱内消音风道紧固件、导框安装紧固件，手动拔掉供风软管，对消音风道外观、导框外观进行检查，合格的料件回收，待安装时使用，悬挂循环物料标识。手动断开与机组下面连接的空气管路，剪断固定线束与空气管路的扎带，使管路、线束与机组分离。

拆卸机组侧面的两根雨水管大螺母、机组连接的管接头，使用壁纸刀切开软管、冷凝水管外防寒材料，拆卸水管连接处弯头，割开软管，使用壁纸刀清理排水管上的残胶。对卡套的外观进行检查，合格的料件使用防护堵对管端口进行防护。所有金属管路妥善保存，待安装时使用。

拆卸客室送风道与空调机组连接的螺栓，并对车上风道口进行防护。使用壁纸刀清除客室空调机组四周与车体间的密封胶。拆卸客室空调机组安装螺栓、客室空调机组吊装孔螺栓，安装吊环。

将空调机组吊具挂在天车钩上，再将空调机组吊具挂在机组吊环上，挂吊后检查吊具连接状态，开始起吊空调机组。在吊运的过程中，运行要缓慢、平稳进行，在车体的里面和外面均要有人进行监护，防止刮伤车体及附件安装件。将空调机组吊至空调机组存放工装上并悬挂物料标识（“待返”），然后返回厂家进行维修。拆卸后的客室空调如图 4-11 所示。

图 4-11　拆卸后的客室空调

打开客室空调机组所在的车内通过台顶板。检查客室空调机组连接器设备点，检查确认空调机组连接器设备点标识清晰、齐全，拆卸客室空调连接器，检查确认连接器外观应无破损、变形、烧蚀现象。对连接器防护且捆扎牢固无晃动后，关闭打开的通过台顶板。

## 五、司机室空调拆卸

手动断开机组下面连接的空气管路、机组下方的固定线束与空气管路的扎带，使管路、线束与机组分离。拆卸机组侧面的两根雨水管大螺母、机组连接的管接头，使用壁纸刀断开软管、冷凝水管外防寒材料，拆卸水管连接处弯头，使用壁纸刀断开软管并清理排水管上的残胶。

对卡套的外观进行检查，合格的料件使用防护堵对管端口进行防护，所有金属管路妥善保存，待安装时使用。拆卸空调机组地线紧固螺栓、司机室送风道与空调机组连接的螺栓，并对车上风道口进行防护。使用壁纸刀清除司机室空调机组四周与车体间的密封胶。

拆卸司机室空调机组安装螺栓、司机室空调机组吊装孔螺栓，安装吊环，待机组吊运至物料待存区，将空调机组吊具挂在天车钩上，再将空调机组吊具挂在机组吊环上，挂吊后检查吊具连接状态，开始起吊空调机组。吊运的过程中，要缓慢、平稳进行，在车体的里面和外面均要有人进行监护，防止刮伤车体及附件安装件。将空调机组吊至空调机组存放工装上并悬挂物料标识（“待返”），然后返回厂家进行维修。

打开司机室空调机组所在位置中顶板，检查确认司机室空调机组连接器设备点标识清晰、齐全，拆卸司机室空调连接器，检查确认连接器外观应无破损、变形、烧蚀现象。对连接器防护且捆扎牢固无晃动。关闭打开的中顶板。

## 六、风扇加热器拆卸

用斜口钳剪断固定线束的扎带，拆卸加热器连接器，检查确认连接器外观应无破损、变形、烧蚀现象。检查编织网管外观，线缆、编织网管无破损。对连接器防护且捆扎牢固无晃动。拆下地线的紧固件，对地线进行防护。

拆卸头车一位端管路连接卡与加热器相连螺栓，取下加热器运至指定位置存放。料件拆卸后存放至现场临时存放区域，然后返回厂家进行维修。

拆卸头车二位端风扇加热器，打开检查门，拆卸靠近里侧的固定螺栓、加热器安装插口与墙板之间的固定螺栓。

拆卸通过台加热器，打开端墙门扇。拆卸管路连接卡与加热器相连螺栓，取下加热器运至指定位置存放。料件拆卸后存放至现场临时存放区域，然后返回厂家进行维修。

拆卸餐车一位端客室加热器。拆卸管路连接卡与加热器相连螺栓。取下加热器运至指定位置存放。料件拆卸后存放至现场临时存放区域,然后返回厂家进行维修。拆卸后的加热器如图 4-12 所示。

## 七、电热开水器拆卸

拆卸电热开水器管路及附件,分别拆卸接水面板背部连接的两根金属软管,其中一根位于接水面板底部的排水口处,另一根位于接水面板正后方。对拆卸后的四处裸露管口进行防护,防止灰尘、杂物等进入。将拆卸下来的两根金属软管保存,待安装时使用。拆卸电热开水器下部排水管处的密封管卡,将拆卸下来的密封管卡保存,待安装时使用。拆卸电热开水器底部管路接头,断开排水管、供水管与电热开水器之间的连接,对各管口进行防护。

拆卸电热开水器端地线端子、连接在电热开水器端的紧固螺栓,对地线端子进行防护拆卸电热开水器顶部角铁与间壁自带支架相连接角铁处螺栓,将电热开水器吊抬放至现场临时存放区,待返回厂家检修。电热开水器如图 4-13 所示。

图 4-12　拆卸后的加热器

图 4-13　电热开水器

## 八、牵引电机通风机拆卸

使用斜口钳剪开固定线缆的扎带,清洁牵引电机通风机可触及线束进行,擦除表面灰尘。

将液压升降车移动到牵引电机通风机下部,缓慢升起液压升降车,直到液压升降车紧贴牵引电机通风机下部。拆卸牵引电机通风机风道与车体连接的螺栓、牵引电机通风机与车体连接的地线紧固件,然后将地线捆扎于车体滑槽上。

将液压车放置在牵引电机通风机正下方,并上升顶住牵引电机风扇。拆卸牵引电机与车体连接的螺栓。控制液压升降车缓慢下落,直到将牵引电机通风机完全移出。使用天车将牵引电机通风机放置在待返修料件区域。

打开接线盒盖，拆卸接线点上的螺母，并将导线从接线柱上取下，将紧固件重新预紧固在接线柱上。将接线盒边框上的端接头松开。从接线盒中取出线束。将接线盒盖重新紧固到接线盒上。将线缆、端接头处进行密封保护。

对牵引电机风扇侧风道软连接进行防护，检查车体侧风道内是否存在异物，记录牵引电机风扇序列号、生产日期及下车车列号。对车体侧线缆进行防护，并绑扎在车体侧风管上。拆卸后的牵引电机通风机如图 4-14 所示。

图 4-14　拆卸后的牵引电机通风机

## 九、污物箱拆卸

拆卸污物箱地线与污物箱端的连接螺栓，对拆卸后的地线端子处进行防护。使用壁纸刀割开污物箱管路防寒材料的铝箔层，找到伴热线，最后将防寒层完全去除，使钢管与橡胶软管露出。卸橡胶软管上的紧固喉箍。然后取下抽真空橡胶管和橡胶套筒，橡胶套筒及喉箍检查合格后保存。拆卸污物箱连接的供风软管，用壁纸刀沿软管卡套边缘将卡套切掉，抽出供风软管，将螺母带在软管上，对管口进行妥善防护。

确认污物箱各部分电气连接拆卸完成后，开始污物箱拆卸工作。先将车底更换装置移至污物箱下方，缓慢升起起降设备，使起降设备与污物箱紧密相贴。拆卸污物箱吊座与车体边梁的连接螺栓，将污物箱缓慢降下并移出车下，拆卸污物箱吊座，吊座存放至现场临时存放区域，待返修。

污物箱拆卸后，对污物箱抽真空管路管口、污水管口进行防护。使用吊带将污物箱吊运至存放运输架上，待返回厂家进行维修。拆卸液位显示器背面紧固螺钉，取下液位显示器，在液位显示器表面粘贴循环使用物料标识。拆卸后的污物箱如图 4-15 所示。

图 4-15　拆卸后的污物箱

## 十、主空压机拆卸

拆卸空压机双塔干燥器下方排水管上的卡套功能螺母、空压机上的组合接头。拆卸后使用工业擦拭布清除接头内部杂质、浮锈，检查连接螺纹及橡胶密封圈完好，存在影响功能的机械损坏或明显凹坑时更新。组合接头做好标识，清洗晾干后作为循环件留用，使用扎带在排水管路中部捆扎，限制功能螺母脱出，然后做好标识，清洗晾干后作为循环件留用。对空压机干燥器下方开口防护。

拆卸空压机与风缸连接的硬管管路处组合接头、空压机上的直通接头，密封圈按规定报废处理。拆卸后使用工业擦拭布清除接头内部杂质、浮锈，检查连接螺纹及橡胶密封圈完好，存在影响功能的机械损坏或明显凹坑时更新。直通接头做好标识，清洗晾干后作为循环件留用。组合接头开口处使用管端堵头进行防护，对空压机侧开口进行防护。

拆卸吊架车体连接的两处地线、主供风单元与吊架连接的地线，检查螺纹无损坏，表面无机械性损伤后使用清洗剂和工业擦拭布清洁螺纹，作为循环件留用。对未拆卸下车的地线进行检查，外观良好、端子无镀层脱落，接地线断线超过 10%时需上报更新。

拆卸主供风单元排风口处风道组成紧固件、主空压机侧面硬管管卡紧固件，检查螺纹无损坏后，作为循环件留用。

将液压车移至空压机下部，缓慢升起液压车，使液压车贴近空压机。拆卸空压机吊装螺栓、车体未拆卸端紧固件、连接板状态良好无损坏，防松标记无错位缺失。接地标识清晰、无丢失。拆卸空压机的电气连接，操作升降车，将空压机整体降下。

## 十一、主变压器及冷却装置拆卸

剪除变压器上固定连接器线束的扎带。蘸取适量水对可触及线束及连接器表面进行清洁，擦除表面灰尘。拆卸变压器线夹、连接器固定螺栓，拔下连接器。防护连接器插座，清除连接器表面腻子，蘸取适量水将连接器对接处及外壳擦拭干净。松开连接器插座上的卡扣，将小插头从插座上拔下。将小插头端部进行防护，剪除各处固定线缆的扎带，将线缆从变压器上分离。

清洁冷却单元接线盒和油循环泵接线盒，确保表面无明显污垢。打开接线盒盖并拆卸接线盒内车体侧接线。松开接线盒进线端接头，将线束从接线盒内取出。防护裸露的端子、线束。恢复接线盒盒盖和端接头，并进行防护端接头。

打开 T 形接头后侧黑色橡胶帽，拆卸带螺纹的深红色绝缘子，检查绝缘子表面是否有烧损、破裂等异常情况；拆卸高压线缆 T 形接头套管中的螺母及双头螺柱，检查料件是否有破裂、烧损等异常情况；拆卸 T 形接头的地线紧固件，从变压器上取下地线。将地线紧固件重新预紧到变压器上。剪断固定 T 形接头的地线扎带，拆卸固定高压电缆的夹具及紧固件，将 T 形接头靴套从变压器上拔下，拆卸变压器上的螺杆，检查 T 形接头靴套内部端子表面是否有损坏、烧黑、锈蚀等异常现象，防护变压器上高压套管。主变压器 T 形接头如图 4-16 所示。

图 4-16　主变压器 T 形接头

清洁运行接地插头，使其表面及对接处无明显污垢。拆卸运行接地插头的固定螺栓，拔下插头。打开电流互感器接线盒盖，拆卸线缆、牵引变压器上的两处电流互感器。互感器拆卸后，将电流互感器及连接器 XE 固定在车体上，保存好电流互感器安装紧固件。拆卸牵引变压器与车体连接的地线。

将车底起重设备移至牵引变压器下方，使起降平台与牵引变压器完全贴合。拆卸牵引变压器与车体边梁的连接螺栓、V 形衬吊座、限位基座和牵引变压器的反向止动器，拆卸后妥善存放，待检修后安装使用。对牵引变压器吊装轴进行防护，注意将吊装轴防护到位，牵引变压器吊运到定置存放区域，待返回厂家进行维修。

### 十二、牵引变流器冷却单元拆卸

拆卸"8"字铁丝，拆卸牵引变流器冷却单元大底板、长条底板、接线盒盖。确认接线箱内电缆表面、接线箱内接线端子及端子排无破损、烧损现象。拆卸接线柱螺栓，将接线端子取下，然后将螺栓安装至接线柱。拆卸端接头，去掉端接头上的腻子。取出接线盒中线缆。恢复接线盒盒盖，防护端接头安装孔。

拆下冷却单元 X16 连接器，固定到冷却单元自带插座上。防护连接器插头 $A$ 面，并进行防护，拆卸线缆夹板、接线盒盖板，将四根大线从支架上取出并防护好线缆接头。检查接线箱内端子排及导线无烧损现象。将线束从端子排上退下，拆卸端接头，将电线从接线盒中取出。恢复接线盒盒盖和端接头。使用纸胶带防护端接头。拆卸牵引变流器冷却单元与车体连接的地线。

关闭冷却管路所有蝶形阀，拆卸变流器侧进出口法兰盘、冷却单元后，防护好管接头。将法兰盘保护装置固定在牵引变流器冷却单元角铁处。拆卸法兰盘处蝶阀后，对牵引变流器冷却液进出口进行防尘处理。安装工艺法兰盘对牵引变流器冷却液进出口进行防护。使用升降车托住冷却单元。拆下吊装螺栓、控制台，缓慢降下升降车，拆下冷却单元。对与冷却单元相连的管路进行防护。拆卸后的变流器冷却单元如图 4-17 所示。

图 4-17　拆卸后的变流器冷却单元

## 第三节　车体部件检修

### 一、受电弓检修

1. 受电弓零部件检查

检查受电弓上所有紧固件，安装状态良好、无松动，防松标记清晰、无错位。电气连接端子无烧损、变形。检查供风管路外观状态良好，无破损、弯折，确认紧固状态良好。

检查风管卡箍及位置，确认卡箍型号正确，风管切口无断裂；卡箍外观状态良好，无裂纹、松动，保证间隙合格；风管连接端紧靠接头且无松脱痕迹。

通过受电弓升降弓，检查关节轴承转动灵活。提升气囊无破损，气囊在无气状态下可见内部编织层时更新。在降弓位置,手动按压两侧钢丝绳张紧程度基本一致,确认两侧凸轮与气囊下臂间隙一样,检查钢丝绳有断丝时更新。检查弓头配件完整,无损坏。绝缘弓角裂缝深度大于 2 mm 时更新。地线断股超过 10%时更新。

2. 受电弓绝缘子连接紧固件检查

清洁受电弓支撑绝缘子表面,绝缘子金属部件无锈蚀。检查支撑绝缘子与车体连接的螺母,防松标记清晰无错位。检查绝缘子基座与车体接缝处密封胶无破损,若受电弓下方绝缘子与车体连接的螺母,防松标记错位,需使用 135 N·m 扭矩进行校核。

检查受电弓与绝缘子连接的螺母,防松标记清晰无错位。防松标记错位不清晰的,需使用 120 N·m 扭矩校核。

3. 受电弓碳滑板检查

检查受电弓碳滑板状态,碳滑板安装牢固,当滑板出现下列情况之一时须更新:

滑板碳条剩余高度小于运用限度,使用钢直尺贴住碳滑板,并使直尺向下垂直。从底部向上测量,高度小于 25 mm;滑板断裂、滑板漏气。

贯穿至铝托架的侧面裂纹。延伸至滑板边缘且宽度大于 0.3 mm 的横向裂纹;滑板上表面中部/摩擦区有 3 条及以上裂纹;纵向贯穿性裂纹;掉块在宽度方向掉块大于 40%;接头或接缝处漏气;铝托架存在直径大于 2 mm 的烧损孔洞;滑板扭曲变形,经调整无法保证水平的。

## 二、车顶高压箱检修

1. 高压箱及顶盖板检查

检查顶盖外观状态,顶盖无明显磕碰、裂纹、掉漆等情况。箱体无影响功能的损坏、无裂纹,箱体内外表面及盖板锈蚀或油漆脱落时须修复。清洁高压箱可操作区域内、外部。高压箱箱体及内部部件如图 4-18 所示。

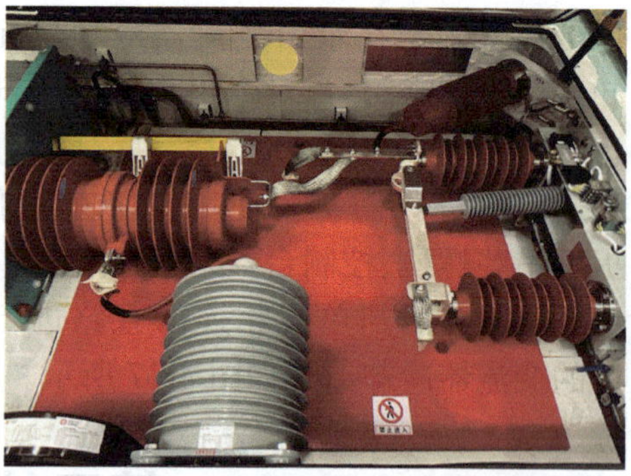

图 4-18 高压箱箱体及内部部件

2. 主断路器检修

清洁主断路器表面和接地触点。检查主断路器各零部件外观及安装状态。操作接地开关动作 5 次,检查接地开关是否能动作到位,钥匙是否能正常取出。操作主断路器 5 次,检查主断路器是否正常工作。

检查接地夹、接地触头应接触可靠,部件无变形,表面是否有结瘤。测量接地夹间隙,要求不超过 9.2 mm;测量接地触头厚度,要求不小于 9.3 mm,闭合状态下触头接触良好,测量后润滑主断路器及接地开关接地夹。打开断路器上盖板,检查断路器内部气管导线是否有异常磨损,检查后恢复上盖板。

3. 高压隔离开关检修

清洁高压隔离开关绝缘子、闸刀板以及表面浮尘,检查螺栓连接状态良好,无松动。高压隔离开关处于闭合位时,闸刀板与触头的接触良好,无变形、电蚀等缺陷,闸刀表面镀层累计脱落面积不超过 50 $cm^2$。

将隔离开关打开，检测两闸刀板在自由状态下的距离≤20.5 mm，接触头上与刀闸板接触部分厚度≥20.7 mm。高压隔离开关应动作正常，无不良现象。

4. 避雷器及高压箱各绝缘子检查

绝缘子包括避雷器、主断路器、高压隔离开关、电压互感器绝缘子。清洁避雷器伞裙外表面，确认避雷器安装牢固无松动。避雷器连接软连线断线大于 10%或断股时更新。支撑绝缘子金属部件无锈蚀。检查避雷器、绝缘子外观及安装状态。着重检查避雷器支架焊缝部位，支架焊缝无裂纹、损伤。

## 三、受电弓避雷器检修

用无纺布蘸水清洁避雷器外表面。检查避雷器与车体连接的螺母，防松标记清晰无错位。防松标记错位不清晰时，使用相应扭矩校核。检查避雷器基座与车体接缝处密封胶是否完整，避雷器连接软连线断线大于 10%或断股时更新。确认伞裙表面无缺陷、缺口、裂纹，状态良好。

## 四、牵引变压器及冷却单元检修

1. 牵引变压器及冷却单元外观检修

检查确认牵引变压器和冷却单元的系统连接安装状态、牵引变压器两个进出油口法兰和四个管路法兰无漏泄、破损。牵引变压器进出油口处两个蝶阀状态良好。

2. 牵引变压器检修

如图 4-19 所示，检查确认牵引变压器管接头、温度传感器、油流继电器、油循环泵和过压阀外观状态及连接情况，确认各外观无破损，无漏油，电气连接良好。

3. 牵引变压器冷却单元格栅检修

拆卸牵引变压器冷却单元过滤网螺栓，对牵引变压器防护网及过滤器进行清洗，检查清洁后的防护网及过滤器，如图 4-20 所示。清洁牵引变压器冷却单元除防护网和过滤器的内部及翅片，清除可触及位置的灰尘、杂物，确认翅片状态。

检查冷却风机，清洁风机表面可触及部位。恢复冷却单元，依次安装过滤网、防护网，对安装螺栓施加 17.5 N·m 的扭矩，并涂打防松标记。

图 4-19 牵引变压器

图 4-20 牵引变压器冷却单元格栅

4. 牵引变压器油箱附件检修

清洁并检查牵引变压器油箱油位指示器，确认油位处于正常位。检查牵引变压器油箱吸湿器，清洁吸湿器空气入口。检查确认脱水吸湿器及硅胶盒状态。牵引变压器膨胀油箱干燥塔及液位如图 4-21 所示。

图 4-21　牵引变压器膨胀油箱干燥塔及液位

牵引变压器电气部分检修，检查牵引变压器管路，若需拆卸主变压器与冷却单元之间的长条底板。先拆卸“8”字铁丝，拆卸底板螺栓，将底板拆下。插头清洁，检查确认 T 形接头护套外表面及高压电缆状态。

牵引变压器线束及电缆端接头检修，确认油路上各传感器安装牢固无松动、缺失、破损及腐蚀情况；用无纺布清洁变压器电流互感器表面，清除灰尘和污物。检查电流互感器外观状态。外接供电时，使用 SIMIT 试验台启动循环油泵、通风机，确认油泵、通风机运行状态。检查牵引变压器及其冷却装置的油路系统状态。

牵引变压器管路检修完毕后，恢复底板，施加 17.5 N·m 扭矩，并涂打防松标记，绑扎“8”字防松铁丝处理。检查牵引变压器及冷却单元其底板紧固件防松标记清晰，无错位。

## 五、牵引变流器及冷却单元检修

1. 牵引变流器检查及清洁

清洁变流器表面可触及部位，检查确认车下牵引变流器及冷却单元外观状态，表面油漆状态。清洁变流器内部可触及范围内浮尘，用擦拭布蘸取适量水清洁牵引变流器两侧的箱门及箱门开口附近的污垢沉积物，使箱门干净整洁。牵引变流器冷却系统如图 4-22 所示。

图 4-22　牵引变流器冷却系统

检查确认设备外部线束固定牢固，设备标识齐全清晰，防护网及扎带无破损。检查大线从出线口到接线点固定牢固无抗劲。

2. 牵引变流器及冷却单元检查

检查端接头和紧固件状态，用擦拭布蘸取适量水对牵引变流器及冷却单元连接器与插头进行清洁，擦除表面灰尘。检查牵引变流器及冷却单元的大连接器、牵引变流器及冷却单元各大线电缆端接头、各大线电缆端接头状态。电缆端接头包括上环、下环和位于端接头内部的胶塞。

检查接线盒 X20 的电气连接。拆卸接线盒盖，确认接线盒内的电线表面、接线点处状态，电缆线号、设备标识状态。检查完成确认后，恢复接线盒盖。

检查确认大线端子紧固件状态、大线外层绝缘皮状态、电缆线号、设备标识状态。检查内部 IGBT 模块状态、继电器、Q1 接触器状态，确认线束表面及接线状态，电缆线号、设备标识状态。

3. 清洁并检查接触器灭弧罩及触点

拆卸 K11、K4 接触器灭弧罩并清洁，清除表面灰尘、杂物。检查接触器灭弧罩及接触器触点状态、内部器件、功率模块、控制单元、电流电压传感器及电容状态。牵引变流器内部元器件如图 4-23 所示。

图 4-23 牵引变流器内部元器件

4. 集尘器检修

拆卸集尘器两边的截断阀门上限位螺栓，关闭蝶阀。将冷却单元集尘器上方的截断阀门的单向阀门关闭。

拆卸冷却单元管路集尘器盖，使用无纺布将流出的液体擦拭干净。将变流器冷却单元内过滤网取出，对滤网和集尘器盖子进行清洗。清洗完成后安装滤网，更新密封圈，恢复集尘器盖子，施加相应扭矩，并涂打防松标记。

打开蝶阀，安装截断阀门上的限位螺栓，施加 17.5 N·m 扭矩，涂打防松标记。检查牵引变流器冷却单元膨胀水箱连接软管与底板无接触、牵引变流器冷却液液位，启动冷却泵循环至少 2 h，冷却泵停止后静置 2 h，检查冷却液液位。以冷却液液位低于水箱液位指示器上的 20 ℃标记 5 mm 之内为标准液位。若液位过低，需在膨胀油箱压力调节阀处补充冷却液至标准液位。

5. 清洁牵引变流器冷却单元格栅

清洁牵引变流器冷却单元防护网、过滤网和过滤器的内部及翅片，清除可触及位置的灰尘、杂物。确认翅片状态，待热交换器清洁干燥后检查确认热交换器状态，清洁出气口。依次恢复过滤网、防护网，安装螺栓施加 17.5 N·m 扭矩，涂打防松标记，防护网安装完成后需确认卡扣恢复到位。

6. 底板恢复

检查底板四角锁外观状态，其铆钉无松动缺失，状态良好。四角锁开启关闭状态良好。检查牵引变流器底板螺栓、牵引变流器冷却单元大底板螺栓、冷却单元立柱与大底板组装螺栓，对牵引变流器底板及冷却单元大底板绑扎防松铁丝。

## 六、牵引电机通风机检修

1. 进气口过滤装置检修

清洁并检查进气口过滤装置防护网、格栅及底板。有小底板结构的牵引电机通风机先拆卸小底板，然后拆卸过滤器周围紧固螺栓。使用高压水枪对过滤器小底板及过滤器冲洗，防护网从外侧向内冲洗，冲洗后清洁过滤器底部残留污物，并使用风管吹干底板和过滤器。安装小底板，预紧后施加相关扭矩，并涂打防松标记。

图 4-24 牵引电机通风机

2. 牵引电机通风机检修

如图 4-24 所示，清洁牵引电机通风机可触及外表面,各零部件变形、裂纹及磕碰伤时修复或更换。检查电机外壳、通风机吊装螺栓,外观状态良好,紧固无松动,防松标记清晰无错位。

检查接线盒及线缆,擦拭通风电机线束表面的污物,检查接线盒及内部状态、风道软连接,清洁风道软连接表面污物。

3. 吊座检修及通电试验

检查确认通风机设备吊座无损坏和缺失,安装状态良好。确认通风机设备吊座的安装螺栓防松标记清晰,无错位。

检查确认橡胶上应无沿应力方向的龟裂裂纹,橡胶件上有明显可见的密集褶皱裂纹出现时更换。检查确认可见部位橡胶与金属应黏合紧密、无脱胶,金属件无损伤,确认冷却风扇外观良好。有电作业时供给 380 V 和 110 V 外接电源,连接 SIMIT 试验台,启动牵引电机通风机在低速和高速状态下分别运行 2 min,确认风扇转向正确,无异音,无异常振动。

## 七、车顶高压电缆及附件检修

1. 车顶高压电缆检修

清洁伞裙表面,检查高压电缆安装紧固件、高压电缆外观、连接部位及电缆护套、高压电缆法兰板电缆密封套、电缆密封管,确认高压电缆终端安装牢固,法兰盘无裂纹;电缆终端尾部密封管无破损,金属环安装状态良好。

检查接地线无破损,接地线端子紧固良好,接地线外皮破损的需热缩修复;检查 L 形连接器无破损、无裂纹;检查安装紧固件、固定电缆的附件无破损,变形,安装牢固;检查防磨装置无松动,电缆与防磨装置无接触,紧固件、扎带安装良好,防松标记清晰、无错位。车顶过桥线耐磨胶板磨损处露出内部金属板时更换新品,检查耐磨胶板固定螺栓紧固无松动,防松标记清晰、无错位。

2. 高压电缆伞裙、受电弓绝缘子伞裙检修

高压电缆伞裙限度符合要求,伞裙累计缺陷面积不超过 150 $mm^2$。绝缘子伞裙缺口和缺陷同时存在时,同一个绝缘子上的缺口和缺陷总数不超过 5 处。受电弓绝缘子表面重新喷涂防污闪。

3. 车顶硬管管路检查

检查车顶硬管管路表面,管路无影响功能的凹陷,管路表面击伤深度不大于管路壁厚度的 1/3,损伤面积不大于 100 $mm^2$。检查硬管管路管接头、管卡及紧固件,管接头、管卡外观状态良好,安装紧固无松动,紧固件防松标记清晰无错位。

清除隔声罩灰尘、污垢,检查隔声罩面漆,出现不平滑、开裂、剥离、脱落时修复并补漆,检查隔声罩安装状态、可视可操作范围隔音材密封胶状态,确认外观状态良好,紧固件安装牢固。

## 八、蓄电池检修

1. 蓄电池组表面清洁及检查

打开两边蓄电池箱门,拔掉 BMS 的连接器,检查连接器 PIN 针无退针、歪针、断针现象,检查完毕后按照对应标示插装回 BMS 对应连接器。放低插销,拉出蓄电池。检查蓄电池组防护盖和极耳固定块,要求无脱落或裂纹。用抹布轻轻擦拭清洁模组顶部、电器件表面

灰尘或异物。拆卸后的蓄电池如图 4-25 所示。

检查连接器紧固件无严重机械损伤，防松标记清晰无错位。检查箱体 X01/X02 放电口公端连接器公针无电蚀现象。检查台车 X21/X22 电池包应急充电口针套表面无电蚀现象，X01/X02 对插电池包放电口母端插座针套表面无电蚀。

图 4-25　拆卸后的蓄电池

2. 检测电池组绝缘值

确认蓄电池空气开关断开并进行绝缘测试。拔出电池包放电口母端插座线束，断开通信线接口，整理好接线束。将兆欧表的负极固定在台车金属上，旋转兆欧表旋钮至 500 V，分别用正极接触电池包总正极和总负极，观察兆欧表测试数据合格，结束后将兆欧表旋钮旋至 OFF 挡。

检测电池单体及系统总电压，用 CAN 卡连接线将蓄电池检修上位机笔记本与 BMS 连接。使用上位机检查电池单体及系统总电压，检测蓄电池单体最低开路电压（OCV）和荷电状（SOC），如 SOC 有偏差，进行修正。

检查 BMS 测量精度，使用 ZLG-CAN 卡连接线，将安装有蓄电池上位机管理软件的笔记本连接到蓄电池通信接口上。打开电池上位机软件，用万用表测试电池单体电压，通过上位机读取该电池电压比较，计算 BMS 电压检测精度，三级修应在±10 mV 范围内。

## 九、辅助变流器检修

1. 辅助变流器箱体检修

对连接器线束、辅助变流器大线进行清洁，擦除表面灰尘。检查连接器线束防护网无破损、电线外观状态良好。

2. 辅助变流器内部清洁及检查

清理辅助变流器进气护栅侧舱门开口附近的污垢沉积物，打开辅助变流器两侧的设备舱盖板。

拔下风机上的连接器 X01、X02，剪断固定连接器线束的扎带。拆卸风机安装螺栓，检查风机的固定螺栓状态良好，无裂纹、断裂。对风机扇叶和外壳进行清洁，清除表面灰尘。

清理进风口，检查进风口，确保清洁后无明显可见灰尘。对设备舱内壁、可触及部位的电气元件表面浮灰进行清扫，并使用吸尘器将灰尘吸除。检查进风口无严重变形及机械损伤，紧固件安装牢固。用手轻轻晃动进风口温度传感器，确认传感器安装牢固，检查传感器无严重变形及机械损伤。辅助变流器内部元件如图 4-26 所示。

3. 辅助变流器内部接线检查

检查辅助变流器内部继电器外观状态良好、辅助变流器控制器（有外壳）连接牢固，防松标记无错位。检查 K1 接触器硬件版本，K1 接触器表面标识型号一栏最后四位为“V2.4”或以上为合格。

图 4-26　辅助变流器内部元件

4. 设备恢复

恢复辅助变流器两侧的舱门，安装进气护栅，预紧后施加相应扭矩，关闭底板锁。待辅助变流器检修工序结束后对底板进行恢复，并对螺栓施加 15 N・m 的力矩，涂打防松标记，使用不锈钢丝进行编“8”字处理；检查底板四角锁外观状态，铆钉无松动缺失，状态良好，开闭功能良好。

## 十、电池充电机检修

1. 箱体外部检查

检查确认充电机外部挡板、格栅、连接器、进线处无损坏；充电机检修前，拆卸（3 块）充电机底板，待充电机检修工序结束后对底板进行恢复，施加 6.5 N・m 扭矩并涂打防松标记。

检查电缆及连接器、大线及接头，对充电机可触及的大线进行清洁，在清洁同时观察电线表面应无破损、烧损、老化、变色情况。确认接头防松标记清晰无错位。

2. 充电机舱门清洁及检查

清洁充电机内、外部可触及的部分。检查充电机，无严重机械损伤，紧固部件无松动；表面油漆露出底漆时补漆。用高压水枪对拆下后的进气护栅进行清洗，可见部位无明显灰尘。检查确认进气护栅无严重变形及机械损伤。

3. 内部接线检查

箱体内、外可见部位电气接线连接牢固，电缆无老化、过热变色及机械损伤，带保护的电缆防护状态良好，固定牢固。用吸尘器吸出风道内灰尘，用擦拭布清理风道内部可触及部分，清除表面浮尘和污物。

检查左右两侧的风道的散热片，安装牢固，无严重机械损伤。用无纺布与吸尘器配合使用清理散热片上的可触及区域，清除表面浮灰和污物。

检查设备内部输出接触器灭弧罩等所有可触及的电气元件，无拉弧、击穿、变形，清除表面浮灰和污物。检查输出接触器无严重灼伤。清洁电抗器可触及部位积尘。电池充电机内部模块如图 4-27 所示。

图 4-27　电池充电机内部模块

## 十一、电气柜设备检修

1. 电气控制柜设备检修

清洁电气控制柜可触及柜体部位，打开电气柜内门，用吸尘器、软毛刷对电气柜内部及其他配电柜（线缆、连接器、柜体、排风扇及其附件等部件）进行清洁，如图 4-28 所示。

电气柜内各电气件安装牢固，外观清洁，部件无缺失并无严重机械损伤、烧灼现象，标识清晰、齐全。检查各连接器及线束，各连接器连接牢固，连接线束绑扎牢固，与其他组件无磨碰现象。对于线缆与金属棱磨碰的，在金属棱处增加边缘防护；与金属面磨碰的，在磨碰处增加毛毡条；也可通过调整线束使线束不与金属部件抗磨，调整完毕需检查线束插头部位不应属于受力状态，电气柜内边缘防护安装良好，无破损。

2. 车载电源箱检修

检查箱体外观，无严重机械损伤，箱体设备标识齐全清晰，如图 4-29 所示。对各设备点可触及线束、车下电气设备箱的箱门及箱门附近进行清洁，擦除表面灰尘，使箱门干净整洁。

拆除车载电源箱侧面盖板，对设备箱内箱体所有可触及的部分进行擦拭，清除表面灰尘。用羊毛刷清扫设备箱内电气元件表面，清除灰尘，电气线缆连接状态良好，无松脱；电缆无烧损及影响功能的损伤，防护状态良好。

检查 32-Q01、32-Q02 接触器反馈线插头无缩针、损坏，检查完毕恢复插头，确认插头连接牢固。将 32-Q01、32-Q02 接触器端头连接盖、触头灭弧罩拆下。检查安装框架模块连接线端子连接良好，无烧损现象，紧固螺栓无松动，检查完毕恢复端头连接盖、触头灭弧罩，确保其连接牢固。

图 4-28　电气控制柜

图 4-29　车载电源箱

3. 箱体线束检查

检查设备外部线束防护网及扎带的状态、外露线缆连接，状态良好，无松脱；电缆无烧损及影响功能的损伤，防护状态良好。确认接线箱内外电缆线号、设备标识齐全清晰，电缆表面无破损、老化或过热变色现象。确认端接头紧固无松动，防松标记清晰无错位。

## 十二、车辆间连接线缆检修

车辆间跨接电缆外观无老化龟裂、烧损、严重破损或划痕，有屏蔽层电缆露出屏蔽层或无屏蔽层电缆漏出绝缘层时更新，破损未露出屏蔽层或绝缘层时进行防护处理；配线和零件之间无相对摩擦，电缆固定线夹、紧固件等无松动。法兰盘(板)无裂纹、断裂和变形；大线管箍无松动、损坏，防松标记清晰无错位。

电缆接线端子防护处有烧灼痕迹，重新热塑处理。当灼伤处露出线芯、线芯有断股，则更换整个线缆。线缆端子无灼伤，插头状态良好。检查 Harting 插头外壳，如 Harting 插头外壳裂纹、破碎、变形严重，则更换整个线缆；如 Harting 插头内部有水迹、腐蚀物，则拆卸插头进行一进步检查，如发现插针有腐蚀现象，直接更换大线。车辆间跨接电缆一侧需检修部件如图 4-30 所示。

图 4-30　车辆间跨接电缆一侧需检修部件

## 十三、终端箱检修

终端箱区域无积水，使用吸尘器对终端箱内部灰尘进行清理，确保无明显可见灰尘。使用毛刷清理其区域各电气连接器、端子排表面的灰尘、污渍。用擦拭布蘸取适量水对终端箱内部可触及的线束进行清洁，擦除表面灰尘。难擦除污渍使用无纺布蘸异丙醇清洁的方法，清除终端箱内端子排表面明显可见浮灰。终端箱端子排如图 4-31 所示。

终端箱无严重机械损伤，紧固部件无松动。终端箱区域各电气连接器、端子排无破损，紧固件无锈蚀，防松标记清晰、无错位。各电气元件安装牢固，外观清洁，无烧损及影响功能的机械损伤。Harting 插头 A 面外壳无变形，无缩针，无腐蚀；定位销无缺失、安装牢固，防松标记清晰无错位。Harting 插头 A 面配件无缺失，无严重机械损伤。检查标识清晰无缺失。终端箱内电气连接状态良好，无松脱，线缆无断股及破损，无过热变色，紧固夹安装牢固。终端箱 Harting 插头检修如图 4-32 所示。

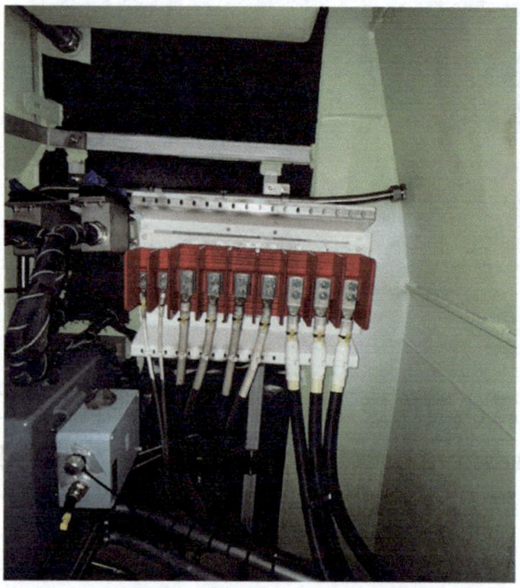

图 4-31　终端箱端子排

图 4-32　终端箱 Harting 插头检修

终端箱盖板外观完好、无裂纹，紧固螺栓防松标记清晰无错位。检查盖板锁闭到位，开闭标识无明显缺损、无缺失。上部弧形检查盖板边缘密封胶无老化缺损，如出现破损须重新打胶。终端箱底板(除胶条)外观状态良好，无严重损伤及变形；终端箱底板六角锁锁闭功能正常；终端箱底板标识齐全无缺失，无严重影响美观的缺损。

## 十四、配线及线槽检修

1. 车内配线及线槽

检查确认线槽、线槽吊耳、绑线支架、地线汇流排可见部位紧固件无缺失，防松标记应清晰无错位。

用手轻轻晃动线束，确认线束固定牢固。同时注意线缆与金属横梁等部件是否有接磨处，如有磨碰处需在横梁或线缆表面增加防护。连接器外壳可视区域无影响功能的机械损伤、变形。接地线安装良好，铜编织电缆断线超过10%或断股时更新，铜编织电缆的端子镀层有损坏时修复镀层或更新。

2. 车下配线及线槽

观察可视部位线束尼龙网管外观情况。如出现电缆防护网松散或破裂，扎带松散、损坏或断开现象，需要检查破损处的线束表面是否有破损、龟裂、油浸、变质、热损现象；如电缆表面有上述现象，需要进行相应的维修或更新；如电缆表面没有破损、龟裂、油浸、变质、热损现象，需要对电缆重新进行防护和固定。修复密封用腻子。配线槽如图4-33所示。

## 十五、蓄电池箱检修

清洁可触及的蓄电池箱内外部灰尘或异物，如图4-34所示。检查确认两侧箱门门锁外观无破损，箱门锁闭后无松动、缝隙。

图4-33　配线槽

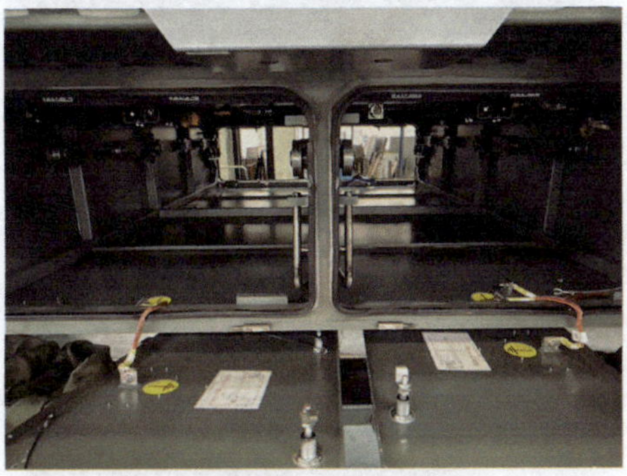

图4-34　蓄电池箱

打开箱门，在箱门缓慢下放过程中，确认铰链无卡死、过紧、断裂现象。检查箱门内部门锁外露牙纹≥3个，检查侧面轴向画线与锁舌垂直，同时用手轻握住锁舌轻轻晃动，确认无松动。

用手沿密封条顺时针方向一圈触摸，确认密封条安装到位，检查确认密封条状态良好，无疲劳变形、老化破损、龟裂现象。台车插销固定卡住功能正常，动作良好，无卡滞，配合活动量适宜。台车抽拉，确认电池座盘滑动灵活，无卡滞或异响，导轨和轴承无严重机械损伤。

检查确认设备外部线束固定牢固，设备标识齐全清晰，防护网及扎带无破损。如出现防护网松散或破裂，扎带损坏或断开现象，对电缆防护网进行修补或更换，对破损扎带进行更换，并检查确认破损处内部的线束表面无破损、老化和过热变色。

检查确认箱体内线缆固定牢固，表面无破损、老化或过热变色现象，电缆线号、设备标识齐全清晰。检查确认箱内大线接线紧固件防松标记清晰无错位。蓄电池组与车体侧连接的插头需在动车组调试作业前连接，在无电检修场地不允许连接蓄电池组插头。

## 十六、厨房变压器检修

如图4-35所示，检查厨房变压器支架和车体连接螺母防松标记清晰无错位，变压器支架与车体间地线、变压器与支架间地线紧固牢固无破损，防松标记清晰无错位。可视范围线缆状态良好，防护网无破损、松散，无露内部金属线芯的破损。

清洁接线盒内部线缆，擦除表面灰尘。检查内部线缆接线状态良好，连接牢固，确认接线盒内端子排导线无脱落现象。检查确认端子排连接点无孔外毛刺或压绝缘皮的现象，线缆无破损、老化及过热变色现象。检查完毕后，恢复接线盒盒盖。

## 十七、网络控制及信息系统检修

1. PIS 柜检修

如图 4-36 所示，检查 PIS 柜内设备安装牢固，模块齐全，外观清洁，无烧损及影响功能的机械损伤，各设备标识齐全。PIS 柜内线缆绝缘层无严重损伤，无变色、老化、龟裂及机械损伤等现象。带保护的线缆防护状态良好，固定牢固。没有防护材料的线缆，检查线缆外皮无损伤及老化，且无过热变色现象。

图 4-35　厨房变压器

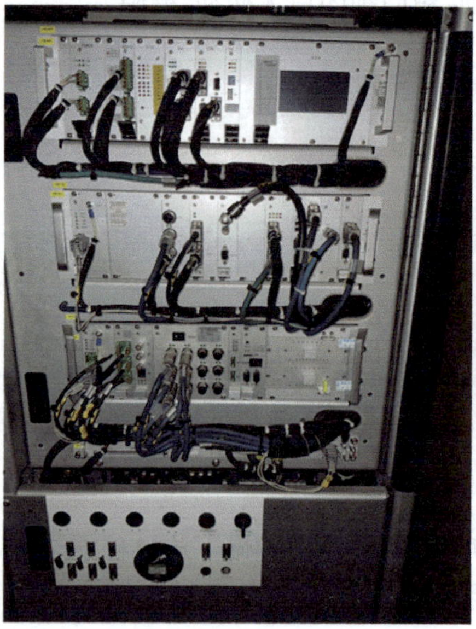

图 4-36　PIS 柜

高压控制单元检查，打开电气柜门，使用毛刷清洁连接器周围灰尘，防止灰尘进入连接器内部，拆卸连接器两端紧固钉，拔下连接器，将拆卸后的连接器及线束进行防护。

单相逆变器位于 PIS 柜下方。清洁逆变器，无浮灰；清洁连接器表面，检查确认单项逆变器外观无影响功能的机械损伤，电气连接牢固，紧固件防松标记清晰无错位。

车载编程器位于 Tc01/Tc00 车 PIS 柜内，车辆控制板后部。轻轻晃动编程器，检查其安装牢固。检查与编程器连接的线缆、连接器外观无破损，线缆标识清晰。

2. 信号处理器及各显示屏检修

拆卸信号处理器，检查连接器模块无过热变色、绝缘破损。检查安装的信号处理器外观状态，调整好信号处理器的位置，用螺栓将信号处理器固定在安装架上，确认螺栓安装紧固，在螺栓上涂打防松标记。

扬声器检修，检查通过台平顶板上的扬声器，安装牢固，无严重机械损伤。

PIS 操作屏外表清洁，无积尘，安装牢固；显示屏幕无放射状裂纹，非放射状裂纹长度不大于 30 mm；操作屏各功能键状况良好。车内摄像头外壳无破损、玻璃表面干净无污物。

检查无线传输装置，清洁并检查主机零部件，部件齐全，安装牢固，无影响功能的损伤；连接器及电缆连接牢固，无过热变色。各板卡齐全，安装位置正确，供电显示正常。

检查乘务员室、机械师室显示屏、线缆，打开内装设备后，检查可视部位电线电缆无破损、断线等情况，线号清晰；检查可见部位配线防护套、可见配线固定良好。机械师室显示屏如图 4-37 所示。

## 十八、车顶天线检修

如图 4-38 所示，检查车顶天线外观良好，安装螺栓齐全紧固，螺栓处密封胶无严重破损，变形、脱落等现象，各部件无裂纹、变形等明显机械损伤，油漆缺损部位须补漆。

天线密封胶存在小面积缺损、密封胶与天线之间存在缝隙时需要根据车顶天线密封胶修复工序进行补胶，补胶的缺陷面积不应大于密封胶面积的三分之一。天线固定螺栓均需密封胶密封。车顶天线密封胶修复，要求胶层饱满。

图 4-37　机械师室显示屏

图 4-38　天线检修

## 十九、受电弓视频监控装置检修

如图 4-39 所示，检查受电弓视频监控装置检修外观，要求玻璃表面干净无污物，无明显可见灰尘，无裂纹；摄像机外壳无影响功能的破损。检查摄像头底座紧固件安装牢固，防松标记清晰无错位，检查安装底座周围密封胶完好。

图 4-39　受电弓视频监控装置

## 二十、客室空调检修

1. 检查

检查空调机组外观完整，无损坏掉漆，表面油漆破损露出基材时补漆；未露出底漆但破损面积大于 400 mm² 时补漆。检查冷凝腔盖板、冷凝格栅、蒸发腔盖板，无影响功能的变形、破损。紧固螺栓无松动缺失，防松标记无错位。盖板“禁止踩踏”标识无影响功能的破损。

2. 部件清洁

清洁蒸发单元内隔热层、电热器、蒸发腔盖板、冷凝腔盖板、冷凝格栅、取样管、冷凝导流圈表面灰尘及污垢。检查接水盘、排水孔无异物，排水畅通、连接完整。

清洁压力波外侧面板、传感器、新风格栅、雨水分离器、气缸、电磁阀、气缸连杆、导向杆、混合箱腔体及伺服电机、蒸发单元及冷凝单元内部部件表面灰尘、锈迹及异物。

3. 冷凝单元检查

检查冷凝风机导流罩外观无变形，胶条无破损，安装支架状态良好，开关灵活，无卡滞，安装螺栓无松动，防松标记无错位，支撑杆及固定夹无损坏。检查冷凝单元螺母盒安装正确，无松动，螺母盒支架焊接部位无开裂、变形。

检查滤网框架无影响功能的变形，清洁滤网框架后更换新的过滤棉。检查蒸发盖板地线接线柱外观无损坏，接地线紧固状态良好，防松标记无错位。地线断线超过10%或断股时更新。

检查蒸发单元螺母盒安装正确，无松动，螺母盒支架焊接部位无开裂、变形。检查蒸发单元内接地标识、转向标识、警示标识及代号标识无影响功能的损伤，检查风压开关壳体无裂纹，线缆无烧损，法兰安装紧固，安装螺栓紧固无松动、缺失。

检查减压阀表面无损伤、配件无缺失、松动，气管接头完好。拨动扇叶，扇叶转动顺畅无异音、明显卡滞、偏心情况，按压扇叶轮毂，无轴向晃动；左右推拉风机轮毂，无径向晃动。检查电加热紧固螺栓无丢失、松动等情况。

4. 新风压力波装置检查

检查新风压力波阀门板、雨水分离器、新风格栅、压力传感器、气缸、压力分配器外观无损坏和变形。检查气管路无损坏、折弯、开裂等现象。检查气缸主轴及导向杆无松动、折断。

检查气缸安装螺栓紧固，防松标记无错位。推拉气缸风门板，气缸可以正常伸缩，无卡滞。检查混合箱内部件无缺失，伺服电机外观状态正常，无损坏。检查头车压力波传感器取压口无堵塞，气管无折弯。

5. 安装压力波装置

气管连接时按照号码管标识与气管接头标识相对应连接，连接后用手轻微拉动气管，气管无脱落现象安装压力波，螺栓涂抹抗咬合剂，安装所有紧固件，施加相关扭矩涂打防松标记；安装压力波外罩，螺栓涂抹螺纹紧固剂，安装所有紧固件，施加相关扭矩涂打防松标记；安装冷凝导流圈组件，螺栓涂抹抗咬合剂，施加相关扭矩，涂打防松标记；安装冷凝盖板及冷凝格栅接地线，安装前需在端子与接地片接触面涂抹导电膏，施加相关扭矩涂打防松标记；安装蒸发盖板、冷凝盖板及冷凝格栅，螺栓涂抹抗咬合剂，施加相关扭矩涂打防松标记。

## 二十一、内风挡及渡板检修

1. 内风挡检查

如图4-40所示，清洁内风挡可视可操作的内、外表面和渡板组成，折棚可视部位的内外表面，无孔洞、断线等破损。

图4-40　内风挡

检查内风挡外观状态良好，内风挡零部件齐全、无缺失，内风挡锁闭状态良好，检查可视范围内支撑棚布的铝质框架无断裂。

检查锁定钩及检查定位孔组件安装牢固、定位孔组件无缺失、损坏，安装牢固，紧固件无松动。检查内风挡内外侧可视可操作区域紧固件无缺失。

2. 渡板检查

如图 4-41 所示，清洁渡板组成，检查原车渡板螺栓防松标记，不清晰时将螺钉完全松下，清洁螺钉和渡板螺纹孔后，在螺栓上涂抹螺纹胶，施加相关扭矩，涂打防松标记。

检查渡板结构并确认锁定机构功能正常，检查板簧座组成紧固件无缺失，防松标记清晰、无错位；清除板簧上的污物，将板簧表面进行除锈处理，处理后在板簧上面均匀涂抹一薄层润滑脂。检查安装在车体上的四个支撑板表面磨损情况。

检查连接桥，确认托架组成（滑架）无损坏，部件齐全；托架组成下部开口销、垫圈和尼龙滚轮状态良好，无损坏、缺失。检查各螺钉安装牢固，无松动，防松标记清晰无错位。检查接地线状态无损坏，连接牢固，紧固件无缺失，防松标记清晰、无错位。

## 二十二、悬挂吊装座组成检修

1. 锥形吊座检查

如图 4-42 所示，检查吊装座，安装螺栓防松标记清晰无错位，检查车下悬挂吊装框使用的压缩片表面、悬挂吊装框孔洞内的镀层、金属件及金属与橡胶黏合状态。

小控制台和大控制台橡胶节点厚度符合相关限度，检查调整垫片与吊装座平齐。

图 4-41 拆卸后的渡板

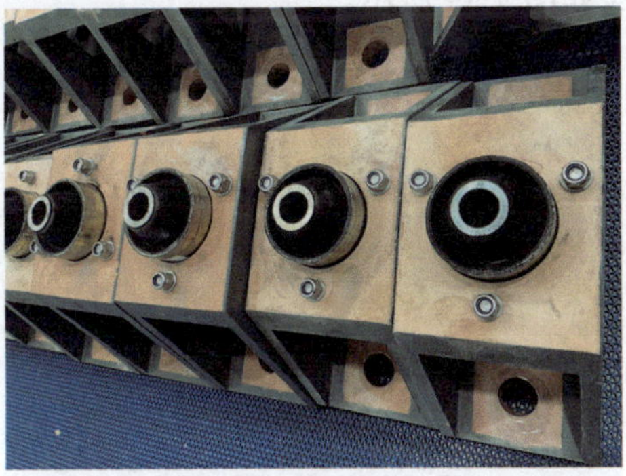

图 4-42 锥形吊座

2. 锥形吊座或橡胶节点更换

使用支撑装置将设备的支架撑起，松开橡胶节点的紧固螺母、吊装座组成的紧固螺栓，取下吊装座组成，更换吊装座或橡胶节点，并使用新螺栓和螺母紧固。

检查滑块螺母状态良好。在吊装座上添加原垫片。用手摆正吊装座，将螺栓带入滑块螺母，预紧橡胶节点和吊装座。

3. V 形衬吊座检查

检查部件安装螺栓防松标记清晰无错位，检查车下悬挂吊装框使用的压缩片表面和孔洞内的镀层。使用 V 形衬橡胶节点尺寸检测量具测量 V 形衬橡胶堆的厚度，确认满足尺寸要求，无沿应力方向的龟裂裂纹。

检查金属件及橡胶与金属黏合状态。牵引变压器减振橡胶无损坏，可视范围内有长度超限时更新；牵引变压器减振器压缩量超限时更新。变压器减振器橡胶与金属黏合紧密，无脱胶，金属件无损伤。

4. V 形衬吊座更换

拉铆 V 形衬，使用检测样板检测拉铆后的 V 形衬。松开车体两侧对应位置的两个吊装座组成的紧固螺栓。调整支撑装置的伸出，使设备两侧支架同步逐渐下降，直到吊装座的上边缘低于车体的下边缘为止。

取下吊装座组成，检查滑块螺母状态良好，将拉铆合格 V 形衬吊装座组成穿入支架轴上（V 形衬上有字的一面朝外）。在吊装座上添加原垫片。用手摆正吊装座，用手将螺栓带入滑块螺母，将新的螺栓、螺母预紧 V 形衬吊装座组成，使用盒尺测量同一吊装座两端外表面距车体边缘的距离。合格后将 V 形衬的中间紧固螺栓紧固。V 形衬吊座如图 4-43 所示。

5. 限位基座检查

检查限位基座无损坏和缺失，安装状态良好。确认限位基座的安装螺栓防松标记清晰，无错位。排水堵齐全，无缺损，松开车体上排水堵，排空型腔积水，使用专用清洗剂把排水堵接口处清理干净。

腔体内积水排空后，检查丝套内无异物，丝套螺纹状态良好，表面无损伤或滑扣，丝套无明显拔出痕迹。

安装前用擦拭布擦拭排水口，确认排水口无水滴滴出，再进行排水堵安装，安装后施加相关扭矩并涂打防松标记。检查紧固件，擦拭悬挂螺栓表面浮土，防松标记清晰无错位。限位基座如图 4-44 所示。

图 4-43 V 形衬吊座

图 4-44 限位基座

## 二十三、前端开闭机构、车钩及车体主排障装置检修

1. 开闭机构检修

检修前端模块，各部件安装良好，主体框架、滑动面板、螺栓、螺母无松动、缺失，气缸、管路无漏泄，气缸漏气试验满足要求。

外观结构检查空气软管、线缆波纹管状态良好，无裂纹、破损，前罩各部位状态良好，检查左右导流罩舱门上的橡胶密封条无破损、橡胶密封条与导流罩舱门表面紧密贴合、无闪缝。可视可操作范围前端模块各紧固件安装牢固无缺失，紧固件防松标记清晰，无错位。

清除开闭机构内杂物、气缸杆部活动接头、锁销、限位开关、空气配管、气缸等部件表面的灰尘和污垢，检查杆端轴承无破损，活动灵活无卡滞。前端开闭机构如图 4-45 所示。

图 4-45　前端开闭机构

2. 相对部件检查

清理前端模块相对运动部位油污和锈迹，在前端模块相对运动部位涂抹适量的润滑脂，打开舱门，检查机构动作顺畅。若动作停顿、卡滞，拆下盖板紧固螺栓，检查磨耗槽无破损或明显变形。检查磨耗槽内壁无锈蚀，打开舱门检查滚轮在磨耗槽中运行顺畅。

清理开闭机构内部轴承表面污垢，轴承安装良好，表面无磨损、开裂，检查手动解锁装置及锁闭标识，头罩关闭且机构完全锁闭。

检查锥形鼻无损坏、油漆无破损。检查开闭罩中缝及周圈 P 形橡胶圈无破损。舱门外表面油漆破损露出基材时补漆，检查密封胶条与左右舱门、锥形鼻内外表面紧密贴合，无闪缝。电缆线、电缆接头无缺失、损坏，不得与其他零部件干涉，固定牢靠。检查防尘罩、波纹管等橡胶件状态良好，无裂纹、破损。检查排水管无缺失、损坏、堵塞等现象，且固定牢固。检查空气管路无缺失、损坏，检查空气管路不得与其他零部件干涉，并固定牢靠。

3. 车钩检修

检查车钩外观、橡胶零部件、各管路、电缆、接地线及手动解钩拉环处钢丝绳等不得与其他零部件干涉。检查车钩各紧固件安装牢固无缺失，紧固件防松标记清晰，无错位。

清理车钩连接面、钩舌、连接杆、触发器和各风管连接器。清理电气车钩的触头上及外壳定位销和定位套、电气车钩前盖表面的油污及锈迹；清理电气车钩密封圈表面杂物，电气车钩伸出、缩回正常、灵活；清理电气车钩导向杆、推送机构运动关节点表面油污及锈蚀；电气车钩完全伸出后清理推送气缸活塞杆伸出部位表面油污，确认推送机构外观无破损。

检查接地线外观无破损，断线不超过 10%，拉动接地线确认连接紧固，紧固件完好，防松标记清晰无错位；检查连接环无损坏、裂纹，连接环下环排水孔中无油污。清理连接环组成上下半环间隙内润滑脂，并重新填满润滑脂。

检查缓冲系统，压溃管触发指示钉状态正常无脱落、压溃管无触发，检查钩尾销固定板上的圆柱销无丢失或变形。清理凸轮板与对中滚轮间油污，检查对中装置各零部件无损伤、变形或缺失。左右推动车钩，使车钩偏离中心位置，外力撤销后检查车钩能否回到纵向中心线位置。检查解钩管组成（包含后端钢管）结构良好，无损伤和缺失零部件，气密性良好。

清理空气管路外表面油污及杂物，检查各空气软管固定管夹或固定扎带牢固；检查各空气软管、管接头牢固外观良好。调试车钩动作，使车钩处于通风、通电状态，使用风管连接器封堵器，使车钩完全伸出，用线纹直角尺测量车钩壳体前端与高处车钩连挂面左右平均距离符合要求，且车钩伸缩自由。车钩如图 4-46 所示。

4. 车体主排障装置检修

如图 4-47 所示，清除主排障器的灰尘、污垢，面漆不平滑、开裂、剥离、脱落时修复并补漆。导流罩紧固件安装状态良好，防松标记清晰无错位。排障板的安装座、内部骨架安装座、排障板、内部骨架及其吊座无裂纹、破损，腐蚀深度不超过相关标准。

检查玻璃钢、玻璃钢结构上的粘接件、预埋件和固定件无松动、裂纹、脱落。检查排障器导流罩，出现凹痕、破损、裂纹时更换排障器导流罩。

图 4-46 车钩

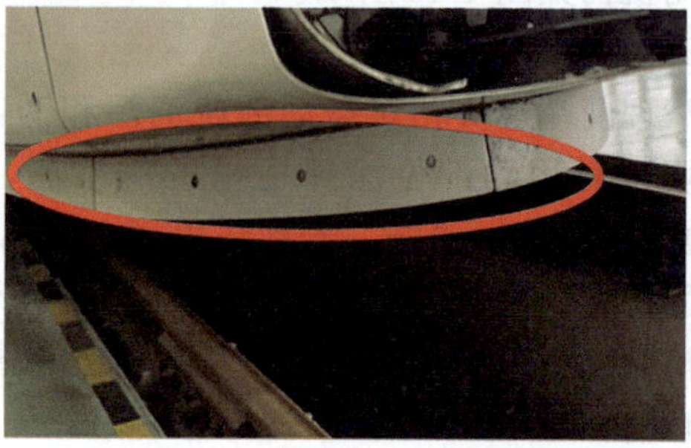

图 4-47 车体主排障器

## 二十四、塞拉门、内外端门及车窗检修

1. 塞拉门检修

如图 4-48 所示，检查塞拉门的门框零部件、门板内外侧零部件齐全无缺失，安装位置正确；头车车外隔离锁盖板状态良好，锁芯动作良好，内部无灰尘、杂物，中间车车外隔离锁堵头状态良好无缺失。检查表面胶条状态良好，无开胶、破损；门板无露出基材的划伤或影响功能的损伤；门扇及门框各处密封胶无开裂、剥离、缺失或破损；门板玻璃无裂纹，内部无水雾。

检查门上部机构、门侧立机构零部件齐全，无缺损，安装位置正确，防松标记清晰、无错位，检查橡胶缓冲器无裂纹，各限位开关触发正常，紧固状态良好，检查风表及过滤减压阀，校核压力表，安装后检查压力表功能正常。

检查内外操作装置零部件齐全，安装位置正确，操作装置紧急按钮玻璃无破损，钢丝绳夹头无松动，内操作装置把手机械解锁时动作正常。辅助锁气缸分解检查，风管与管接头连接安装牢固，并涂打防松标记。

图 4-48 塞拉门

清洁门扇后下方滑轮并检查门扇后下方滚轮支架紧固件无松动，防松标记无错位。检查紧急解锁圆形接头端已安装在紧急装置上，另一端的方形接头需装在设备安装架上的滑车中，主锁处内外紧急装置需要包裹绝缘胶带。

检查 100%门关闭限位开关位置正确且功能正常。检查外罩紧固件无松动，防松标记清晰无错位，确认限位开关和凸轮固定螺栓紧固件无松动，开关悬臂动作状态正常以及开关表面无裂纹。确认门扇外敏感胶条与门框间距符合要求。

检查电气部件功能，电源开关动作灵活，功能正常，检查门控连接器、端子排线缆状态。

通风通电状态,检查气路系统各处接头无松动、漏气。电磁阀动作正常,工作时无异常漏气声音。通过操作开门或关门按钮,警告蜂鸣器应被激活,门打开或关闭,所有限位开关对应指示灯正常,DCU 无错误显示(通信故障代码除外)。检查障碍物探测功能,在自动关门过程中遇到障碍物时自动返回。

接通电源、气源,检查过滤减压阀气压符合要求、风表功能正常。断开门控器电源,手动关门到二级锁闭状态,在车内、车外操作隔离装置,触发隔离开关,辅助锁压紧,门处于隔离状态。自动关门功能检查,操作关门按钮自动关门。

紧急解锁装置功能检查,启动紧急出口装置后,门可以手动打开,打开紧急按钮装置盖板,确认旅客用红色紧急按钮可以激活紧急解锁。开门按钮的压板无松动,按钮面板无破损。接通电源、气源,将门关到二级锁闭位置,转动紧急操作开关,使门处于紧急开门状态,可以通过操作拉动紧急解锁手柄使车门解锁,可以手动打开门;复位紧急解锁操作开关,解除紧急开门状态。

2. 内外端门检查

检查门扇各部件齐全,安装位置正确、牢固,光电开关、按压开关功能良好,引线口护套无龟裂或损坏;检查门扇玻璃无裂纹,防撞标记粘接牢固、无破损;检查胶条密封状态良好,无损坏、脱落;检查门锁锁闭功能正常,限位装置配件齐全,固定可靠;检查门机构与吊架、门板与门机构紧固件无损坏,安装牢固无松动。

检查主、从动轮转动无卡滞或跳动,外露表面无损坏现象;检查皮带无松动和损坏,啮合状态良好,无跳齿;检查承载轮滚动无卡滞或跳动,外露表面无损坏现象;检查门机构部件的缓冲头组件齐全,固定可靠,表面无龟裂。

检查门隔离锁锁闭作用良好,操作隔离锁,拉动门扇,门能够隔离到位,无法打开。通电状态下,通过台门手动强制开关门力符合要求;通过台门障碍检测功能正常;检查红外遥感器的工作状态、紧急按钮是否可用。外端门、内端门分别如图 4-49 和图 4-50 所示。

图 4-49　外端门

图 4-50　内端门

3. 车窗检查

如图 4-51 所示，检查动车组侧窗玻璃表面、密封胶与玻璃四周的密封情况以及密封胶与车体边缘的密封情况、信息显示窗，车内信息显示器、车外信息显示器外罩清洁、安装牢固，内外显示屏幕无放射状裂纹，非放射状裂纹长度符合要求。

图 4-51 动车组车窗

清洁司机室固定窗玻璃表面，玻璃无裂纹，中空层无水雾或水膜状现象，车窗与车体间密封胶破损或剥离时补胶或重新涂打密封胶。

清洁并检查挡风玻璃内外表面、密封胶及外框，擦拭挡风玻璃表面，玻璃之间密封胶破损或剥离时补胶或重新涂打密封胶，挡风玻璃外框油漆脱落时须补漆。

## 二十五、内装与设备部件检修

1. 司机室座椅检修

清洁座椅靠背、椅垫、头枕和扶手罩面等外观件表面，下部工具箱表面完整，锁闭功能良好，座椅、工具箱、地板各固定点无松动，防松标记清晰无错位。扶手、头靠等附属件外观良好，固定牢靠，功能正常；坐垫和靠背发泡安装牢固，有影响功能的破损时修复或更新。座椅调节功能状态良好，靠背调节、座椅旋转、座高调节、位置调整功能正常；调节丝杠及法兰损坏、滑丝时更新；座椅支撑骨架或框架变形、破损、裂纹时修复或更换；弹簧机构、旋转机构、定位锁件功能良好。辅助座椅外观状态良好，安装牢固，翻转定位功能正常。

2. 客室座椅检修

清理座椅靠背、椅垫、头枕罩面；座椅靠背、椅垫面罩表面破损时修复，破损面积大于 600 $mm^2$ 时更换；座椅扶手、杂物袋、把手、衣帽钩、脚踏板、柱脚装饰盖板、折叠小桌等附属件齐全，无影响功能的损伤，安装牢固，功能正常；坐垫靠背调节功能良好；调节用拉索断丝、破损时更换；清理、清洁坐垫下的灰尘、杂物，坐垫支撑板无影响功能的损伤，固定良好；座椅坐垫更新；座椅上、下支撑骨架或框架无影响功能的损伤，润滑底架滑条；座椅弹簧机构、旋转机构、定位锁件和销柱连接件等无影响功能的损伤，安装牢固，功能正常，座椅骨架定位橡胶块有破损或变形时更新；一等座椅脚踏组成外观良好，装饰面无破损、开线；脚踏支架的缓冲橡胶固定可靠，无影响功能的损伤；脚踏阻尼器状态良好，功能正常。客室座椅如图 4-52 所示。

3. 客室行李架检查

检查行李架托架表面，有裂痕时应更换行李架托架；检查行李架的托架螺钉连接状态。对行李架的托架连接螺钉进行紧固；检查行李架 PC 板无裂纹，座位号显示面板松动的补胶处理；检查行李架后墙板及接缝盖板状态；检查行李架前檐型材、后型材、后檐型材。行李架如图 4-53 所示。

图 4-52 客室座椅

图 4-53 行李架

4. 司机室电气柜与操作台设备检查

检查司机室左右电气柜内电气件、司机室左柜空气开关面板后布线；检查司机室右侧电气柜内转换开关面板。检查电缆，手轻拉各端子排及电气件连接线缆固定牢固，防护网无破损。检查 CCU 插头、连接线缆、防护标识清晰，地线安装螺栓防松标记清晰。

如图 4-54 所示，检查司机室操纵台上的控制器；司机室面板及各控制功能组件。检查司机室操纵台显示装置、按键外观正常。检查操纵台上各开关、按钮；检查司机室操纵台紧急制动阀(N03)安装牢固，外观状态良好，表面无损伤。检查电气连接，线缆无变色、损伤，确认线缆连接牢固。对蓄电池电压表进行检定。蓄电池电压表外表面清洁、安装后确认安装牢固。

图 4-54 司机室操作台

## 二十六、玻璃钢裙板、设备舱底板及盖板检修

1. 玻璃钢裙板及其锁座检查

检查玻璃钢裙板无贯穿性裂纹、损伤、凹痕、破损等不良现象；胶衣无龟裂、脱落，玻璃钢结构无断裂；检查玻璃钢结构上粘接件、预埋件和固定件，无松动、裂纹、脱落等不良现象；玻

璃钢裙板锁外观无破损、变形。玻璃钢裙板标签齐全；玻璃钢裙板表面清洁，外表面油漆破损露出底漆或单处面积大于 400 $mm^2$ 时补漆，重新喷涂区域与原车体色号一致。

玻璃钢裙板注砂口、砂位显示窗、列车管截断阀盖板各安装螺栓紧固状态良好、防松标记清晰无错位。检查玻璃视窗无破损、无影响观察的划痕。检查玻璃钢裙板锁座、支座组成无缺失、损伤、变形、开裂，紧固件处于压紧状态；锁座、支座组成表面清洁，无浮灰、杂物。检查锁座、支座组成安装螺栓，各安装螺栓状态良好。玻璃钢裙板如图 4-55 所示。

2. 转向架裙板及其锁座检查

检查转向架裙板无损伤和严重变形；变形面积大于(100×100) $mm^2$ 且深度大于 3 mm 时更新裙板；检查转向架裙板滑道、销轴安装位置无变形。检查转向架裙板标签齐全；转向架裙板油漆破损露出底漆处补漆。检查转向架裙板座组成无损伤、变形、开裂，状态良好；转向架裙板座组成表面无浮灰、杂物。检查支架组成安装螺栓，螺栓状态良好。转向架裙板如图 4-56 所示。

图 4-55　玻璃钢裙板

图 4-56　转向架裙板

3. 中间裙板检修

清洁裙板滤网，检查过滤网表面氧化层无损坏，滤网无破损，两侧表层网同一网孔出现 2 处及以上断裂时更换，检查滤网铆钉无缺失。橡胶塞清洁干净无污渍，变形、破损、松动、油漆污染的橡胶塞报废更换。

检修格栅两侧表层网，同一网孔出现 2 处及以上断裂时更换。在同一过滤网内表层或外表层中出现损坏均不得超过 5 处，要保证同一列车的过滤网形式相同。

检查裙板胶条无面积大于 150 $mm^2$ 的破损，无长度大于 30 mm 且深度大于 1 mm 的龟裂，上下胶条应各伸出裙板两边 5～6 mm，中间裙板左右两侧密封板粘接牢固。

检查并晃动格栅，格栅紧固无松动；检查格栅完好，确保裙板的密封性；检查裙板外观、表面及四周，无破损、变形；检查裙板折页槽、裙板锁等部位，无变形、磨损及断裂，检查玻璃钢件无裂纹，胶衣龟裂、脱落时修补。中间裙板如图 4-57 所示。

4. 设备舱底板检修

清洁并检查底板无裂纹、损伤，有影响功能的变形、腐蚀时修复或更新；各零部件无缺失或松动；各紧固件防松标记清晰无错位，拆卸的螺母及弹簧垫圈更新，紧固件状态不良时修复或更新。检查底板无开胶，底板锁零件无缺失或损坏。底板防脱销无缺失、卡滞，伸缩灵活，锁闭功能良好。底板胶条破损、龟裂时修复或更新。底板防脱销定位螺钉头边缘与长圆孔外侧边缘缝隙不大于 5 mm。玻璃钢底板有凹痕、破损、裂纹时修复，玻璃钢结构断裂时更新。底板须抽拉顺畅，间隙尺寸符合要求，安装后紧固状态良好，锁闭功能正常。底板油漆破损露出底漆或单处面积大于 400 $mm^2$ 时补漆，破损严重时重新喷涂面漆。设备舱底板如图 4-58 所示。

图 4-57　中间裙板

图 4-58　设备舱底板

5. 注砂口和注水口盖板检修

如图 4-59 所示，清洁并检查注砂口活门及车体砂位显示窗状态良好，砂位显示清晰，各部件裂纹、严重变形或破损时修复或更新；注砂口活门操作运动灵活、无卡滞，紧固件安装状态良好，防松标记清晰无错位。

清洁注水管内外部、注水口及其附件；减振橡胶垫无龟裂、破损、脱落；弹簧状态良好，功能正常；注水口盖开闭操作灵活，无异响，功能正常。

图 4-59　注砂口

# 第四节　安全注意事项

## 一、作业过程劳动安全

1. 进库作业按要求穿戴劳保鞋(防砸)、工作服、工作帽(工作帽中需佩戴内衬)。
2. 打磨作业佩戴防护眼镜、口罩、防护服等防护措施。

3. 油漆作业须佩戴防毒面罩。

4. 各工位按照作业内容、工位性质配齐配全手套、防护服等防护设施。

5. 做好劳动安全“八防”措施卡控。

6. 对高血压、心脏病、手术康复期的职工加强安全防护，通过定期组织职工体检，掌握职工身体状态。

7. 班组工长和安全员做好日常检查巡视，及时发现现场劳动防护不到位的情况。

8. 接触各类锋利刀具、锐器时要精力集中，避免划伤、割伤或刺伤，必要时应佩戴防切割手套。

## 二、车顶高压设备拆解起重

1. 行车、构架升降机等起重设备必须定期检测，确保性能良好。

2. 开工作业前须对起重设备进行日常的点检，对起重设备进行试吊。加强行吊线缆检查，发现问题及时提报。

3. 吊运体积较大、较长、不规则的配件（如抗侧滚扭杆）时，须使用专用吊运工装并加强盯控，避免吊运过程中配件发生滑倒或倾斜。

4. 吊运前进行确认，确保配件上无人、浮摆物或勾连其他货物的情况。互换应答确认后方可作业，防止夹手。

5. 杜绝吊运吊索夹角超过 90°的物品，吊运配件前确认作业环境安全。

6. 吊运物体时须使吊钩对准货物中心，确认吊钩吊带将配件固定并捆绑牢固。

7. 被吊运物品不得超过天车额定载荷，不得吊运超过 6 m 且无牵引绳的物体。

8. 天车使用完毕后应按要求停放至指定位置，防止无必要的“二次移动”。

9. 吊运作业须遵守特种设备操作规程及“十不吊”的要求，严格执行《动车转向架车间关于天车规范操作的通知》。

10. 做好起重作业看护人员的岗前培训工作。看护人员由工班长负责定人定岗，上岗前须进行系统性的专业培训，看护人员必须熟练掌握看护要求、应急处置措施及速升小车急停按钮操作等。

11. 工具管理中心每天开工前、收工后对行车遥控器进行检查，确认遥控器归还到位。

12. 库内速升小车 9、10 号转台须使用同一操作柜进行操作，操作时须提前确认开关位置并调整至相应的转台，操作时必须设置禁动牌，防止无关人员误操作。

13. 使用行车吊运配件时，操作人员须仔细观察并确认遥控器按键位置，防止出现误操作情况。

14. 将制动夹钳吊起检查下部外观状态时，吊带容易脱出从而导致制动夹钳掉落。在起吊时须在制动夹钳安装孔内插入两个 M16 废旧螺栓有效防止吊带脱出。

15. 将定子及转子吊运至待返厂区域时，定子及转子须使用行车从 KBK 小行吊龙门架上通过，吊运高度较高，吊运时指挥人员须全程确认吊运路线，提醒吊运路线上的人员及时撤离，防止定子及转子吊运过程中掉落砸伤人员。

16. 货物重心超过铲脚中心，导致货物在铲运过程中坠落。铲运配件前对货物进行确认，保证配件铲运安全。

17. 叉车驾驶员须掌握叉车的额定载荷，了解铲运配件自重，杜绝超载的情况。

18. 配件铲运时须确认铲板状态良好，避免因铲板损坏导致配件掉落情况的发生。铲运过程中严禁出现配件叠放现象。

19. 铲运铲板、空箱时提前进行观察，如遇木箱、铲板等物体距离较近，须先进行位置调整，小心移动物体将两者之间间距拉大后方可进行铲运。

20. 使用叉车运输大部件时，无人指挥情况下禁止举升过高长距离运行，防止倾覆；同时当部件影响操作者视线，必须退行，运行过程中，班组要指派专人进行线路引导。

## 三、天车吊离高压设备

1. 物体吊运时严禁无人或多人指挥。

2. 吊运作业过程中要保持安全距离，严禁吊物从人员头顶通过。

3. 及时确认吊运物体存放点的状况，确认存放点的工装摆放到位，避免物体吊运至工装上时出现倾倒跌落情况。

4. 物体吊运时须减速慢行，启动前须鸣铃示警，操作人员听从指挥人员的指挥，指挥人员在保证安全距离的情况下做好四周环境的确认。

## 四、车顶拆解作业登顶

1. 在登高作业(距坠落基准面 2 m 及以上)时，必须戴好安全帽，按规定使用安全带(绳、网)，车顶登高作业必须带标准背带式安全带，且加长绳长度不得大于挂设点与基准面的距离，严禁低挂高用，高处作业禁止接打使用手机。

2. 安全带(绳)使用前必须检查，凡使用期限超过 3 年的实行强制报废，并实行以旧换新的发放制度，保证失效的安全带(绳)及时回收。

3. 使用登车梯作业前，对设备状态进行检查，确认登车梯滑轮锁闭，登车梯平台上严禁放置可移动物体，非设置人员不得随意私自撤除登车梯；上下登车梯时手扶栏杆且严禁跨越、奔跑。

4. 使用梯子作业时必须有防滑装置，梯子与地面夹角应保持 55°～60°，使用人字梯、折叠梯应挂好安全链(绳)，使用前必须检查梯子是否完好。使用时应有人扶护(监护)。

5. 在使用高处作业升降车(台)作业时，关闭高处作业平台防护门，在上下升降或左右移动时，必须瞭望确认具备条件后方可开动。

6. 确认二层、三层平台防护铰链挂设状态良好，无缺失，作业完毕后及时恢复。

7. 车顶、登高作业时工具、物料须按规定定置摆放，防止坠落伤害。

8. 塞拉门检修和动车组头罩前端雨刮器检修作业时，应规范穿戴安全带。

9. 塞拉门调试作业期间，在车门外侧规范悬挂禁动牌并做好安全提醒。

10. 车门附近作业时集中注意力，避免踩空，并确认塞拉门防护网、车端防护网挂设到位，严禁通过非平台侧车门探身对动车组外部进行检查作业。

11. 检修库内有接触网的登顶作业，要严格执行“人脸识别”或“一人一卡”制度，登顶作业前必须放下作业区三层作业平台渡板后方可作业，严禁长时间在渡板上站立或作业。在车顶作业时要在防滑带内行走，无防滑带的要在车顶中部区域行走。

12. 除车辆检修地沟外，其他为生产、生活需要所设的坑、沟、池和阴井，应有围栏或盖板。不准跳(跨)越未设防护的各种坑、沟。

13. 各种跳板、渡板工装及移动小车，使用前应仔细检查，确认良好。

14. 头车玻璃打胶作业时，应穿软底防滑鞋，防止踩踏头车玻璃时滑落、踩碎。

## 五、车下设备起重作业

1. 起重作业操作人员和指挥人员必须持证操作。必须实行单一指挥，严禁多人或无人指挥；严禁在吊物下方站立和行走，应按规定操作。

2. 起重作业过程中操作人和指挥人与起重机械投影的直线距离均不得大于 5 m，操作人和指挥人须做好起重机械行进线路安全确认，发现异常立即停止使用，及时上报车间。

3. 起重机械作业应做到“十不吊”，即：超重或埋藏地下物不吊；重量不明不吊；简化挂索、吊物捆绑不牢不吊；吊钩未对准物件重心（歪拉斜拽）不吊；非信号人员指挥或指挥信号不明时不吊；物件上有人、有浮摆物或勾连其他物件不吊；吊索夹角过大不吊（不宜超过 90°）；未试吊不吊；6 m 以上长大物件无牵引绳或司索钩不吊；尖锐棱角物件吊索无衬垫不吊。

4. 起吊作业前必须先检查被起吊物件与其他部件的连接状态，并对各机构进行试吊，确认一切正常后方可吊装。起重机司机接受指挥信号后，须鸣铃警示后再起吊。如遇紧急情况，不论是否有人发出停车信号，司机均应立即停车。

5. 起重作业时，作业人员必须正确佩戴安全帽，安全站位，严禁站立在吊物（吊臂）下方、死角及运移路线（吊臂旋转半径）内，严禁站在吊起的货物上，严禁用手或脚伸入吊起的货物下方取放垫物或传递索具，严禁用手扶方式调整吊物位置。严禁任何人在工作状态的起重机械下行走、打闹、休息。作业过程中，严禁指挥人擅离岗位。

6. 起重机械作业完毕后，须按定置管理规定，将起重机械牵引到指定位置，并将手柄妥善放置于定置工装中，并上锁。

7. 严禁一人携带多个起重机械遥控器；严禁跨车间、跨班组借用起重机械遥控器。

8. 无线遥控的起重机械与手柄须设有对应编号，设备包保班组须建立无线遥控的领用记录，操作起重机械前须再次确认遥控手柄与将要操作的起重机械是否对应。

9. 统筹安排人员培训、取证工作，确保起重机械操作、指挥资质人员的储备以满足生产现场需要。

10. 落实起重绳索、钩等吊索具检查养护制度，吊索具应定期检查探伤并记录，严禁使用不符合标准、规格和伤损的吊索具。不准将吊钩直接缠绕重物，不得将不同种类或不同规格的吊索、吊具混合使用。

## 六、牵引电机检修作业

1. 定子电气检测试验流水线须进行锁闭管理，严禁无关人员进入试验区。

2. 介质损耗检测试验结束后须进行放电处理，消除配件上残留的“余电”，确保后续作业人员的人身安全。

3. 牵引电机进行耐压试验时严禁无关人员进入试验间，作业时做好呼唤应答。操作人员开始耐压试验前须确认试验台位其余人员全部撤离并接挂“禁动红牌”指示标志，作业人员做好相关绝缘防护。

4. 耐压试验结束后需进行降压、放电操作。试验过程中及试验结束后未进行降压放电操作前不得触碰电机。降压放电后及时在相应的牵引电机上进行标识。

5. 拆线作业开始前须用高压验电设备确认无电，确认完毕后方可进行拆线作业。

6. 牵引电机入厂试验及轴承端盖进行电阻绝缘测试前，须先确认交流直流耐压绝缘分析仪的外观状态，确认仪器无漏电情况，使用时须及时佩戴劳防用品。

## 复习思考题

1. 受电弓气囊检修时需确认什么？
2. 受电弓碳滑板检查限度要求是多少？
3. 车顶高压箱检修主要包括哪几部分？
4. 接地开关检修需要测量数值是多少？
5. 牵引变流器集尘器滤网拆卸流程是什么？
6. 车顶高压电缆伞裙、受电弓绝缘子伞裙检修标准是什么？
7. 车顶硬管管路检修标准是什么？
8. 车辆间跨接线缆检修标准是什么？
9. 车顶天线打胶检修标准是什么？
10. 牵引电机检修作业时，有哪些安全注意事项？

# 第五章　转向架分解与检修

动车组在解编后，不仅需要对车体部件进行分解与检修，还需要对转向架进行分解及检修。将转向架从车体分离后，对转向架进行分解，分离出构架组成、轮对组成与各类大小部件，并对所有拆下的部件，开展检修工作，主要包括转向架构架的检修、转向架轮对的检修和转向架部件的检修。

## 第一节　转向架与车体的分离

### 一、机械拆卸

**(一)枕梁与车体分离**

拆卸车辆两侧枕梁与车体连接螺栓，使得枕梁与车体分离。拆卸枕梁与车体连接螺栓如图 5-1 所示。

**(二)风路拆卸**

拆下高度阀及安全阀调整杆下端球头的卡簧，使调整杆下端与球头脱离，空气弹簧排风。

**(三)牵引电机通风道分离**

拆卸动车转向架的牵引电机风道，先拆卸竖向螺栓，后拆卸纵向螺栓，最后将风道盖板的挂钩退出车体沟槽，使牵引电机风道分离。

**(四)空气弹簧供风软管拆卸**

将空气弹簧供风软管及压力检测软管拆除。

**(五)常规制动软管拆卸**

拆解连接两侧的常规制动软管，并用防尘堵在转向架侧进行防护。

**(六)车体侧接地线拆卸**

将车体侧接地线螺栓拆除，拆卸齿轮箱接地线，将齿轮箱接地线紧固螺栓及线卡拆除，其中，除接地线外，部分线卡等部件需要回收。

**(七)回流接地线拆卸**

Tp03/Tp06 车 2 轴右侧和 3 轴左侧分别有一根回流接地线。首先，用工具拆卸保护扣板并拆下，然后拆卸紧固夹具和车体接地座的安装螺栓，将变压器端子移开，最后将回流接地线拆卸下来，使用螺栓对车体接地座进行防脱。防护完成后的回流接地线须用扎带固定在转向架上。回流接地线如图 5-2 所示。

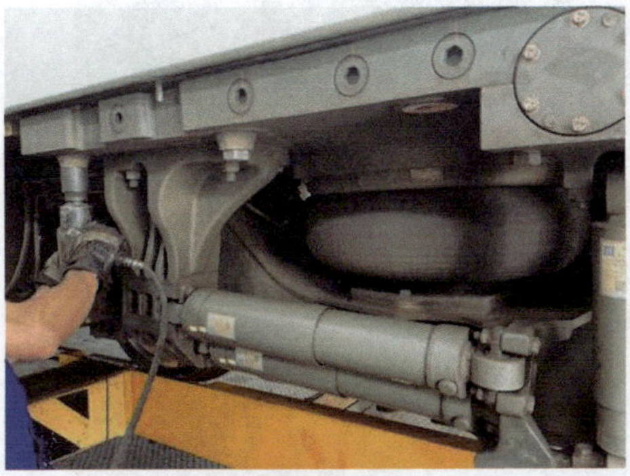

图 5-1　拆卸枕梁与车体连接螺栓

图 5-2　回流接地线

**(八)轮缘润滑装置拆卸**

将连接转向架端的轮缘润滑油管拆卸,使其与转向架分离,并做好防护。

**(九)一系减振器拆卸**

在转向架与车体分离前,需要将一系垂向减振器替换为一系悬挂锁紧装置,以防止在转向架卸载时,构架与齿轮箱发生相对位移,对联轴器产生损伤,如图 5-3 所示。

图 5-3　一系减振器拆卸

## 二、电气拆卸

**(一)轴温传感器拆卸**

1. 拆卸车体侧固定线卡,取下固定线卡。

2. 拆卸轴温传感器插头固定螺栓,拔下插头。

3. 拆卸转向架侧轴温传感器固定线卡,松开轴温传感器探头固定螺栓,将探头从安装孔内取出,安装防尘堵。

4. 如图 5-4 所示,对拆卸的轴温传感器的插头端进行防护和编号。

**(二)GS 防滑速度传感器拆卸**

1. 拆卸将车体侧固定线卡螺栓,取下固定线卡。

2. 拆卸将车体侧 GS 速度传感器插头固定螺栓,取下车体侧插头。

3. 拆卸 GS 速度传感器探头螺栓,将 GS 速度传感器探头从轴箱盖的安装孔内取出,并做好防护。

4. 如图 5-5 所示,对拆卸下来的 GS 速度传感器的两端进行防护和编号。

**(三)BS 横向加速度传感器拆卸**

1. 拆卸紧固夹具,将夹具取下。

2. 逆时针旋转加速度传感器,旋转到位后,将连接器插头从连接器插座上拔出。

图 5-4　轴温传感器拆卸后插头

图 5-5　速度传感器拆卸后插头

3. 对拆卸下来的加速度传感器插头进行防护和编号。

4. 检查车体侧插座，确认其安装牢固且外观状态良好，无裂纹、损伤及变形现象，插头无过热变色现象，检查完毕对车体侧插座进行防护。

**（四）齿轮箱温度传感器拆卸**

1. 拆卸齿轮箱温度传感器固定线卡，取下固定线卡。

2. 松开传感器插头固定螺栓，拔下传感器插头，如图 5-6 所示，并对齿轮箱温度传感器插头进行防护。

3. 检查车体侧插座，确认其安装牢固且外观状态良好，无裂纹、损伤及变形现象，插头无过热变色现象，密封圈无缺失，检查完毕对车体侧插座进行防护。

4. 将防护完成后的齿轮箱温度传感器用扎带固定在齿轮箱上。

**（五）LG 速度传感器拆卸**

1. 拆卸车体侧固定线卡螺栓，取下固定线卡。

2. 拆卸车体侧 LG 速度传感器插头固定螺栓，取下车体侧插头。

3. 拆卸 LG 速度传感器探头螺栓，将 LG 速度传感器探头从轴箱盖的安装孔内取出，安装防尘堵。

4. 对拆卸的 LG 速度传感器的两端进行防护和编号。

图 5-6　齿轮箱温度传感器拆卸后插头

**（六）压力阀传感器拆卸**

Tc01/Tc00 车二位转向架各有一个压力阀传感器，将连接器插头自带的螺栓拆下后，分离压力阀传感器插头与插座。

**（七）过分相装置拆卸**

1. Tc01/Tc00 车一、二转向架各有两个过分相感应接收器，拆卸紧固管卡子，将感应接收器的线束从管卡中取出。

2. 将过分相线束从夹具中取出，拆卸过分相固定座，将过分相瓷缸从固定座取出，将固定座恢复至转向架位置。

3. 将过分相感应接收器线缆插头拔下，检查车体侧插座，确认其安装牢固且外观状态良好，无裂纹、损伤及变形现象，检查完毕对插头及插座侧进行防护。

4. 感应接收器拆卸完成后，进行防护及编号。

**(八)牵引电机三相电缆拆卸**

1. 将牵引电机的三相电缆的固定线卡拆下，将车体侧牵引电机插头与插座间的连接螺栓及固定螺栓拆下，拔下牵引电机插头。

2. 将牵引电机插头的上环拧开，取下卡簧，将连接器上环、防水胶圈、屏蔽环与端接头分离，并将线缆从连接器插头中退出。

3. 撕下防水胶带，将屏蔽公环、屏蔽母环、防水胶圈、上环以及线号套依次从电缆上取下。将线号套、卡簧、屏蔽环和防水胶塞分别装入牵引电机插头外壳相应的端子安装孔内，然后将上环拧到端接头上。

4. 对三相电缆进行封口，检查牵引电机插头及插座，确认其外观状态良好、无裂纹，检查完毕对车体侧插座进行防护，三相电缆插头拆卸前后分别如图 5-7 和图 5-8 所示。

图 5-7　牵引电机三相电缆插头拆卸前

图 5-8　牵引电机三相电缆插头拆卸后

5. 将牵引电机温度及速度传感器固定线卡螺栓拆下，拆卸传感器插头固定螺栓，拔下传感器插头，并对传感器插头进行封口，检查车体侧插座，确认其安装牢固且外观状态良好，无裂纹、损伤及变形现象，插头无过热变色现象，密封圈无缺失。

6. 对车体侧插座进行防护，防护完成的牵引电机三相电缆及温度、速度传感器用扎带固定在转向架上。

**(九)撒砂装置及其附件拆卸**

1. 拆卸撒砂加热器各组成的固定螺栓，拆下撒砂加热器、撒砂喷嘴安装座、撒砂加热管、撒砂排障安装座、撒砂排障支座、橡胶板和垫板等部件。

2. 撒砂装置分布在 Tc01/Mh04/Mb05/Tc00 车。

# 第二节 转向架分解

## 一、二系组成分解

### (一)减振器及抗侧滚扭杆连杆

将转向架推入转向架分解区后,依次拆卸二系垂向减振器、抗蛇行减振器和抗侧滚扭杆连杆,如图 5-9 所示。

图 5-9 转向架分解区

### (二)转向架接地线

将枕梁与构架相连的接地线构架侧螺栓拆除,确认枕梁组成与构架组成连接部位的分离状况。

### (三)过渡枕梁

使用天车配合吊带缓缓起吊枕梁组成,放置于存放架上,起吊过程中,观察空气弹簧与枕梁的连接,不能使空气弹簧与枕梁硬性分离,如图 5-10 所示。如枕梁中心销组成与牵引梁中心孔分离比较困难,可在中心销下面加以支撑体并配合千斤顶使其分离或将枕梁中心销一同整体分离。拆卸后的过渡枕梁如图 5-11 所示。

图 5-10 过渡枕梁拆卸中

图 5-11 拆卸后的过渡枕梁

**(四)抗侧滚扭杆**

使用天车和吊带固定抗侧滚扭杆,分解抗侧滚扭杆座安装螺栓,取下抗侧滚扭杆下部安装座。使用天车和吊具分离抗侧滚扭杆,放置于存放架上,取下抗侧滚扭杆两端轴套。

**(五)空气弹簧**

分解空气弹簧下部安装螺栓,使用吊具将空气弹簧吊运放置于专用铲板上,如图 5-12 所示。

**(六)牵引组成**

使用天车和吊具吊起牵引组成,拆卸安装螺栓后,吊下牵引组成并做好标记,如图 5-13 所示。

图 5-12　空气弹簧下部安装螺栓

图 5-13　吊运牵引组成

## 二、构架与轮对分离

**(一)转向架加压**

使用转向架加压平台对转向架进行加压,以进行后续作业,如图 5-14 所示。

图 5-14　转向架加压作业

**(二)一系悬挂锁紧装置/一系垂向减振器**

一系悬挂锁紧装置/一系垂向减振器拆卸需要在转向架加压平台上完成,加压后,拆卸动车转向架的一系悬挂锁紧装置、拖车转向架的一系垂向减振器,如图 5-15 所示。

（a）一系悬挂锁紧装置　　（b）一系垂向减振器

图 5-15　一系悬挂锁紧装置和一系垂向减振器

**（三）轴箱弹簧止挡销**

分解一系轴箱弹簧止挡销螺栓，使止挡销与构架分离。止挡销安装螺栓破力后，在构架轮对分离时取下止挡销。

**（四）感应接收器组成、轮缘润滑装置**

拆卸两端头车的感应接收器组成和轮缘润滑装置组成。

**（五）转向架撤压前检查**

转向架撤压前，需要将联轴器连接螺栓进行拆卸，并分离两侧联轴器，同时，分离齿轮箱吊杆与构架的连接、轴箱转臂与构架之间的节点连接。

**（六）构架分离**

检查构架组成与轮对组成各连接是否完全拆除，保证不影响构架起吊。在轮对转臂前端放置支撑体后，用四根吊带挂在构架起吊点上，启动卸压。卸压后检查轴箱节点是否从构架脱离，脱离后用天车缓缓吊起构架组成，使构架组成与轮对组成分离。构架与轮对分离如图 5-16 所示，拆卸下的小部件如图 5-17 所示。

（a）使用行车　　（b）构架多功能小车

图 5-16　拆卸构架

图 5-17　拆卸下的小部件

## 三、轮对部件分解

### (一)齿轮箱支撑轮安装

构架与轮对分离前,先松开齿轮箱吊杆螺栓,待构架与轮对分离后,拆除吊杆并安装支撑轮,便于后期检修作业,如图 5-18 所示。

图 5-18　齿轮箱吊杆与构架连接螺栓

**(二)轴箱弹簧拆卸**

对轴箱弹簧进行拆卸,并标识位置信息,如图 5-19 所示。

**(三)轴箱体分解**

拆卸轴端装置,对轴箱体进行拆卸与分离,对轴身进行防护,如图 5-20 所示。

图 5-19 分离后的轴箱弹簧

图 5-20 轴箱体及其部件拆卸

## 四、构架部件分解

**(一)牵引电机**

拆掉牵引电机上对角两个工艺堵,分别在螺纹孔内旋入工艺吊环,用吊带将牵引电机预吊起,使牵引电机保持自由状态,此时,将牵引电机上部和下部的安装螺栓拆卸。拆除牵引电机安全销、横向止挡和销卡。确认牵引电机的各部件拆除后,将标识牌悬挂在牵引电机电缆线处。标识牌上标明牵引电机所属车号、转向架位数及轴位等信息。两人配合,时刻观察牵引电机从构架卡槽内慢慢脱离,并置于托盘上,如图 5-21 所示。

图 5-21 拆卸牵引电机

**(二)制动软管**

用开口扳手将制动软管(构架端)拆除,取下软管组成。停放制动软管拆卸用开口扳手将制动软管(制动夹钳端)拆除。用开口扳手将制动软管(构架端)拆除,取下软管组成。用开口扳手将另一根制动软管两端拆除。制动软管取下后分别用堵盖对制动管路接头处进行防护，用螺堵对制动管路接头及制动软管接头处进行防护。

**(三)闸片组成**

用撬棍及锤子将开口销拆除，将拆下的开口销报废。将闸片组成卡簧扣开，将闸片组成取下并编号，检修后使用，如图5-22所示。

图5-22　对待拆卸闸片进行编号

**(四)制动夹钳**

用开口扳手转动制动缸回程螺母，使制动夹钳单元闸片间距离最大，用棘轮扳手、套筒及开口扳手将制动夹钳与构架相连的横栓拆卸。用制动夹钳吊装吊具吊住制动夹钳，使吊具处于非受力状态，用棘轮扳手、套筒、加长杆及开口扳手将紧固制动夹钳的竖向螺栓拆下。制动吊块的拆卸时，用棘轮扳手及套筒将固定制动吊块的螺栓拆掉，取下制动吊块。

## 第三节　构架检修

### 一、构架检查

**(一)构架外露焊缝检查**

检查构架组成各外露焊缝表面无裂纹，焊缝发现裂纹时须打磨处理，打磨深度不大于0.5 mm时，磁粉探伤合格后使用；打磨深度大于0.5 mm时需要焊修，焊修前对构架进行脱漆。如发现裂纹，则需要对裂纹附近部位约200 mm半径范围内进行脱漆焊修，焊修后，表面须打磨处理并探伤检查。转向架构架如图5-23所示。

**(二)构架表面检查**

构架表面检查无裂纹，对目视疑似裂纹部位局部脱漆探伤检查。构架表面存在划伤、磕碰伤缺陷时打磨消除圆滑过渡；构架组成横梁、侧梁板材表面缺陷深度超过钢板厚度10%时焊修，焊修后打磨处理并探伤检查；其他部位可根据实际情况打磨修复，修复部位须圆滑过渡，修复后不得影响部件的承载强度。

图 5-23　转向架构架

**（三）油漆状态检查**

构架表面油漆不良时需补漆。表面油漆面破损时，须打磨平滑或露出金属光泽后进行补漆；金属出现锈蚀时，须首先进行打磨除锈，消除锈蚀后进行补漆。

**（四）其他部位检查**

其他部位可根据实际情况打磨修复，修复部位须圆滑过渡，修复后不得影响部件的承载强度。

## 二、螺纹孔检查

**（一）螺纹过孔检查**

如图 5-24 所示，对构架组成及安装各部件上所有外露的螺纹孔进行清理，并使用相应规格的丝锥过孔处理。清理后对螺纹孔的状态进行检查，配合部位螺纹有损伤或滑扣时，累计不许超过 2 扣且不连续时，可以继续使用。螺纹完整且螺纹塞规检测合格的情况下，螺纹表面允许存在鱼鳞状，表面毛刺须清除。

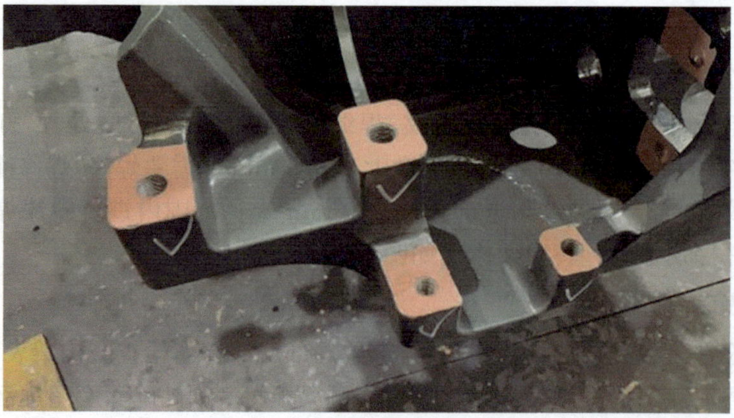

图 5-24　构架螺纹孔

### (二)螺纹孔修复要求

如存在缺扣、毛刺等缺陷,先用丝锥对螺纹孔进行修复,修复后用相应的通止规进行检查,如符合要求可以继续使用。

## 三、横向缓冲器检修

### (一)横向缓冲器检查

检查横向缓冲器座、横向缓冲器及其调整垫不得存在任何裂纹、变形等机械损伤,端部偏磨面积不得超过总面积的 1/3,如图 5-25 所示。

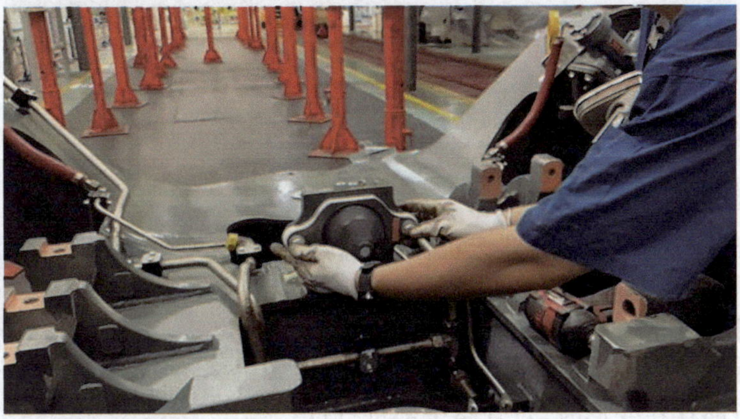

图 5-25　横向缓冲器

### (二)横向缓冲器尺寸标准

检测两个横向缓冲器间距为 678～684 mm,两侧调整垫厚度大于 10 mm,且厚度差不大于 2 mm,如不满足则需要将横向缓冲器组成拆下,通过增减缓冲器垫调整至规定尺寸。

### (三)横向缓冲器更换

如更换横向缓冲器组成,需要在螺栓上均匀涂装配膏,用螺栓、垫圈和螺母将横向缓冲器、横向缓冲器座及缓冲器垫紧固,紧固扭矩为 68 N·m,然后涂打防松标记。

## 四、横向止挡检修

### (一)横向止挡检查

如图 5-26 所示,检查横向止挡无贯穿裂纹,允许存在毛细裂纹,尼龙垫片边沿允许存在裂纹,金属垫片无裂纹,若存在裂纹时需要对该部件进行更新,同时,安装螺栓不得有松动、锈蚀现象,如有则对其进行更新。

### (二)横向止挡紧固件更换

如螺栓需要更换,安装新螺栓前,须对该处螺纹孔进行详细检查,螺纹不允许存在损坏现象。确认螺纹完好后,使用清洗剂清洗螺纹孔,并使用风枪吹干。当发现防松标记错位或螺栓锈蚀时,对螺栓进行更新,并用 39 N·m 扭矩紧固并重新涂打防松标记。

图 5-26 转向架横向止挡

## 五、制动管路检修

### (一)管路检查

如图 5-27 所示,检查构架管路无机械损伤,严重变形,各管路与构架本体间距不小于 3 mm,管路与管路间隙不小于 3 mm。管路表面击伤深度不大于管路壁厚度的 1/3,损伤面积不大于 10 mm×10 mm。制动管路存在变形时,对管路全部进行过球试验,如不满足过球试验,更换管路。

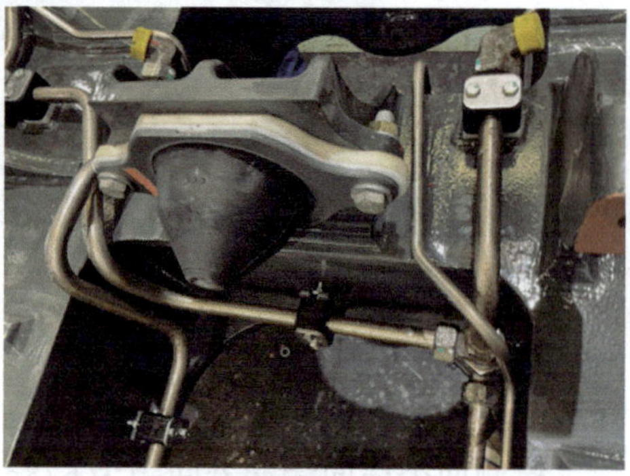

图 5-27 构架空气管路

### (二)管路过球试验

使用风枪吹净管路,并使用管堵密封两端,并对管路进行过球试验,过球试验不合格则需要对管路进行更新。

### (三)管螺母卡套窜动检修

1. 直通接头及直角弯接头部位若一侧连接为制动软管,另一侧钢管连接管螺母卡套前后窜动量不大于 1 mm。

2. 三通接头部位若中间接口处连接制动软管,另两侧钢管连接管螺母卡套前后窜动量不大于 1 mm。

3. 其余连接处,钢管管螺母卡套允许存在转动,前后窜动量不大于 0.5 mm。

4. 密封圈和卡套之间的接触平面不可有间隙。

### (四)管路管卡更换

更新所有管卡、板件及紧固件,M6 管卡安装螺栓紧固扭矩为 5 N·m,M8 的管卡安装螺栓紧固扭矩为 8 N·m,并对所有螺栓涂打防松标识。

### (五)构架管路检修与安装

构架管路接头处螺母须重新校紧,确认其无松动并重新涂打防松标记;管路端头螺母密封圈无破损、裂纹,构架管卡表面无损伤、松动、脱落;构架上管卡座因异物撞击发生变形时,如影响装配，可使用尼龙锤对变形处进行矫正，矫正完毕后对管卡座进行检查，不得出现裂纹等缺陷，必要时需对矫正部位进行磁粉探伤。检查各部件安装螺栓标记，标记不清、错位或缺失时按规定对扭矩进行校核。如校核时螺栓松动，则更新紧固件，按照安装扭矩紧固并涂打防松标记。

**(六)制动管路更换**

1. 管螺母压装。在功能螺母上涂接头安装油，然后用专用设备将功能螺母按管子直径对应的压力值压到直管或弯管上。

(1)确认直管和弯管长度合格后才能进行管螺母的压装。

(2)具体压力值根据管子直径与压力值对应执行。

(3)压装后对螺母中的O形圈进行检查，检查O形圈是否完好，所有管接头内O形圈更新。

2. 当使用开口扳手对管螺母拧紧到扭矩激增点时，从这一点起再拧紧1/6～1/4圈。

3. 当更换端部常用制动管路时，需保证常用制动风管端距构架端部长度在(79±5)mm范围内。

# 第四节　轮对检修

## 一、轴箱体检修

**(一)外观检查及检修**

1. 如图5-28所示，对轴箱转臂与箍装配面进行打磨，不得存在锈蚀。

2. 对轴箱进行检查，表面存在大面积污垢、灰沙等其他污物时，重新清洗轴箱。检查轴箱转臂及箍编号是否一致，遇编号模糊不清无法辨认时需更换轴箱体。

3. 检查轴箱转臂及箍外观状态，不得存在裂纹缺陷，非加工面不得存在明显的磕碰伤，不良时更换。用钢丝刷、铲刀清除轴箱配合面的防水胶。轴箱配合面如图5-29所示。

图5-28　轴箱转臂

图5-29　轴箱配合面

4. 用钢丝刷将后挡部位迷宫槽内污垢清理干净，去除转臂后挡部位锈蚀、毛刺、高点等缺陷。后挡与轴承防尘罩接触部位不允许存在磕伤缺陷。

**(二)尺寸检查**

1. 满足以下标准可通过打磨去除高点、圆滑过渡后继续使用，注意打磨时不能伤及定位节点的半圆柱面及半圆柱面与立面的结合部位。

(1)节点立面划伤没有造成半圆柱面与立面交接部位的损伤。

(2)节点立面划伤没有损伤至挤压橡胶表面。

(3)节点立面划伤最深处不超过 3 mm。

2. 未满足以上要求的轴箱定位节点须更换处理。

## 二、齿轮箱检修

### (一)检查及检修

如图 5-30 所示,使用强光手电筒检查齿轮箱可视部位外观无裂纹等缺陷。

1. 螺栓检查:齿轮箱可视部位检查无裂纹,对于无法判定防松标记是否错位或防松标记缺失的,联系技术部门处置。

2. 检查齿轮箱外观油漆涂层,对于存在腐蚀点、锈蚀和损伤的部位,须修复齿轮箱外壳油漆涂层。

3. 检查齿轮箱各部无渗漏,检查齿轮箱油位观察窗、油堵、油封密封处无渗漏,如果发现渗漏现象须联系技术部门处置。

4. 齿轮箱油位观察窗无裂纹及影响检查油位的损伤,如发现裂纹或无法查看油位时须联系技术部门处置。

图 5-30 齿轮箱

### (二)齿轮箱清洗

将轮对推入齿轮箱清洗机,松开齿轮箱排油栓对齿轮箱进行排油,使用煤油对齿轮箱内部进行清洗,清洗完毕后,紧固齿轮箱排油栓。

### (三)开盖检查

齿轮箱上盖拆卸后检查齿轮箱内部。确认齿轮表面应洁净,无附着物;齿轮啮合面不得存在目视可见裂纹,齿轮箱其他内部可视部位无异常,并检查上盖与齿轮箱的配合面符合装配要求。

### (四)齿轮箱吊杆组成检修

对齿轮箱吊杆组成进行分解检修。齿轮箱吊杆磕碰时修复或更新,变形时更新;齿轮箱吊杆螺栓颈部磁粉探伤检查合格;吊杆螺栓颈部存在磨耗时打磨圆滑过渡,磨耗部位直径不

小于 ϕ49.7 mm；对应橡胶座（垫片保护套）、垫片（橡胶承载块）的内孔磨耗部位直径进行测量，要求不大于 ϕ52 mm；杆端螺纹及其退刀槽部位状态良好。开口销、吊杆橡胶垫更新。

**（五）注油并装配**

重新加注齿轮箱润滑油，并采用对角紧固的方式组装上盖。

## 三、车轮检修

**（一）空心轴探伤**

拆下轴端装置，对轮对空心轴进行超声波探伤，确认轮对空心轴无质量缺陷，轮对空心轴探伤作业如图 5-31 所示。

图 5-31　轮对空心轴探伤作业

**（二）车轮旋修**

使用旋轮机床对轮对外形进行旋修，如图 5-32 所示。旋轮时，要着重注意闭门操作，防止人身伤害事故发生。

图 5-32　旋轮作业

**（三）轮辋轮辐超声波探伤及动平衡**

使用轮辋轮辐探伤机及轮对动平衡机，对轮对进行轮辋轮辐探伤及轮对动平衡试验，如图 5-33 所示。

图 5-33 轮对动平衡试验

### (四)轴箱组装

如图 5-34 所示，轮对检修完毕后，对轴端装置进行重新组装，并根据车轴号，安装相应的传感器，装配前，需要对轮对和轴箱进行 8 h 的同温同湿处理。

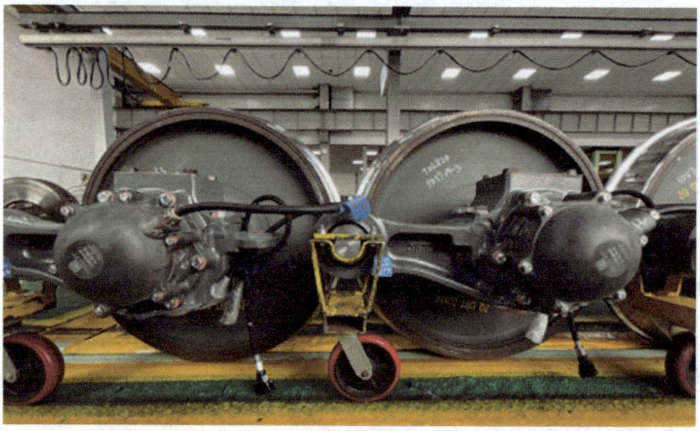

图 5-34 轴箱组装

# 第五节 部件检修

## 一、牵引电机及通风装置

### (一)牵引电机

1. 电机入厂试验

按要求对电机信息进行记录，并进行检查，随后使用相应量程的万用表、兆欧表及微欧计，对电子进行电气检测，测量包括冷态直流电阻测量、温度传感器电阻测量、冷态绝缘电阻测量、铁芯拉杆电容测量。

2. 解体并探伤

依次对三相连接电缆、接线盒、护板、传感器进行分解和防护，随后将电机转子和定子进行分离，对定子机座和转子转轴处进行磁粉和渗透探伤。牵引电机如图 5-35 所示。

图 5-35　牵引电机

3. 配件检修及电机总装

对牵引电机定子、转子及配件进行电气检测、绝缘处理、外观检测、打磨溜丝、除尘除锈、动平衡等检修，并进行相应尺寸测量，对测量符合限度的配件进行组装，对定转子进行合装。定子检修、转子动平衡试验分别如图 5-36 和图 5-37 所示。

图 5-36　定子检修

图 5-37　转子动平衡试验

4. 电机试验及收尾工作

对组装完毕的牵引电机进行包括磨合、堵转、异音、耐压等试验，确保电机电气性能良好，试验完成后，对牵引电机进行收尾，安装接线盒盖板、防护盖板等小部件。电机试验、电机收尾分别如图 5-38 和图 5-39 所示。

图 5-38　电机试验

图 5-39　电机收尾

**(二)通风装置**

更换电机风道橡胶胶囊新品。检查电机通风装置安装板、盖板组成表面及焊缝无裂纹；检查电机通风装置上、下压圈无裂纹；板表面锈蚀须处理，锈蚀处理损伤镀锌层时，涂漆或防护蜡进行防腐。

## 二、联 轴 器

**(一)联轴器检修**

联轴器分解检修并清洁各部件，滑移衬套、O 形圈、紧固件、注油堵、垫片、润滑油脂更新。检查金属波纹管无破损、生锈及明显滑动痕迹；轴毂及外筒齿面状态良好，齿面无胶合、剥离、异常点蚀或异常磨损等缺陷。注油孔结合部位轻微锈蚀深度不大于 0.1 mm 时，可打磨去除高点。轴毂内孔锥度面划伤深度不大于 0.5 mm 时，须对其进行修整。测量齿轮箱侧鼓形齿用塞规检测锥度配合面贴合率不小于 90%，或锥度配合面贴合率不小于 85%；电机侧鼓形齿内孔直径符合尺寸要求，鼓形齿公法线长度符合要求。

联轴器检修组装后，进行负压气密性试验，保压 3 min 漏泄量不大于 2 kPa。油润滑联轴器检修后向每个半联轴器内重新注入 0.4 L 润滑油，脂润滑联轴器检修后向半联轴器内重新加入 230～300 g 润滑脂。

**(二)联轴器压装要求**

1. 电机侧联轴器压装压入深度为 6.9～8.3 mm，齿轮箱侧联轴器压装压入深度为 9.35～11 mm，压入深度不满足要求时须更换衬套。

2. 电机侧联轴器压装完成后，衬套端面与电机轴端面高度差不大于 0.2 mm(衬套端面高于电机轴端面)。齿轮箱侧联轴器压装完成后，鼓形齿端面与齿轮箱轴端面高度差不大于 0.2 mm(鼓形齿端面高于齿轮箱轴端面)。

3. 电机侧、齿轮箱侧联轴器压装须至少保压 15 min，保压时推力泵压强不小于 25 MPa。

## 三、空气弹簧

**(一)空气弹簧检查**

空气弹簧分解检修，清除空气弹簧外部污垢，去除上盖板表面锈蚀，对空气弹簧金属外表面油漆缺损部位进行补漆。空气弹簧如图 5-40 所示。

图 5-40　空气弹簧

**(二)配件更换要求**

空气弹簧气囊、橡胶堆、橡胶座、进气口处 O 形圈更新。

**(三)空气弹簧更换条件**

空气弹簧上部进气嘴存在划伤、变形等缺陷影响密封性能时修复或更新；上盖板存在变形、缺损影响密封性能时更换。

**(四)气密性试验**

空气弹簧保持在高度(326±2)mm，在常温下充气至(850±10)kPa 进行气密性试验，保持至少 30 s；调整内压为(615±10)kPa，保持 10 min，最后 5 min 压力下降量不大于 10 kPa。空气弹簧气密性试验如图 5-41 所示。

图 5-41 空气弹簧气密性试验

**(五)其他试验**

须全数进行极限垂向载荷试验、扭转变形试验,并按不低于 3%比例抽检空气弹簧垂向静刚度、横向静刚度试验。

## 四、轴箱弹簧

**(一)轴箱弹簧组成检修**

轴箱弹簧组成分解检修,绝缘罩、防雪罩及叠层橡胶弹簧更新。

**(二)轴箱弹簧检查要求**

按要求对轴箱弹簧进行检修,轴箱弹簧如图 5-42 所示。

图 5-42 轴箱弹簧

1. 外观状态检查要求：裂纹、折损、有效圈之间存在磨碰压痕时更新。表面存在局部划伤、磕碰深度符合要求时，打磨圆滑处理，允许局部存在凹凸点，无明显锐棱。

2. 直径腐蚀量要求：弹簧有效圈与支承圈接触处磨耗减少量及有效圈直径腐蚀减少量符合要求。

3. 支承圈与支承面要求：弹簧支承圈逐渐减薄部位存在毛刺须清除，不得存在锐棱；弹簧两端支承面自由放置在水平面上须平稳，间隙不大于 2 mm，弹簧两端支承面允许修整。

4. 弹簧垂直度要求：垂直度≤4.5 mm 且试验载荷在 57.6 kN 时，弹簧组高度须满足 (240±2)mm。

5. 配件检查：检查弹簧挡板、止挡销无裂纹；调整垫无机械损伤，从外侧边沿向内测量调整垫裂纹深度不大于 3 mm；止挡销螺纹孔有损伤或滑扣时，累计不超过 2 扣且不连续，并清除毛刺；止挡销压板无变形。

## 五、牵引梁组成

### (一)检　　查

检查牵引梁及牵引拉杆无裂纹。牵引拉杆节点、中心销套更新。

### (二)牵引中心销

检查中心销无裂纹，当中心销划伤深度不大于 0.5 mm 时，可以打磨修复处理，圆滑过渡后继续使用；中心销螺纹孔螺纹无损坏，中心销键无裂纹、变形等缺陷，装配后配合间隙大于 0.2 mm 时对其更换；中心销压板无裂纹，压板销损伤时更换，如图 5-43 所示。

图 5-43　牵引中心销

### (三)牵引拉杆

1. 检查牵引拉杆节点安装孔、中心销套安装孔，当内表面擦伤、划伤深度不大于 0.5 mm 时，可以去除高点且将缺陷部位圆滑过渡处理并继续使用，内表面发生腐蚀时，须打磨除锈后方可使用。牵引拉杆如图 5-44 所示。

2. 重新压装中心销套和牵引拉杆节点前，须测量安装孔配合过盈量，中心销套配合过盈量不小于 0.004 mm，牵引拉杆节点配合过盈量不小于 0.016 mm，如图 5-45 所示。

图 5-44　牵引拉杆

图 5-45　压装牵引拉杆节点

## 六、枕梁组成检修

### (一)枕梁检查

按要求对枕梁进行检修，如图 5-46 所示。

1. 清除枕梁及抗蛇行减振器座外部污垢，检查枕梁表面无裂纹或机械损伤、各管路接口完好，对枕梁各进气口进行防护，打磨修复机械和腐蚀损伤部位。

2. 检查枕梁上各安装螺纹孔螺纹无损坏，钢丝螺套无缺失。

3. 当枕梁定位销存在划伤时，须打磨修复处理并圆滑过渡后方可使用。

4. 检修中，抗蛇行减振器座安装螺栓、中心销安装螺栓及防水堵须更新。

图 5-46　枕梁检修

### (二)抗侧滚扭杆检查

1. 清除抗侧滚扭杆表面浮锈，修复外露金属表面的划伤、撞击伤和擦刮伤，当发现裂纹时更换抗侧滚扭杆。

2. 连接衬套检修：当扭杆连接衬套外圈发生轻微磨损时，若深度不大于 0.2 mm，可以打磨处理后继续使用；若深度大于 0.2 mm，须更换扭杆连接衬套，并对衬套组成和功能垫进行更新。

3. 可调连杆检查：检查可调连杆无裂纹，接头防护罩无破损、变形。可调连杆上部与扭杆转臂配合锥形面磨损严重，并影响花螺母扭矩校核时，须更换可调连杆或接头。检查可调连杆球接头间隙，$\phi$47 mm 球头间隙不大于 2.0 mm，$\phi$66 mm 球头间隙不大于 2.3 mm，超限时须更换接头。检查扭杆座无裂纹，与枕梁配合部位无高点或毛刺。

抗侧滚扭杆座、抗侧滚扭杆分别如图 5-47 和图 5-48 所示。

图 5-47　抗侧滚扭杆座

图 5-48　抗侧滚扭杆

## 七、制动夹钳检修

**(一)制动夹钳单元销轴检修**

检查制动夹钳装置销轴左右摆动无卡滞、损坏,管路连接牢固。销轴有卡滞时在拉杆销滑动面涂抹装配膏,并来回滑动零部件进行润滑,部件损坏时更新。

**(二)制动缸、波纹管检查**

1. 检查制动缸波纹管,波纹管无贯穿性破损、裂纹,波纹管保护阀无丢失。制动缸呼吸堵、排气塞无堵塞、损坏及丢失。

2. 检查制动缸外观,常用制动缸体损伤深度＞1.5 mm 时更换,停放缸体损伤深度＞1.5 mm 时更换。

3. 停放缸外裹橡胶有贯穿性的损伤须进行更新。

4. 波纹管固定喉箍紧固扭矩为 1.5 N・m。

**(三)托架、卡簧检查**

1. 检查闸片托锁定装置功能正常,闸片托锁定弹簧表面无裂纹、变形。

2. 闸片托弹性销存在裂纹、凸出时须更新。

3. 闸片托架连接件无松动、缺失、裂纹、影响功能性的损坏,击打伤标准如下:

(1)闸片托损伤深度＞2 mm 时更换。

(2)常用制动杠杆组成和吊架组成损伤深度＞3 mm 时更换。

(3)吊架安装部位和吊杆组成损伤深度＞2 mm时更换。

**(四)夹钳单元杠杆检查**

1. 检查夹钳单元杠杆螺栓护套,如发现护套破损、缺损的,需更换。杠杆螺栓护套磕碰伤深度不大于1.5 mm且投影面积不大于300 $mm^2$,发生贯穿性破损时须更新部件。

2. 检查杠杆衬套变形、裂纹、破损及烧蚀时需更换。

**(五)夹钳吊座橡胶节点检查**

检查制动夹钳吊座处橡胶节点无机械损伤、裂纹等缺陷。夹钳吊座橡胶节点存在下列情况之一者更换:

1. 橡胶与金属件结合面之间产生开裂。

2. 橡胶表面产生溶胶现象且有明显块状橡胶脱出。

3. 橡胶表面裂纹深度＞3 mm。

**(六)拖车常用制动夹钳组成紧固状态检查**

对制动夹钳单元缸体上安装螺栓紧固状态进行检查,对防松标记不清晰或缺失的紧固件进行校核,如松动,则更换新的紧固件,并按安装扭矩进行紧固并涂防松标记。

**(七)拖车停放制动夹钳组成紧固状态检查**

1. 对制动夹钳单元缸体上安装螺栓紧固状态进行检查,并按对应的扭矩对防松标记不清晰或缺失的紧固件进行校核。如紧固件发生松动,则更换新的紧固件,按安装扭矩进行紧固并涂打防松标记。

2. 缓解拉手保护盖防松标记不清或缺失时,用11 N·m进行校核。若发生松动时,须拆下螺栓,使用专用清洗剂清洁螺栓、垫片和安装孔后重新安装螺栓。安装时螺栓需涂抹螺纹胶,安装扭矩为15 N·m。

3. 停放制动夹钳原则上不分解检修,仅检查其外观状态,如因故障等需分解检修时,需对停放制动夹钳下部闸线盒进行重点检查,打开闸线盒检查内部,检查密封圈、滑动块、螺钉、压块等各部件状态,检查油脂无变质或缺少。检修完成后,对闸线盒各紧固件重新预紧,并检查各紧固件、配件无缺失。

**(八)动车制动夹钳组成紧固状态检查**

对制动夹钳单元缸体上安装螺栓紧固状态进行检查,并按对应的扭矩对防松标记不清晰或缺失的紧固件进行校核。如紧固件发生松动,则更换新的紧固件,按安装扭矩进行紧固并涂打防松标记。

**(九)手动缓解闸线检修**

1. 制动缓解装置检查

检查制动缓解装置,确认其符合以下检修标准:

(1)外观无裂纹、破损等影响功能的缺陷。

(2)钢丝绳无断股现象,当拉手处的螺旋软管局部发生破损时,可以使用绝缘防水胶带捆扎处理。

(3)检查人力制动拉绳无卡滞现象,插销锁紧功能正常。

(4)当手动缓解闸线外层保护套存在磨损时,但闸线外层保护层破损小于3处,且破损末伤及内层线缆时，可以使用热塑管进行修复，修复时裁剪大于破损长度 10 mm 的热塑管。

2. 紧固螺栓状态检查

检查制动缓解装置紧固螺栓的螺纹无乱扣、损坏或牙型不良等情况，检查垫片无裂纹。对手动缓解闸线紧固螺栓的防松标记进行检查，如防松标记不清晰、缺失时，按照相应扭矩重新紧固并涂打防松标记；若螺栓发生松动，须更换新的紧固件，重新紧固后涂打防松标记。

3. 自带紧固件状态检查

对紧急缓解装置自带紧固件进行状态检查，如防松标记不清晰、缺失时，按照相应扭矩重新紧固并涂打防松标记，若螺栓发生松动，须更换新的紧固件，重新紧固后涂打防松标记。

4. 闸线保护衬套检查

对闸线保护衬套进行检查，保护衬套无龟裂、裂纹或严重老化。

### 八、减振器检修

对一系垂向减振器、二系垂向减振器、二系横向减振器、抗蛇行减振器和电机减振器进行分解检修。活塞杆杆身镀层有压痕、阶梯状磨耗、不均匀磨耗、存在影响使用的纵向划痕等现象时重新电镀抛光或更换。橡胶密封件、橡胶波纹管、橡胶节点及减振器油更新，其他各零件有损伤或磨耗不良等缺陷时更换。

油压减振器进行性能试验时，试验条件及性能参数符合相关要求，示功图不许有畸形、振荡、突变。对于有不对称率要求的减振器，拉伸压缩不对称率不大于10%。试验合格的减振器横放静置 8 h 后，检查其无漏泄现象。减振器检修后重新喷涂油漆。

## 第六节 安全注意事项

### 一、作业过程

1. 进库作业按要求穿戴劳保鞋(防砸)、工作服、工作帽(工作帽中需佩戴内衬)。
2. 打磨作业佩戴防护眼镜、口罩、防护服等防护措施。
3. 油漆作业须佩戴防毒面罩。
4. 各工位按照作业内容、工位性质配齐配全手套、防护服等防护设施。
5. 做好劳动安全“八防”措施卡控。
6. 对高血压、心脏病、手术康复期的职工加强安全防护，通过定期组织职工体检，掌握职工身体状态。
7. 班组工长和安全员做好日常检查巡视，及时发现现场劳动防护不到位的情况。
8. 接触各类锋利刀具、锐器时要精力集中，避免划伤、割伤或刺伤，必要时应佩戴防切割手套。

### 二、机械设备使用

1. 转向架分解加压平台、构架组装升降机及牵引电机流水线设备日常开工前做好状态检查,并定期做好保养润滑。操作升降平台时,由专人负责操作,确认周边无人后方可开启操作。日常作业时,在操作界面上设置警示牌,严禁无关人员操作设备。构架升降机使用时需两人配合,一人操作,一人观察是否水平,确认两侧构架升降机在同一高度,避免转向架倾覆。

2. 操作速升小车前须确认小车状态,检查小车吊臂各链接部位无裂纹等损伤,小车运行时确认各转台功能正常。

## 三、轮对推送

1. 轮对、转向架推送时不得骑跨钢轨推送,推送时手不得离开推送物。

2. 轮对、转向架推送时须控制速度,速度不宜过快,避免因惯性过大导致轮对或构架无法及时停下,造成人身轧碰伤害。

3. 推行转向架时实行两人配合作业,同时控制推行速度不得过快,关注周边环境提醒人员注意避让。

4. 轮对推行时设置隔离带,推行时注意保持安全距离,一人一条轮对,推行速度不得过快。

5. 转盘在未复位情况下禁止提前撤出止轮器,避免轮对或构架溜逸脱轨。

## 四、叉车运送分解部件作业

1. 严格执行“五不叉”要求:货物重心超过货叉的载荷中心导致纵向稳定性降低时不叉,单叉偏载不叉,货物堆码不稳不叉,叉尖可能损坏货物时不叉,超重或重量不明不叉。

2. 车辆停止工作时,必须做到拉手刹,人走断电并取走钥匙。

3. 若遇搬运大型配件,易遮挡操作人员行车视线等情况时,应由引导人员指挥叉车操作人员进行搬运作业,同时采用“倒行”方式进行运输,杜绝安全事故的发生。

## 五、用电安全

1. 配电柜使用完毕及时锁闭,作业结束后关闭设备电源并切断电源。

2. 清洗构架及配件时须避免将水喷洒到配电柜、上方风扇,避免发生短路和触电伤害。

3. 做好库内插座及盖板、电线的检查,发现盖板缺失、插座老化发黑的及时更换。

4. 严禁拖线盘一拖多个,禁止拖线盘线缆穿越走行线钢轨,避免线缆被车辆轮对碾压。

5. 严禁库内、待检室及宿舍内私拉私接电线,下班时须关闭切断库内及待检室内各设备设施电源。

6. 严禁在电器设备及通电线缆上搭挂、搭放物品。

7. 电机检修流水线定子浸水区域周围不得随意私拉电线,周围不得使用大功率电器,避免出现漏电导致人身触电。

8. 牵引电机配件清洗使用的水箱,在加热前须确认电线状态,避免线缆出现破损造成漏电,防止作业人员在水箱中清洗配件时出现触电现象。

9. 牵引电机进行电气试验时,现场工位须使用隔离栏进行防护。

## 复习思考题

1. 轴温传感器拆卸步骤是什么？
2. 如何拆卸抗侧滚扭杆？
3. 拆卸制动夹钳时有哪些安全隐患？
4. 构架外露焊缝检查标准是什么？
5. 横向缓冲器检修尺寸标准是什么？
6. 制动管路检修标准是什么？
7. 牵引拉杆重新组装时，中心销套配合过盈量是多少？
8. 牵引电机需要对哪些部位进行探伤？
9. 联轴器压装要求有哪些？
10. 空气弹簧如何进行气密性试验？

# 第六章　转向架组装与试验

转向架在检修完毕后，各个部件经过质检并验收，随后即可进行转向架的整体落成作业，主要内容是将轮对和各部件装配到已经修竣的转向架构架上，主要包括轮对、牵引电机、减振器、制动夹钳及闸片、枕梁等。转向架落成后，随即开展试验工作，转向架试验主要包括偏载试验、均载试验、保压试验、制动试验和接地试验，通过试验可以模拟转向架装配后的工作状态，以检查其工作状态下的稳定性。

## 第一节　转向架组装

### 一、构架附件安装

#### (一)踏面清扫装置

1. 踏面清扫器背部内六角螺钉紧固扭矩为 30 N·m，校核扭矩为 27 N·m。

2. 踏面清扫器安装螺栓紧固扭矩为 68 N·m，校核扭矩为 61 N·m。

3. 踏面清扫装置软管组成连接，弯管侧管接头、踏面清扫器侧直接头紧固扭矩为 40 N·m，紧固后涂打防松标记。

4. 使用六角头螺栓、垫圈和六角锁紧螺母将踏面清扫器预安装到构架上，仅需用棘轮扳手预紧螺栓即可。将软管组成连接在弯管和踏面清扫器之间，用开口扭矩扳手将软管组成紧固，两侧紧固扭矩均为 26 N·m，紧固后涂打防松标记。

#### (二)撒砂和辅助安装座

1. 检查撒砂和辅助安装座无裂痕、变形等明显机械损伤，被异物击打变形无法修复者须更换。

2. 撒砂安装座紧固件防松标记不清晰或缺失，则按照原扭矩 174 N·m 的 90%(157 N·m)对撒砂安装座的紧固状态进行确认。如螺栓发生转动，拆下更换新的螺栓。

3. 如需更换，在螺栓 M16 上涂抹装配膏，涂膏长度大于螺纹配合长度。将螺栓、垫圈和母用 S24 套筒配合棘轮扳手紧固，紧固扭矩为 174 N·m，并涂打防松标记。

### 二、制动组成安装

#### (一)制动夹钳

1. 动车制动卡钳组成安装(非停放制动)：

(1)在竖向螺栓 M16×90 上均匀涂抹润滑脂，横栓非螺纹处需涂装配膏，螺纹处不涂装配膏。

(2)利用吊具将制动夹钳单元吊至制动吊座上，用刚涂抹过装配膏的竖向螺栓配合防松垫圈以及螺母将其预固定。

(3)穿入横栓，手动预紧后撤走吊具，并将制动缸扶正。用棘轮扳手配合薄壁套筒 S24 预紧，预紧后用扭矩扳手紧固，竖向螺栓紧固扭矩为 164 N·m，横栓紧固扭矩为 85 N·m，紧固后涂打防松标记，安装时注意两种制动夹钳的区别及位置，不要装反。竖向螺栓紧固时需使用加长杆，竖向螺栓从上往下穿入，横栓从外部向构架中心穿入。

(4)检查不落地制动夹钳竖向螺栓，防松标记清晰无错位，防松垫片上下垫圈错位符合要求，防松标记不清晰，使用 148 N·m 扭矩扳手校核，如果发生转动，则更换竖向螺栓、垫片螺母，并施加 164 N·m 扭矩，紧固后涂打防松标记；不落地制动夹钳横栓安装要求与落地制动夹钳横栓安装要求一致。制动夹钳安装如图 6-1 所示。

图 6-1 制动夹钳安装

2. 动车制动吊连接块安装(非停放制动)：

(1)装配前在六角头螺栓 M16×110 上涂螺纹胶，用螺栓及防松垫圈将制动吊连接块紧固到制动吊座上。

(2)用棘轮扳手配合套筒 S24 预紧，预紧后用扭矩扳手紧固，紧固扭矩为 170 N·m。最终紧固时，要令制动吊连接块四周立面与制动吊座四周立面平行对正，紧固后涂打防松标记。

(3)不落地制动夹钳制动吊连接块安装要求与(1)、(2)相同。

3. 动车制动管与管路安装(非停放制动)：

(1)拆除供风管路管接头的防护，清洁接头螺纹。

(2)在软管接头的密封圈上涂润滑油，然后与供风管路连接。

(3)先对管路进行预连接，根据实际情况适当调节弯头的角度，保证管路走向顺畅，无憋堵。调整好后先用开口扳手紧固，再用扭矩扳手校验，扭矩为 100 N·m，紧固后涂打防松标记。同理安装其他三处。

(4)对不落地制动夹钳软管接头与供风管路防松标记进行检查，对于防松标记不清晰或者防松标记疑似错位的软管接头使用 90 N·m 扭矩扳手进行扭矩复核，软管接头不得转动，复核后涂打防松标记。

4. 拖车制动夹钳组成安装：

(1)在六角头螺栓上涂装配膏，横栓非螺纹处需涂装配膏，螺纹处不涂装配膏。

(2)将制动夹钳组成吊至制动吊座上，先用六角头螺栓 M16×80、防松垫圈 NL16SP 及六角螺母将制动夹钳安装到制动吊座上；之后穿入横栓，锁上螺母。

(3)棘轮扳手配合套筒 S24 及开口扳手 S24 将各螺栓锁紧，锁紧后用扭矩扳手紧固，竖向螺栓紧固扭矩为 164 N·m，横向螺栓紧固扭矩为 85 N·m，紧固后涂打防松标记，安装时注意两种制动夹钳的区别及位置，不要装反。竖向螺栓紧固时需使用加长杆，竖向螺栓从下往上穿入，横向螺栓从外部向构架中心穿入。

(4)检查不落地制动夹钳竖向螺栓，防松标记清晰无错位，防松垫片上下垫圈错位符合要求，防松标记不清晰，使用 148 N·m 扭矩扳手校核，如果发生转动，则更换竖向螺栓、垫片螺母，并施加 164 N·m 扭矩，紧固后涂打防松标记。不落地制动夹钳横向螺栓安装要求与落地制动夹钳横向螺栓安装要求一致。

5. 拖车制动软管安装与管路安装(非停放制动)：

(1)制动缸软管与制动管路的接头形式有两种：软管与直角弯头连接、软管与三通连接。

(2)在软管接头处涂接头安装油，然后与制动管路连接，用开口扳手 S32 预连接，并按图纸要求的角度调整软管走向。调整后保证管路走向顺畅，无憋堵。

(3)调整好后用开口扳手 S32 预紧，最终用扭矩扳手校紧。常用制动缸软管接头处的紧固扭矩为 100 N·m，紧固后涂打防松标记。

(4)对不落地制动夹钳软管接头与供风管路防松标记进行检查，对于防松标记不清晰或者防松标记疑似错位的软管接头使用 90 N·m 扭矩扳手进行扭矩复核，软管接头不得转动，复核后涂打防松标记。

6. 拖车停放制动夹钳安装：

(1)在六角头螺栓上涂装配膏，横向螺栓非螺纹处需涂装配膏，螺纹处不涂装配膏。

(2)将制动夹钳组成吊至制动吊座上，先用六角头螺栓 M16×80、防松垫圈 NL16SP 及六角螺母将制动夹钳安装到制动吊座上；之后穿入横向螺栓，锁上螺母。

(3)棘轮扳手配合套筒 S24 及开口扳手 S24 将各螺栓锁紧，锁紧后用扭矩扳手紧固，竖向螺栓紧固扭矩为 164 N·m，横向螺栓紧固扭矩为 85 N·m，紧固后涂打防松标记，安装时注意两种制动夹钳的区别及位置，不要装反。竖栓紧固时需使用加长杆，长约 250 mm，注意横向螺栓穿入方向。

(4)不落地拖车停放制动夹钳横向螺栓安装要求与落地拖车停放制动夹钳横向螺栓安装要求一致；检查不落地拖车停放制动夹钳竖向螺栓，防松标记清晰无错位，防松垫片上下垫圈错位符合要求，防松标记不清晰，使用 148 N·m 扭矩扳手校核，如果发生转动，则更换竖向螺栓、垫片螺母，并施加 164 N·m 扭矩，紧固后涂打防松标记。

**(二)紧急缓解装置**

1. 升起构架升降机，完成闸线与停放制动缸的连接。

2. 从保护盖上拆解上部 4 个 M8 螺栓，松开保护盖底部 4 个 M6 螺栓，将保护盖和手动缓解体组取下。松开 2 个管卡安装螺栓 M8，将管卡取下。

3. 取下带复位弹簧的滑动块，将远程缓解钢丝绳穿入安装孔中，并将钢丝绳头部镶入滑动块槽内，将滑块复位，并用螺钉(涂抹螺纹胶)将压块复位，先用棘轮扳手紧固螺钉，后用扭矩扳手紧固，紧固扭矩为 9 N·m。

4. 将制动闸线穿过管卡，并通过 2 个 M8 螺栓将管卡安装到手缓解体组上，先用棘轮扳手配合活口扳手预紧 M8 螺栓(涂抹螺纹胶)，待保护盖安装后用扭矩扳手紧固螺栓，紧固扭矩为 14 N·m。松开压块安装螺钉，移出压块和橡胶垫。

5. 使用 4 个 M6 螺栓(涂抹螺纹胶)将手缓解体安装到制动夹钳上，先用棘轮扳手预紧，后用扭矩扳手紧固，紧固扭矩 8 N·m。

6. 恢复安装保护盖上部 4 个 M8 螺栓(涂抹螺纹胶)，先用棘轮扳手预紧，后用扭矩扳手紧固，紧固力矩 14 N·m。

7. 对不分解紧急缓解装置进行检查，各紧固件无松动，防松标记清晰。对于防松标记不清晰或者防松标记疑似错位的紧固件使用对应扭矩的 90%扭矩扳手进行校核，并涂打防松标记。紧急缓解装置安装如图 6-2 所示。

图 6-2　紧急缓解装置安装

**(三)制动闸片**

构架组装工序安装拖车及动车内侧闸片，待转向架落成后，安装动车外侧闸片。具体闸片安装要求如下：

1. 安装前检查。检查制动夹钳闸片槽平整、槽内无异物。检查开口销孔畅通，周圈无裂纹。

2. 先使用螺丝刀撬锁定弹簧，从而将锁定块打开。安装闸片组成，闸片必须插入燕尾槽中安装后用螺丝刀撬锁定弹簧，从而将锁定块关闭。

3. 为了转向架与轮对落成时闸片与转向架之间不干涉，在吊运夹钳前可使用 S36 扳手顺时针旋转回程螺母使闸片托分开到最大(完全复位)，但完全复位后需将回程螺母逆时针旋回 1/4～1/2 圈。

4. 对准开口销孔眼，将开口销从下向上穿入，眼圈与制动盘呈水平状态，较短的一边朝向制动盘中心，与安装孔贴实。将开口销劈开 120°以上。拉动开口销，确认安装牢固无异动，开口销敲击后无裂纹，外观状态良好。

5. 绑扎六棱施封锁，将钢丝绳穿过闸片托与锁定块之间缝隙，再将钢丝绳穿过闸片锁定弹簧，确认钢丝绳穿过闸片锁定块与闸片托之间槽内后，将钢丝绳穿入铅封内，缓慢拉动钢丝绳至拉紧，确保钢丝绳能够紧贴闸片托和锁定弹簧，钢丝绳拉紧后不能产生位移，沿着钢丝绳铅封末端剪断多余钢丝绳。钢丝绳塑料封禁止朝向制动盘(处于闸片拖外侧)。

6. 闸片安装完毕后，自互专检使用记号笔涂打十字标记。制动闸片安装如图 6-3 所示。

图 6-3　制动闸片安装

**(四)撒砂排障装置**

1. 撒砂装置:

(1)清洁、检查撒砂装置和安装座,无裂纹、变形等明显机械损伤,被异物击打变形无法修复者须更换。

(2)撒砂软管无影响功能的损伤。

(3)电缆防护波纹管破裂但未伤及内部线缆时可用黑色绝缘胶带修复,电缆线组成存在机械损伤无法修复时更新。喷砂嘴无影响功能的损伤。

(4)用万用表电阻挡测量电源线与电源线之间的电阻,电阻值应在 220～300 Ω。用兆欧表在 DC 500 V 电压下,测量撒砂口电源线与地线之间绝缘值不小于 1 MΩ。

2. 排障装置:

(1)撒砂排障安装座及排障器垫板不得出现裂纹、变形等,机械损伤无法修复时进行更换。

(2)排障橡胶板允许存在弯曲变形现象,橡胶板面破损及开裂时须更换,橡胶板底部磨损严重时更换。更换新排障橡胶块时,紧固扭矩为 30 N·m,防松标记良好。

**(五)轮缘润滑装置**

1. 在压装机模具内部锥面涂抹润滑油,将螺母压装到弯管左和弯管右上,压装力为 3.5 MPa,要求卡套前刃在钢管处的隆起均匀饱满、卡套允许围绕钢管旋转,但卡套沿钢管上下移动不超过 1 mm,不允许卡套前端刃口脱离沟槽。

2. 将束带紧固到喷嘴上,通过螺母将弯管与束带连接,预紧螺母。

3. 在螺栓 M6×55 上涂抹装配膏,用 M6×55 螺栓及相应的螺母和垫片将喷嘴和喷嘴卡座左、喷嘴卡座右进行预紧安装。

4. 将直角隔板接头安装到喷嘴卡座上,用直角隔板接头自带螺母将直角隔板接头紧固到喷嘴卡座上进行预安装。

5. 通过螺母将弯管左安装到喷嘴和直角隔板接头之间。要求先紧固直角隔板接头侧的螺母,再紧固喷嘴侧的螺母。在紧固喷嘴侧螺母时,如弯管长度不够,可通过调整喷嘴在卡座上的位置,来保证螺母、弯管和束带的完好接合,不得出现弯管受力的情况。紧固喷嘴与喷嘴卡座,紧固直角隔板接头与喷嘴卡座,紧固弯管两端接头,并要求螺母达到扭矩激增点后用白色标记笔做好标记,再继续紧固 1/6～1/4 圈。

6. 预组装完,使用扭矩扳手进行紧固,喷嘴与喷嘴卡座扭矩为 5 N·m,直角隔板接头与喷嘴卡座扭矩为 20 N·m,紧固后涂打防松标记。

## 三、驱动组成安装

**(一)牵引电机**

1. 在螺栓 M24 上均匀涂抹装配膏 TU。

2. 用 1 根 1.5 m 吊带吊起已组装好的牵引组成装置,用刚涂抹过装配膏的螺栓 M24×200,垫圈以及六角螺母 M24 按照顺序将牵引组成装置安装到构架横梁上的牵引拉杆座上。在牵引拉杆下方垫工装垫块,保持拉杆呈水平方向。安装螺栓 M24×200 穿入方向为从构架中心朝向外侧。

3. 使用棘轮扳手配合 S36 套管预紧，观察拉杆节点是否与构架上的节点安装座平齐；若节点不平，用橡胶锤敲击，然后用扭矩扳手紧固，紧固扭矩为 410 N・m，同理完成另外一侧的安装。牵引电机安装如图 6-4 所示。

图 6-4　牵引电机安装

**(二)联轴器安装**

1. 连接联轴器时要确认两个半联轴器上的 O 形圈是否有损伤，安装是否到位。

2. 通过转动电机侧半联轴器，保证电机侧联轴器与齿轮箱侧联轴上的注油堵螺纹塞在同一条直线上(无注油堵的联轴器除外)。

3. 用联轴器自带的 12 个 M10 的螺栓，螺纹处不涂，螺杆即螺栓配合表面涂抹乐泰抗咬合剂 8150，然后将螺栓对口全部穿入螺栓孔内，先用扭矩扳手预紧，预紧扭矩为 40 N・m，最后再用扭矩扳手紧固，紧固扭矩为 68 N・m，所有螺栓紧固顺序，紧固后涂防松标记。

**(三)齿轮箱吊杆**

1. 安装轴箱弹簧时，确保内外圈弹簧的标牌在同一方向上，并且沿着构架侧梁方向，指向转向架外侧，轴箱弹簧组装时，弹簧上的锻造标识须在下部。

2. 研磨子到车轮轮缘外端面的距离为 35～40 mm。

3. 测量吊杆上、下两端端面到垫圈的距离为 48～49 mm。

## 四、减振器安装

**(一)一系垂向减振器**

1. 将新的减振器调整到合适的长度后放到安装位置(调整标准为减振器长度符合侧梁和转臂间距离)，减振器端部带螺纹安装孔在构架侧，减振器贴标签侧朝向构架端部。

2. 将新垫圈 17 放到减振器上端位置，垫圈 16 和蘸有装配膏的螺栓依次放到构架侧梁上，用 S24 的棘轮扳手预紧。

3. 减振器下端位置，依次安装螺栓 M16×90、垫圈 16 穿入转臂安装孔，然后安装垫圈 16、六角螺母 M16，并用棘轮扳手预紧。螺栓安装方向：由上往下穿入安装；垫圈的凸面朝向螺母；螺栓需要涂抹装配膏，涂膏长度大于装配长度

4. 使用扭矩扳手紧固减振器上端安装螺栓，紧固扭矩为 164 N・m，画好防松标记。

5. 使用 S24 开口扳手配合扭矩扳手紧固减振器下端安装螺栓。紧固扭矩为 174 N·m，画好防松标记。一系垂向减振器安装如图 6-5 所示。

图 6-5 一系垂向减振器安装

**(二)二系横向减振器**

1. 在螺栓 M12×80 上均匀涂抹装配膏。安装前对二系减振器小头端螺栓安装孔进行检查，避免有杂质、飞边毛刺等现象。

2. 用刚涂抹过装配膏的螺栓、垫圈、六角螺母按照顺序将二系横向减振器小头侧与构架连接，大头侧朝向构架中心。

3. 使用 S18 棘轮扳手配合套筒 S18 预紧，预紧后用扭矩扳手紧固，紧固扭矩为 68 N·m，紧固后涂打防松标记。二系横向减振器安装如图 6-6 所示。

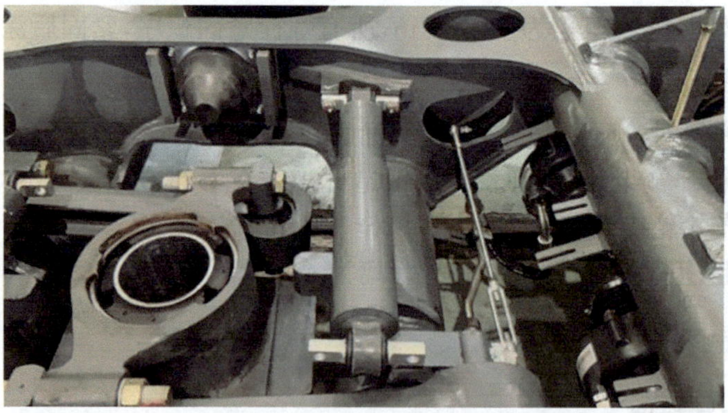

图 6-6 二系横向减振器安装

**(三)二系垂向减振器**

1. 使用无纺布清洁构架销子安装面及立面、构架安装孔及立面。构架销子外观状态良好，无变形、裂纹。构架安装孔外观状态良好，无变形、裂纹、异物等，安装孔螺纹外观状态良好。

2. 将二系垂向减振器销子安装孔有装配膏的一侧贴近销子并对正铭牌朝车体外侧，确保检修时铭牌可见。

3. 将减振器推入销子。推入后检查减振器销孔外立面应无装配膏，如有清洁。

4. 更新螺栓及垫圈。在安装螺栓的螺纹上均匀涂抹装配膏 NBU30PTM。使用 24 mm 套筒配合扭矩扳手紧固减振器上部螺栓，扭矩为 164 N·m。使用 18 mm 套筒配合扭矩扳手紧固减振器下部螺栓，扭矩为 68 N·m。使用油漆笔涂打防松标记。二系垂向减振器安装如图 6-7 所示。

图 6-7　二系垂向减振器安装

**(四)抗蛇行减振器**

1. 使用铲刀对零部件漆膜破损存在翘起部位进行清除。

2. 先将圆柱销放到枕梁上对应的孔中，每个抗蛇行减振器座用 2 个圆柱销；吊运抗蛇形减振器座至安装面上方落下，降至一定高度，手动抬起抗蛇行减振器座将其上的销孔与圆柱销对正，落下减振器座，用尼龙锤将减振器座敲平。

3. 用六角头螺栓 M20×1.5×150，10.9 级(8 个)、锁紧垫圈和 1 型六角螺母(8 个)将抗蛇行减振器座(左)和抗蛇行减振器座(右)固定在枕梁上。将工装翻转一定角度，先用棘轮扳手预紧螺栓，再用扭矩扳手紧固，紧固扭矩为 380 N·m，紧固后涂防松标记。四级修抗蛇行减振器座拆卸，连接螺栓、垫片为必换件。抗蛇行减振器安装座紧固螺栓靠近空气弹簧处的一个安装螺栓穿入方向由下往上，其余三个由上往下，另一侧同理。

4. 在已安装螺栓的沉头孔上扣上排水堵。抗蛇行减振器安装如图 6-8 所示。

图 6-8　抗蛇行减振器安装

## 五、二系组成安装

### (一)抗侧滚扭杆

1. 使用无纺布及专业清洗剂擦净扭杆连接衬套及扭杆端面，然后将新品衬套组成内孔涂抹 EO 油后安装在扭杆组成的连接衬套上。

2. 在枕梁上的扭杆座安装面及压盖喷漆内侧安装面上涂适量防水胶。

3. 将带有衬套组成的扭杆吊放至枕梁安装面的半圆弧内，用柔性材质的锤敲击两侧空心衬套，使之与枕梁安装面的半圆弧横向内壁紧贴。

4. 在螺栓 M8 上涂装配膏，用其中 3 个 M8 的螺栓及垫圈将端盖安装到扭杆座上，先用棘轮扳手手动预紧，待其余 3 个 M8 的螺栓安装后用扭矩扳手紧固，紧固扭矩为 19 N·m。

5. 安装垫片：先在扭杆两侧预装同等数量的垫片，然后用塞尺检查扭杆端头与调整垫的间隙，应满足 $2_{-1}^{\ 0}$ mm，若不满足，通过增减垫片进行调整，但要保证扭杆两侧调整垫厚度一致。

6. 安装扭杆座，在螺栓 M24×130 上均匀涂装配膏，用其结合防松垫片将扭杆座涂漆安装到枕梁上。先用棘轮扳手预紧，再用扭矩扳手紧固，紧固扭矩为 500 N·m，紧固后涂打防松标记(扭杆座与枕梁须配套使用)。

7. 安装压盖上其余螺栓：用其余 3 个 M8 螺栓及垫圈将压盖紧固在扭杆座上，先用棘轮扳手手动预紧，再用扭矩扳手紧固，紧固扭矩为 19 N·m。紧固后涂打防松标记。用防水螺堵将端盖上的螺堵孔堵上(压盖安装时要使压盖上的两个工艺孔与水平方向偏离一定角度，不要与扭杆座配合面平行)。

### (二)高度阀调整杆

对转向架高度阀调整杆进行调整，如图 6-9 所示。

1. 动车高度阀调整杆

(1)在调整杆球接螺纹上涂螺纹胶，用自带螺母和弹簧垫圈 10 将其预紧。

(2)先用棘轮扳手配合 S17 套筒将其紧固，后用扭矩扳手校紧，紧固扭矩为 46 N·m。

(3)动车高度阀调整杆上下球头夹角为 90°，其中 1、4 轴安装 $L$＝549 mm 长度的高度阀调整杆，2、3 轴安装 $L$＝504 mm 长度的高度阀调整杆。

(4)$L$＝504 mm 的调整杆用于主阀，$L$＝549 mm 的调整杆用于副阀。

2. 拖车高度阀调整杆

(1)在调整杆球接螺纹上涂螺纹胶，用自带螺母和弹簧垫圈 10 将其预紧。

图 6-9 转向架高度阀调整杆

(2)拖车高度阀调整杆有 504 mm 和 549 mm 两种长度，头尾车 1 位架 $L$＝504 mm 的高度调整杆球头夹角为 180°，其余拖车 $L$＝504 mm 的高度调整杆球头夹角为 0°。拖车 $L$＝549 mm 的高度调整杆球头夹角为 180°。

(3)先用棘轮扳手配合 S17 套筒将其紧固,后用扭矩扳手校紧,紧固扭矩为 46 N·m。

(4)拖车高度阀调整杆安装时,须注意 $L=504$ mm 的调整杆用于主阀(靠近轮轴),$L=549$ mm 的调整杆用于副阀。

**(三)牵引中心销**

1. 如图 6-10 所示,对中心销安装螺栓的表面状态进行检查,如螺栓头出现锈蚀,全部更换新品螺栓。

2. 对中心销的紧固状态进行确认。检查紧固件防松标记,如标记不清或缺失按原扭矩 586 N·m 的 90%(527 N·m)对中心销与枕梁安装螺栓校核扭矩并涂打防松标记。如螺栓 M24×240(8.8 级)发生转动,更换新品螺栓,并按原扭矩 586 N·m 进行紧固。紧固后涂打防松标记,检修完毕后,对中心销孔进行防护。

3. 中心销紧固螺栓防水堵更新,安装牢固。

图 6-10　牵引中心销

## 六、一系组成安装

**(一)止 挡 销**

1. 安装前在螺栓 M16×70 均匀涂抹螺纹胶,并在止挡销螺栓安装孔滴适量螺纹胶,在止挡销涂漆上部配合面均匀涂抹适量润滑脂。

2. 使用螺栓 M16×70、防松垫圈及止挡销压板将止挡销按照顺序安装到构架上。

3. 先用棘轮扳手预紧,再用扭矩扳手紧固,紧固扭矩为 170 N·m,紧固后涂打防松标记。在螺栓、垫圈、止挡销压板外露面涂抹防腐蜡。同理安装另 3 处的止挡销。

**(二)轴箱弹簧**

1. 安装轴箱弹簧时,确保内外圈弹簧的标牌在同一方向上,并且沿着构架侧梁方向,指向转向架外侧,轴箱弹簧组装时,弹簧上的锻造标识须在下部,如图 6-11 所示。

2. 研磨子到车轮轮缘外端面的距离为 35~40 mm。

3. 测量吊杆上、下两端端面到垫圈的距离为 48~49 mm。

图 6-11　轴箱弹簧组装

## 七、传感器安装

**(一)轴承温度传感器**

1. 将转向架上自带的传感器插头对接到车体相应的插座上。

2. 用专用清洗剂和擦拭布擦除对接螺栓原有防松标记。

3. 使用扭矩扳手施加 2 N·m 扭矩后重新涂打防松标记。

4. 取新的防松螺母,用夹具和 M6 的紧固件(螺栓上涂抹少量组装胶)将传感器线束固定在插头安装板上。

5. 对 M6 螺栓施加紧固扭矩 6 N·m,并涂打防松标记。

6. 安装后检查:

(1)检查传感器插头安装状态。插头安装到位,无挤压菱形圈现象。

(2)用塞尺检查传感器插头与插座之间的缝隙。要求缝隙不大于 0.8 mm。

(3)检查各紧固件安装状态。各紧固件紧固到位,防松标记清晰、无错位。

(4)检查线夹安装状态。线夹安装到位,无断裂和挤压线缆现象。

**(二)加速度传感器**

1. 在六角头螺栓上涂抹装配膏,配合平垫圈、六角螺母将加速度传感器安装到构架上,用棘轮扳手预紧。

2. 在六角头螺栓上涂抹装配膏,后用此六角头螺栓将管卡安装到构架上,先用棘轮扳手预紧,再用扭矩扳手紧固,紧固扭矩为 19 N·m,紧固后涂打防松标记。

3. 在螺栓上涂抹装配膏,配合垫圈、螺母将线夹安装到构架上,先用棘轮扳手预紧,后用扭矩扳手紧固,紧固扭矩为 8 N·m,紧固后涂打防松标记。

**(三)速度传感器**

1. 将转向架上自带的传感器插头对接到车体相应的插座上。

2. 用专用清洗剂和擦拭布擦除对接螺栓原有防松标记。

3. 使用扭矩扳手施加 2 N·m 扭矩后重新涂打防松标记。

4. 取新的防松螺母,用夹具和 M6 的紧固件(螺栓上涂抹少量组装胶)将传感器线束固定在插头安装板上。

5. 对 M6 螺栓施加紧固扭矩 6 N·m,并涂打防松标记。

6. 安装后检查:

(1)检查传感器插头安装状态。插头安装到位,无挤压菱形圈现象。

(2)用塞尺检查传感器插头与插座之间的缝隙。要求缝隙不大于 0.8 mm。

(3)检查各紧固件安装状态。各紧固件紧固到位,防松标记清晰、无错位。

(4)检查线夹安装状态。线夹安装到位,无断裂和挤压线缆现象。

**(四)电机温度传感器**

1. 将转向架上自带的传感器插头对接到车体相应的插座上。

2. 用专用清洗剂和擦拭布擦除对接螺栓原有防松标记。

3. 使用扭矩扳手施加 2 N·m 扭矩后重新涂打防松标记。

4. 取新的防松螺母，用夹具和 M6 的紧固件（螺栓上涂抹少量组装胶）将传感器线束固定在插头安装板上。

5. 对 M6 螺栓施加紧固扭矩 6 N・m，并涂打防松标记。

6. 安装后检查：

(1)检查传感器插头安装状态。插头安装到位，无挤压菱形圈现象。

(2)用塞尺检查传感器插头与插座之间的缝隙。要求缝隙不大于 0.8 mm。

(3)检查各紧固件安装状态。各紧固件紧固到位，防松标记清晰、无错位。

(4)检查线夹安装状态。线夹安装到位，无断裂和挤压线缆现象。

**(五)电机速度传感器**

1. 将转向架上自带的传感器插头对接到车体相应的插座上。

2. 用专用清洗剂和擦拭布擦除对接螺栓原有防松标记。

3. 使用扭矩扳手施加 2 N・m 扭矩后重新涂打防松标记。

4. 取新的防松螺母，用夹具和 M6 的紧固件（螺栓上涂抹少量组装胶）将传感器线束固定在插头安装板上。

5. 对 M6 螺栓施加紧固扭矩 6 N・m，并涂打防松标记。

6. 安装后检查：

(1)检查传感器插头安装状态。插头安装到位，无挤压菱形圈现象。

(2)用塞尺检查传感器插头与插座之间的缝隙。要求缝隙不大于 0.8 mm。

(3)检查各紧固件安装状态。各紧固件紧固到位，防松标记清晰、无错位。

(4)检查线夹安装状态。线夹安装到位，无断裂和挤压线缆现象。

**(六)齿轮箱温度传感器**

1. 将转向架上自带的传感器插头对接到车体相应的插座上。

2. 用专用清洗剂和擦拭布擦除对接螺栓原有防松标记。

3. 使用扭矩扳手施加 2 N・m 扭矩后重新涂打防松标记。

4. 取新的防松螺母，用夹具和 M6 的紧固件（螺栓上涂抹少量组装胶）将传感器线束固定在插头安装板上。

5. 对 M6 螺栓施加紧固扭矩 6 N・m，并涂打防松标记。

6. 安装后检查：

(1)检查传感器插头安装状态。插头安装到位，无挤压菱形圈现象。

(2)用塞尺检查传感器插头与插座之间的缝隙。要求缝隙不大于 0.8 mm。

(3)检查各紧固件安装状态。各紧固件紧固到位，防松标记清晰、无错位。

(4)检查线夹安装状态。线夹安装到位，无断裂和挤压线缆现象。

# 第二节　转向架试验

## 一、偏载试验

将落成完毕的转向架推入转向架试验区进行试验，如图 6-12 所示。

图 6-12　转向架试验区

**(一)一系高度测量**

1. 通过静压试验台得到轴距,轴距要求为(2 500±1)mm,左右两侧轴距差小于 1 mm。

2. 用卡尺测量一系弹簧四角高,距离要求在 150～154 mm 之间,差值小于 4 mm。

3. 当四角高超差时,对转向架进行返工作业,一系调整垫厚度最多 20 mm,并重新做转向架静压试验。由于一系四角高和二系高度互相影响,故调整后需重新测量一系四角高和二系高度。一系高度测量位置如图 6-13 所示。

图 6-13　一系高度测量位置

**(二)二系高度测量**

1. 在实际载荷工况下测量转向架二系悬挂高度,要求满足(985±1)mm(新造)或(985−Δ±1)mm(检修轮对)且转向架左右两侧二系高度之差不大于 2 mm。由于检修轮对踏面磨耗及旋修,二系高度同比下降。Δ=(920−旋修后轮径)/2,二系高度计算中的 Δ 值为每转向架 4 个车轮轮径计算出的 Δ 值的平均值。

2. 二系高度是通过调整空气弹簧调整垫的厚度实现的,用空气弹簧调整垫调整工装和千斤顶将空气弹簧顶起,然后抽减或增加垫片。调整垫总厚度小于 50 mm。二系高度测量位置如图 6-14 所示。

由于一系四角高和二系高度互相影响,故调整后需重新测量一系四角高和二系高度。空气弹簧加垫厚度超过 37 mm 时,由后续车间更换空气弹簧与构架连接螺栓。

3. 横向止挡间隙测量。

测量横向止挡与中心销间的间隙 $Y_{1L}$ 和 $Y_{1R}$,在偏载状态下测量转向架横向止挡与中心销挡板间隙,无法满足时调整横向挡调整垫厚度。要求单侧满足 2 042 mm,两侧之差不大于 2 mm。横向止挡间隙测量位置如图 6-15 所示。

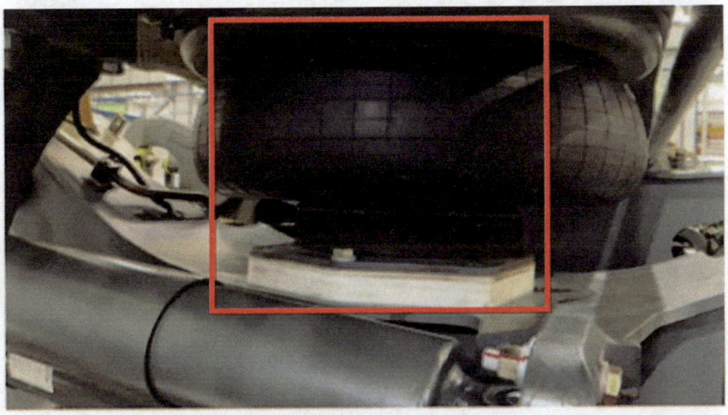

图 6-14　二系高度测量位置

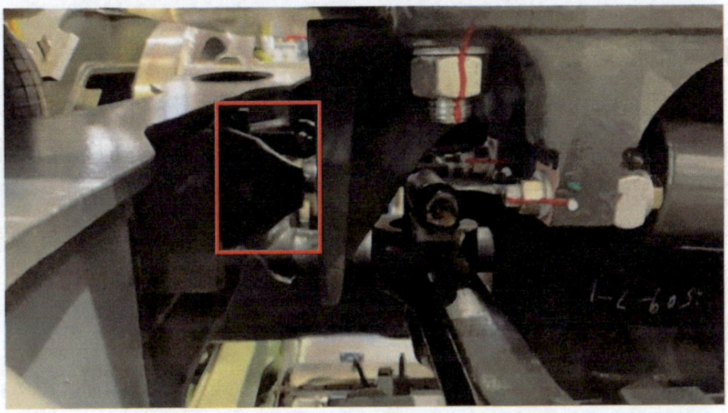


图 6-15　横向止挡间隙测量位置

4. 踏面清扫器与踏面间距测量。

在偏载状态下测量踏面清扫器到踏面之间的距离。用手将研磨子下拉使其接触车轮踏面，之后松手观察其能正常缩回。缩回后使用钢板尺测量研磨子下表面到踏面距离，要求范围满足 10～30 mm。测试部位应尽量靠近修形块中部。

## 二、均载试验

调用程序进行均载静压试验，按照车体的理论载荷或实际载荷的平均值设定压力，如图 6-16 所示。

1. 在静压试验台测得四个车轮的轮重差绝对值，要求不大于 2%。轮重差计算方法为 $(F_w - R_m)/R_m$，$F_w$ 为单个车轮轮重，$R_m$ 为转向架四个车轮轮重平均值。

2. 当轮重差超差时，对转向架进行返工作业，并重新做偏载和均载转向架静压试验，全部合格后打印非对称载荷、对称载荷下的操作界面截屏图片做记录。调整后需在偏载状态下重新测量一系四角高（合格范围：150～154 mm）和二系高度[合格范围：984～986 mm（新造轮对）或（985－Δ±1）mm（检修轮对）且转向架左右两侧二系高度之差不大于 2 mm]。

图 6-16 均载试验

## 三、保压试验

### (一)空气弹簧气密性试验

1. 将保压工装固定到摇枕上,调用空气弹簧气密试验程序(静压试验设备必须在位移控制情况下),为确保高度阀在保压时处于充气状态,位移控制二系高度可设定在(985±1)mm(新造)或(985−Δ±1)mm(检修轮对),以高度阀达到不排气状态为准。

2. 在充风状态下,松开安全阀阀门,将内部异物排出,排出异物后拧紧安全阀。

3. 向摇枕内充气,在 0.5 MPa 压力下,保压 15 min 压降不大于 0.005 MPa。

### (二)踏面清扫装置动作及保压试验

1. 启动试验机对踏面清扫装置进行动作试验,供风管路风压 500 kPa,制动缓解动作不低于 5 次,如图 6-17 所示。动作灵活,无异音、偏抗及卡阻。

2. 在 500 kPa 压力下进行保压试验,保压 10 min,漏泄量不得大于 20 kPa。踏面清扫器动作完毕后,须拉拔销卡,将拉杆回缩至最小行程,防止转向架整车落成时,研磨子与轮对磕碰。

图 6-17 保压试验

## 四、制动试验

### (一)动车制动管路气密性试验及功能性试验

1. 通过制动管路保压工装连接风源和制动管路,供风 0.5 MPa,确保制动管路在 10 min

内压降不超过 0.02 MPa。确保充风到 0.08 MPa 闸片与制动盘须抱紧，压降到 0.08 MPa 以下制动缓解。

2. 对制动管路充风时，闸片应与制动盘抱紧，手摇无晃动。排风时，检查制动夹钳，闸片应与制动盘分开；制动夹钳功能试验前，须保证闸片间隙处于最大位置，并反复充分及排风三次，检查闸调功能良好。

3. 闸片与制动盘间隙检查试验，制动夹钳反复进行 5～8 次制动施加/缓解动作，在缓解状态下测量闸片及制动盘间隙。

4. 闸片总间隙（将一侧闸片推压至制动盘，测量另一侧闸片和制动盘间的间隙）满足 3～6 mm，夹钳左右摆动自如。允许单侧虚抱。

**（二）拖车制动管路气密性试验及功能性试验**

1. 通过制动管路保压工装连接风源和制动管路，供风 0.5 MPa，确保制动管路在 10 min 内压降不超过 0.02 MPa。确保充风到 0.08 MPa 闸片与制动盘须抱紧，压降 0.08 MPa 以下制动缓解。

2. 对常规制动管路充风时，闸片应与制动盘抱紧；排风时，检查制动夹钳，闸片应与制动盘分开。

3. 对停放制动管路充风时，停放夹钳闸片应与制动盘分离；排风时，闸片应与制动盘抱紧，手摇无晃动。制动夹钳功能试验前，须保证闸片间隙处于最大位置，并反复充分及排风三次，检查闸调功能良好。

4. 常规拖车制动夹钳反复进行 5～8 次制动施加/缓解动作，在缓解状态下量闸片及制动盘间隙。停放制动夹钳闸片与制动盘间隙测量时，须向停放制动夹钳装置内充风至 500 kPa 使停放缸处于缓解状态，采用 100～300 kPa 的风压，反复进行 5～8 次制动施加/缓解动作，在缓解状态下测量闸片及制动盘间隙。

5. 闸片总间隙（将一侧闸片推压至制动盘，测量另一侧闸片和制动盘间的间隙）满足 3～6 mm，夹钳左右摆动自如。允许单侧虚抱。对停放制动缸保压试验完成后，手拉停放制动缓解装置，停放制动夹钳闸片须与制动盘分开（每个停放制动缓解装置均需进行测试）。

## 五、接地试验

1. 试验前确保转向架止轮器放置良好，防止非试验人员接近，测试前将轮对踏面上的测试点清洁。

2. 红色为正极，黑色为负极，图中方块代表，由设备向被试验对象输入 50 A 恒定直流电，检测电阻值不大于 15 mΩ 为合格。

3. 负极接到车轮，正极接在接地线端子上，保证设备接地线可靠接地。

4. 输入恒定电流 50 A，先按设备上的 ENTER 键，再按设备上的 START 键，此时设备红灯闪烁，待红灯不闪时即设备稳定后，记录检测电阻，检测电阻应不超过 15 mΩ，此时电压必须不超过 50 V。

5. 测量完毕后，先按 STOP 键进行放电，然后取下线夹子，关闭电源，拆除连线并将仪器及测试线放好。注意防潮、防油污。将保护接地轴端线绑缚至转向架，做好防护。

# 第三节 安全注意事项

## 一、作业过程

1. 进库作业按要求穿戴劳保鞋(防砸)、工作服、工作帽(工作帽中需佩戴内衬)。

2. 打磨作业佩戴防护眼镜、口罩、防护服等防护措施。

3. 油漆作业须佩戴防毒面罩。

4. 各工位按照作业内容、工位性质配齐配全手套、防护服等防护设施。

5. 做好劳动安全“八防”措施卡控。

6. 对高血压、心脏病、手术康复期的职工加强安全防护,通过定期组织职工体检,掌握职工身体状态。

7. 班组工长和安全员做好日常检查巡视,及时发现现场劳动防护不到位的情况。

8. 接触各类锋利刀具、锐器时要精力集中,避免划伤、割伤或刺伤,必要时应佩戴防切割手套。

## 二、安装工具使用

1. 使用大锤、橡胶锤、铜棒等敲击时,注意砸伤风险。使用前须确认其外观状态良好,锤子手柄与锤体不得出现松动情况。

2. 杜绝使用扳手等工具替代手锤进行敲击,确保工具状态良好。

3. 使用大锤时须避免用力甩动造成手滑大锤飞落的情况。

4. 做好锐器工具的使用管理,刀刃工具使用时刃口不得朝向自己,避免出现划伤情况。

5. 使用加长筒对紧固件进行破力时,须确认加长筒设置到位,避免破力过程中加长筒脱出,定期对加长筒报废更新。

## 复习思考题

1. 踏面清扫器安装螺栓紧固扭矩是多少?
2. 如何处理不分解紧急缓解装置时防松标记不清晰或者防松标记疑似错位的紧固件?
3. 撒砂排障装置检查流程是什么?
4. 齿轮箱吊杆安装有哪些要求?
5. 拖车高度阀调整杆分为哪几种?
6. 动车高度阀调整杆分为哪几种?
7. 轴温传感器安装后需检查哪些部位?
8. 一系高度测量时的限度要求是多少?
9. 横向止挡间隙测量尺寸是多少?
10. 空气弹簧气密性试验有哪些要求?

# 第七章　动车组组装

车体部件安装主要是对自主修和委外修的部件进行组装，主要包括客室空调、司机室空调、风扇加热器、废排单元、受电弓、受电弓气阀板、避雷器、高压箱、主变压器及冷却装置、牵引电机、牵引变流器冷却单元、主空压机、内风挡、半永久车钩、自动车钩、前端模块、污物箱、电热开水器等。转向架和车体部件分别组装完成后，利用架车机将车体落至转向架上，恢复包括空气管路、接地线、传感器、牵引电机通风道等连接，使每辆车恢复成一个完整走行状态，通过称重、尺寸测量和调整使各设备尺寸满足运用要求。对落成恢复完成的每辆动车组进行编组，包括半永久车钩、内风挡、渡板、车顶高压线、跨接电缆等连接，使动车组的电路、气路、机械部分连接为一个整体。

## 第一节　车体部件安装

### 一、客室空调安装

#### (一)客室空调机组安装

1. 吊装客室空调，检查机组密封条粘接牢固，如图 7-1 所示。将空调机组使用专用吊具挂在天车钩上，吊运空调机组至预组装托架上，安装机组下方两根冷凝水管接头，将管接头拧紧在空调机组底面的排水口上。再将空调机组吊运到车体安装位置正上方之后再缓慢下降，在下降的过程中要边下降、边调整空调机组的位置，以保证机组不与车体、线槽等其他部位相碰。

图 7-1　客室空调安装

2. 调整空调机组的位置，使其落到车体空调安装框上。调整滑块与空调机组安装孔相对位置，在安装螺栓上涂抹组装胶。按照对角紧固原则对紧固件进行预紧固，使用扭矩扳手施加 38 N·m 扭矩后用漆油笔涂打防松标记。

3. 移走天车和吊具。将吊环拆下，安装吊环螺栓，施加 62 N·m 扭矩。用漆油笔涂打防松标记。空调机组安装完毕后，在空调机组与车体接缝处及定位销孔涂打密封胶。

4. 检查车内空调机组地线，断线大于 10%或断股时更新。地线安装前在端子上涂抹导电膏，将空调接地线安装在地线座上，施加 29 N·m 的扭矩，并涂打防松标记。

#### (二)空调机组附件安装

1. 安装检查合格的金属管，将管接头连接到空调机组侧面两处螺纹内，紧固牢固，将机组侧面的两根雨水管螺母紧固，并涂打防松标记。

2. 软管安装前需在与硬管接触处均匀涂打密封胶，连接空调机组一侧管路和车体一侧铜管，将软管两端各用两个喉箍扎紧，并呈180°安装，保证管接头处密封。

3. 将合格的冷凝金属管平直段与管接头连接在一起，并涂打防松标记。在金属管路平直段套入防寒套管。用软管将金属管与侧墙铜管连接起来。软管安装前需在与硬管接触处均匀涂打密封胶，将软管两端各用两个喉箍扎紧，并呈180°安装，保证管接头处密封。

4. 冷凝水管连接完毕后，待密封胶固化后，空调机组下的冷凝水管外、软管、管卡、管接头均应包裹防寒材料。要求冷凝水管无漏包，防寒胶带无开胶。

5. 将过渡风道与空调机组进行连接。确认连接器外观应无机械损伤、变形、烧蚀、烧损现象，确认插针无弯曲、烧损、锈蚀、铜绿等现象。将客室空调连接器安装到空调机组插座上，确认空调机组电气插头安装牢固。

## 二、司机室空调安装

### （一）司机室空调附件检修

1. 检查车内可视范围内空调机组排水管路连接完整，无松脱现象，无明显水痕。可视范围内排水管固定管卡安装牢固，管路防寒材料无破损。清洁空调排水管车下橡胶堵，检查橡胶堵安装牢固，喉箍无缺失、破损，橡胶堵表面无破损、老化、裂纹等缺陷，橡胶堵内无异物、脏堵。

2. 取新的空调机组安装滑块，将滑块通过车体滑槽预留的开口滑进滑槽内。清洁密封条粘贴面，清洁无灰尘、油污等，将滑槽侧面密封条以及滑槽上表面的机组安装橡胶条粘接在车体上。

### （二）司机室空调机组安装

1. 将吊环安装在机组上的吊装孔处，检查机组密封条粘接牢固。将吊索具挂在天车钩上并固定在机组吊环上，确认吊具连接状态，吊起空调机组，放至空调机组预组装托架上，安装机组下方两根冷凝水管接头，将管接头固定在空调机组底面的排水口上。吊运空调机组到车体安装位置正上方，下降的过程中要边下降、边调整空调机组的位置，以保证机组不与车体、线槽等其他部位相碰，使其落到车体空调安装框上。

2. 调整滑块与空调机组安装孔相对位置，按照对角紧固原则进行预紧固，使用扭矩扳手施加38 N·m扭矩。施加扭矩完毕后用漆油笔涂打防松标记。

3. 移走天车和吊具，将吊环拆下，安装吊环螺栓，使用扭矩扳手施加62 N·m扭矩。用漆油笔涂打防松标记。空调机组安装完毕后，在空调机组与车体接缝处及定位销孔涂打密封胶。

4. 检查车内空调机组地线，断线大于10%或断股时更新。地线安装前在端子上涂抹导电膏，将空调接地线安装在地线座上，施加29 N·m的扭矩，并涂打防松标记。

### （三）司机室空调机组附件安装

司机室空调机组附件安装要求同客室空调机组附件安装，不再赘述。安装后的司机室空调如图7-2所示。

## 三、风扇加热器安装

### (一)风扇加热器与车体组装

1. 头车一位端通过台加热器安装时根据尺寸要求,将加热器角铁与车体门框的安装孔相连。调节加热器位置,使其整体垂直于车体平面,保证排风口水平,与地板之间无缝隙。将管路连接卡与加热器相连,紧固螺栓并涂打防松标记。

图 7-2　安装后的司机室空调

2. 头车二位端风扇加热器安装根据尺寸要求,将加热器插接到相应位置,将加热器带栓一侧与间壁的安装孔相连且预紧固。调节加热器位置,使其整体垂直于车体平面,保证排风口垂直地面。将靠近里侧的进行插接,靠近外侧的两个螺栓带入间壁柜。

3. 通过台加热器安装,打开端墙门扇,测量加热器的安装位置并将加热器进行预紧固。对加热器位置进行调整,保证加热器整体垂直于地面,无倾斜现象,不影响端墙的正常闭合。调整好后,对加热器进行最终紧固并涂打防松标记。

4. Mb05 车一位端客室通过台加热器安装,打开检查门,测量加热器的安装位置并将加热器送到间壁内侧,将插接部位安装好,再将加热器安装在伸出的钢板上进行预紧固。对加热器位置进行调整,保证加热器整体垂直于地面,无倾斜现象,不影响检查门的正常闭合,检查门关闭时不能碰到加热器。调整好后,对加热器进行最终紧固。

### (二)风扇加热器电气连接

1. 清洁连接器、线束、连接器芯体表面,对电缆线束、连接器及外壳进行整体普查,检查连接器插头插针无缩针现象,且在一个水平面上,安装加热器连接器,确认卡扣完全扣住,保证插头连接牢固。

2. 检查接线端子可见表面清洁,无裂损、烧蚀、压接不良、烧损、变色。安装接地线。对线束与地线进行整体普查,检查可见部分配线防护套完好,无破损,固定良好,无抗磨、龟裂及老化等现象。

## 四、废排单元安装

### (一)车下废排单元及附件检修

清洁可视可操作废排风道紧固件安装区域,安装并检查车下废排风道支架,安装前先使用工业吸尘器对车下废排风道内可操作区域吸尘。

### (二)废排单元整体安装

1. 取检查合格的吊座及新的组装紧固件、橡胶减振器,将吊座和橡胶减振器组装起来,进行预紧固。施加 18.9 N·m 扭矩,并涂打防松标记。

2. 将控制台和废排单元支架连接起来,安装合格的位距孔座,然后对角拧紧控制台的安装螺栓,移出液压升降平台。

3. 用橡胶锤调整废排支架和控制台,使控制台连接的螺栓上下自由活动不受任何应力。保证位距孔座相对控制台中空机座底漆区域基本居中,控制台内侧面与车体边梁内侧面平行。确认车体侧边梁下平面距离框架下表面尺寸符合要求。

4. 检测合格后，使用扭矩扳手对吊装与边梁间的连接螺栓施加 275 N・m 的扭矩，对吊装中部螺栓施加 48 N・m 的扭矩，并涂打防松标记。再检查废排单元及风缸框架可视表面油漆破损露出基材或面积大于 400 $mm^2$ 时补漆。

5. 安装废排单元与框架，使废排单元的吊装孔与废排支架的吊装孔同心。测量废排单元上平面距车下废排风道下平面之间的间隙尺寸符合要求。使用扭矩扳手按照对角紧固原则对紧固螺栓施加 46 N・m 的扭矩，并涂打防松标记。

6. 清除接头内部杂质、浮锈。检查废排单元供风管卡套径向移动不超过 1 mm，卡套前端刃口不能脱离沟槽，将制动管与废排单元连接。各压缩空气接口的位置须正确，连接紧固。安装接地线，施加 28 N・m 扭矩，并涂打防松标记。

**(三)废排单元电气连接**

清洁连接器、连接器芯体表面、线束尼龙网管。确认外露线束、热缩管表面无破损老化、龟裂、油浸、变质、热损现象，重新安装连接器。确认卡扣完全锁闭。废排单元如图 7-3 所示。

图 7-3 废排单元

## 五、受电弓安装

1. 用天车和四腿索具将受电弓吊运到车顶安装位置，吊运过程要求平稳匀速，不要与任何物体磕碰。将吊钩钩在吊环中，将防脱落挡片复位，检查吊钩与吊环连接可靠，吊运过程中下方不要有人员作业及停留。将受电弓吊运到安装位置上空，小心缓慢下降，将受电弓缓慢放置在绝缘子上，使绝缘子上的安装孔与受电弓基座上的安装孔对正。

2. 将受电弓固定在绝缘子上，螺纹上涂抹组装胶，进行预紧固，检查定距块。如定距块无电腐蚀或机械损伤，擦拭干净后可重复使用。固定螺栓全部安装完毕后，施加 120 N・m 扭矩，涂打防松标记。

3. 安装避雷器与受电弓连接处电缆螺栓、电缆终端与受电弓连接螺栓，安装前在接触面上涂抹导电膏，其中避雷器与受电弓连接处电缆螺栓施加 56 N・m 扭矩，电缆终端与受电弓连接螺栓施加 55 N・m 扭矩涂打防松标记。

4. 使用内六角头螺栓及配套紧固件，安装受电弓弓角，施加 14 N・m 扭矩，涂打防松标记。弓角固定螺栓凹槽需要涂满油脂。

5. 绝缘风管安装，松开接头，并将锁紧螺母带的外螺纹处涂螺纹胶，然后将风管两端放入接头处(注意:内部的气密卡环)，并施加 18 N・m 扭矩，且涂打防松标记。检查风管处于自然伸直状态，无明显张紧或松弛。需调整安装板高度时，安装螺栓施加 9 N・m 扭矩。

6. 将细管接头和粗管接头按要求安装到车顶气路接口处，其螺纹处涂抹螺纹胶，扭紧即可。注意:细管接头的拧入细风管处，粗管接头的拧入粗风管处。检查 L 形支架状态良好，无严重机械损伤，L 形支架与车体连接螺栓无缺失，螺栓连接牢固无松动，防松标记清晰无错位，如连接螺栓松动或缺失，需重新紧固或补装螺栓施加 16 N・m 扭矩，涂打防松标记。

7. 分别将细风管和粗风管使用卡箍固定到绝缘风管伸出的细管接头和粗管接头处，并分别施加 2 N·m 和 3.5 N·m 扭矩。将细风管、粗风管的管夹与 L 形支架连接，分别施加 5 N·m 扭矩，并涂打防松标记，且在细风管和粗风管上安装保护套。

8. 将硬管风管插入到底，把卡箍先套入风管，将风管插入到底，与气嘴底面贴合。卡箍有凸起一端远离接头；靠近接头端与接头距离为 5～8 mm。给粗细风管对应的卡箍分别施加 3.5 N·m 和 2 N·m 扭矩，并涂打防松标记。将绝缘风管固定座固定，施加 20 N·m 扭矩，并涂打防松标记。

9. 将锁紧螺丝安装螺纹处涂抹固持胶，并将其与绝缘风管接头（锁紧螺母）固定到安装座上，并施加 100 N·m 扭矩。将粗细接头安装螺纹处涂固持胶，并将其安装到锁紧螺丝内螺纹处，并施加 20 N·m 扭矩。受电弓吊运安装如图 7-4 所示。

图 7-4　受电弓吊运安装

## 六、受电弓控制阀板安装

1. 拆卸控制阀板的固定螺栓，记录受电弓控制阀板序列号及生产日期。打开受电弓车车内的受电弓控制阀板检查门。

2. 将受电弓控制阀板托至安装位置，调整滑槽内的安装块和侧面的安装板，保证控制阀板安装平整。施加规定扭矩并涂打防松标记。

3. 检查受电弓阀板连接器表面无损伤变形，插针无烧损、缩针现象。将车体侧电气插头分别与受电弓控制阀板侧 X2、X3 连接。拔下受电弓控制阀板上 3-10、11-18 插排，将车体侧电气插头与受电弓控制阀板侧 3-10、11-18 端子排连接。

4. 检查供风截断塞门及两侧管接头无松动，阀体安装牢固无损坏、缺失或严重腐蚀，检查软管端部不拆卸的管接头无损坏，防松标记清晰无错位。检查软管表面无破损、裂纹，密封圈完好无变形、破损，管接头无损伤、腐蚀，检查插入式管接头无螺纹露出。

5. 管接头螺纹处涂抹螺纹胶，在卡套接头处涂抹螺纹润滑剂，将软管连接至控制阀板上，使用漆油笔按照要求涂打防松标记，管接头连接后使用扎带对软管进行固定。

## 七、避雷器安装

### (一)避雷器及附件安装

1. 对安装的避雷器进行检查。清理干净避雷器安装面以及车体基座安装面。将避雷器放置在安装座上，调整好位置。预紧固避雷器安装螺栓，施加相关扭矩，并涂打防松标记。

2. 避雷器紧固件安装后均涂抹防腐油。安装后检查其固定和电气连接的紧固件，无松动、锈蚀。对避雷器底板与安装基座之间涂打密封胶。安装后的避雷器如图 7-5 所示。

图 7-5 安装后的避雷器

### (二)避雷器电气连接安装

1. 更新铜编织电缆，分别将两端固定在避雷器和受电弓汇流排上，施加 56 N·m 扭矩，并涂打防松标记。检查避雷器支架和连接母排，无裂纹、破损。安装避雷器顶部螺栓，施加 120 N·m 扭矩，并涂打防松标记。

2. 检查避雷器下方地线与车体安装紧固件防松标记清晰，无错位。检查避雷器下方地线，断线超过 10%或断股时更新。对避雷器侧的紧固件进行预紧固。施加 30 N·m 扭矩，并涂打防松标记。

## 八、高压箱安装

### (一)高压箱安装前准备

将高压箱吊运至安装位置，对高压箱螺栓进行预紧固，施加 32 N·m 扭矩。螺纹上涂组装胶，并涂打防松标记。安装后对高压箱紧固件涂抹防腐油。

### (二)高压箱电气连接安装及检修

1. 检查高压电缆接地线外皮、接地线内部无损坏。更新两端高压电缆终端法兰上密封圈。对法兰盘螺栓进行预紧固，施加 16.1 N·m 扭矩，并涂打防松标记。对法兰盘车体侧接地线螺栓进行预紧固，施加 32 N·m 扭矩，并涂打防松标记，对底座进行密封。

2. 对受电弓侧端子螺栓进行预紧固，施加 55 N·m 扭矩。安装高压线缆夹具，靠近高压箱侧夹具安装螺栓，施加 32 N·m 扭矩并涂打防松标记；靠近受电弓侧夹具安装螺母，施加 16.1 N·m 扭矩并涂打防松标记。

3. 对高压箱内线缆进行连接预紧固，施加 48 N·m 扭矩，并涂打防松标记。对盖板螺栓进行预紧固，施加 6.1 N·m 扭矩，并涂打防松标记。检查各接地线断线大于 10%或断股时更新。

4. 检查高压箱插头表面无损伤变形，插针无弯折松动，连接器可视电缆部分无裂纹、破损。将高压箱连接器=21-A10-X1 和连接器=21-A10-X2 对应与高压箱上 X1 和 X2 插座连接，确保卡扣到位，连接器安装牢固。黑色航空插头对应与高压箱插座连接。将风管管接头与高压箱连接，确保连接牢固，并按要求涂打防松标识。

5. 安装接地开关钥匙盒到高压箱底部，施加 30 N·m 扭矩，并涂打防松标记。

## 九、主变压器及冷却单元安装

**(一)主变压器及冷却单元装车前检查**

1. 检查变压器及冷却单元的单向阀门状态，检查变压器阀、变压器油泵、变压器冷却系统管路、变压器及冷却单元所有底板等无渗油、油迹现象。吊装完毕 12 h 后再次对变压器及冷却单元检查是否漏油、渗油现象。

2. 检查滑块安装螺纹、限位螺栓状态良好。将变压器及冷却单元吊装到车底起重设备上，注意将变压器及冷却单元摆正。将更新的垫块套到安装轴根部上，用卷尺测量两垫块之间的距离符合要求。主变压器吊运如图 7-6 所示。

图 7-6 主变压器吊运

**(二)主变压器及冷却单元恢复**

1. 取表面无损坏、无裂纹的反向止动器进行安装，将反向止动器预紧固到变压器及冷却单元框架的焊接座上，待变压器安装调整完毕后再进行紧固。

2. 用升降车将变压器运输至车底，上升至一定高度后安装 V 形衬套。将擦拭好的 V 形衬套到六个安装轴上。将带位距孔座的六角头螺栓旋入车体滑块中。

3. 缓缓升起车底起重设备，同时手动将六角头螺栓旋入车体滑块中，直到机座上平面与车体下边梁完全接触。对角拧紧六角头螺栓，最后缓慢将车底起重设备下降到行程最低点。

4. 用卷尺测量 V 形橡胶减振元件压缩区域高度。用水平尺和折叠木尺测量变压器及冷却单元到车体下边梁的垂直距离符合要求。

5. 将各个机座需要增加的垫片组合插入机座上平面，同时用橡胶锤调整机座内侧面与车体下边梁内侧面平行，进行预紧固，施加相关扭矩，并涂打防松标记。

6. 将限位机座放在变压器中间的限位挡块上，并将限位机座上的圆柱头顶进车体边梁上的限位机座安装孔里。同时用橡胶锤调整限位机座内侧面与车体下边梁内侧面平行。施加 275 N·m 扭矩，并涂打防松标记。

7. 更换限位机座处的防松螺母，并将螺母进行预紧固。在限位机座侧边和垫板之间添加调整垫片，保证间隙尺寸满足要求。预紧固定螺栓，施加 14.1 N·m 扭矩，并涂打防松标记。用塞尺检查调整垫片与限位机座侧边、垫板与调整垫片、垫片与垫片之间的接触面缝隙距离符合要求。

8. 在反向止动器与变压器及冷却单元框架之间增加调整垫片，直至反向止动器与车体下边梁内侧面之间的间隙满足要求，施加 48 N·m 扭矩，并涂打防松标记。

**(三)附件安装**

检查接地线断线超过 10%或断股时更新，检查编织电缆的端子表面、端子镀层，安装前对地线端子涂抹导电膏，将地线紧固件预紧固到牵引变压器上，施加 28 N·m 扭矩，并涂打防松标记。使用扎带将地线进行捆扎，以防止车辆运行时地线晃动与其他部位相磨碰。

**(四)电气连接安装**

1. 擦拭变压器可触及的线缆，检查线缆从出线口到接线点固定牢固无抗劲。检查线束尼龙网管应无破损情况。对电缆重新进行防护和固定。检查确认各设备点外露线束表面无破损。

2. 检查牵引变压器二次侧输出连接器，连接器插头包括：1.1/1.2/2.1/2.2/3.1/3.2/4.1/4.2/XE。对插头外表面进行清洁，拆卸插头金属外壳。对非金属外壳进行清洁，确认前、后非金属外壳的内、外表面。

3. 更新红色密封圈，检查确认插头内部导线、端子和灰色密封圈表面无裂纹、缺失、破损、电蚀、变形现象。

4. 检查确认金属外壳的内、外表面无裂纹、缺失、破损、电蚀、变形现象。恢复非金属外壳前检查插头内部应清洁灰尘、杂物，使金属外壳与非金属外壳边棱之间缝隙、两个非金属外壳之间缝隙符合要求。

5. 安装完成后检查确认插头外壳，确认灰色密封圈露出金属外壳部分应均匀无褶皱，否则需重新安装金属外壳。

6. 使用高压绝缘胶带对设备点为 1.1/1.2/2.1/2.2/3.1/3.2/4.1/4.2 的连接器的电缆进行缠绕，确认设备插座内端子无裂纹、缺失、破损、电蚀、变形现象。插座状态良好。交替旋紧连接器两侧螺栓，施加 15 N·m 扭矩，并涂打防松标记。

7. 有线卡结构的插头，插头垂直插入变压器，再将线束套入线卡，安装完毕后保证螺栓上标记朝向竖直，再施加 15N·m 扭矩并涂打防松标记。

**(五)高压线缆 T 形接头安装**

1. 拆卸旧 T 形接头靴套，将 T 形接头靴套的左右两侧边缘割开，切割靴套时，注意从侧面观察切割厚度，不要切透护套，避免损坏应力锥。

2. T 形接头靴套安装时，检查端子及压接处铜丝无损伤、电蚀、断股等异常情况，清洁露出的红色绝缘层及灰色套管表面，检查套管表面无污物、无损伤，擦拭灰色应力锥表面，戴好一次性手套，将润滑脂仔细均匀地涂抹在灰色应力锥上、T 形接头靴套内部表面上。将 T 形接头靴套套到应力锥上。

3. 检查高压套管及底座表面无缺陷、划伤、磕伤、凹陷等异常情况。取新的红色绝缘子、尾部扣盖、双头螺柱、螺母及必换件鞍形垫圈放置在工作台上，蘸取异丙醇对双头螺柱、螺母及鞍形垫圈进行清洁，保证紧固件表面无灰尘、污迹。

**(六)T 形接头安装**

1. 对变压器高压套管表面、变压器 T 形接头内外表面和线缆端子进行二次清洁，需保证 T 形接头内外表面、大线端子无灰尘、污迹和残余杂物。

2. 检查双头螺柱清洁，无污迹、破损、变形、乱扣等问题，将双头螺柱一端安装在高压套管上，施加相关扭矩，在牵引变压器高压套管的外表面均匀涂一层润滑脂。

3. T 形接头安装方向为 T 形接头靴套自带地线朝向车体纵向中心线。将 T 形接头标与高压套管进行连接，并且保持 T 形接头靴套和电缆保持水平。将 25 kV 预装电缆端子孔与牵引变压器上高压套管上的双头螺柱对正，将端子压到牵引变压器上的高压套管双头螺柱上。

4. 取已经清洁完毕的螺母、鞍形垫圈。先装入鞍形垫圈，然后再装入螺母，对螺母进行预紧固并施加相关扭矩。

5. 在T形接头靴套内插入一根扎带，将带螺纹孔的红色绝缘子插入到T形接头靴套内进行紧固。当绝缘子露出部分与黑色套管距离符合要求时，将排气用扎带拽出，并继续紧固绝缘子。

6. 检查各地线表面无损坏，地线紧固件及端子状态良好，无损坏、锈蚀。将T形接头自带的地线及黄绿相间地线预安装紧固在变压器的接地点上，对紧固件施加扭矩及涂打防松标记。

7. 清洁电流互感器外表面，检查电流互感器树脂表面无裂纹，金属支座表面无影响安装的损伤，接线盒无影响密封性能的损伤，将电流互感器安装到变压器上，施加扭矩并涂打防松标记，检查接线无烧损、端子紧固，线缆端接头紧固，防松标记清晰无错位，端子无锈蚀，安装接线盒盖，确保接线盒盖紧固到位，并重新涂打防松标记。

8. 检查各连接器表面无损坏，插针无烧损、锈蚀、缩针等异常情况，根据插头上的设备点标识将插头对接到变压器冷却单元插座上，对接完成后，将连接器卡扣卡紧。

9. 设备点为=10-T01-X20、=10-T01-X7 接线盒接线，剪掉裸露的线芯，重新对线缆进行剥线，对线缆进行端子压接，根据接线表将线缆连接到相应接线点上。检查接线盒盖闪电标识朝向正确，安装接线盒盖和进线端接头，紧固后涂打防松标记。

## 十、牵引电机通风机安装

### (一)安装及调整牵引电机通风机

1. 检查牵引电机通风机自带吊座零件无机械损伤、裂纹或缺失，安装螺栓防松标记清晰无错位。检查吊装座表面，油漆破损露出基材或面积大于 400 $mm^2$ 时需进行补漆处理。安装前对预安装到车体滑槽中的滑块组成螺纹涂抹组装胶。将牵引电机通风机自带吊座预紧固到车体滑槽上。清洁车体隔墙通风口。

2. 将牵引电机通风机吊到液压升降车上，注意通风机电机端用方木垫起防止通风机倾斜。将牵引电机通风机升至安装位置，紧固在吊座上，施加 65 N·m 扭矩。软风道及框架安装到车体隔墙上，并对角施加 14.1 N·m 扭矩，涂打防松标记。牵引电机通风机安装如图 7-7 所示。

图 7-7　牵引电机通风机安装

3. 调整牵引电机通风机四个自带吊座，保证自带吊座与牵引电机通风机之间的螺栓能够上下活动自如、不抗劲。调整牵引电机通风机自带吊座上平面增加的垫片需摆正，并且所有固定自带吊座滑块不能露出车体滑槽。对所有紧固件进行预紧固。

4. 用塞尺检查所有控制台上的垫片与车体滑槽下平面的接触面、所有控制台上的垫片与控制台上平面的接触面、所有将软风道固定到车体上的圆垫圈与软风道框架之间的接触面。牵引电机通风机四角支架上、下平面与控制台连接的接触面缝隙符合要求。

5. 检查橡胶堆上的大圆垫圈不能嵌入橡胶堆里。检查完毕后，对所有固定吊座施加相关扭矩，并涂打防松标记。

6. 检查悬挂地线断线大于10%或断股时更新，拆解的铜编织电缆的端子镀层损坏时需进行更新。对牵引电机通风机一侧的地线进行预紧固，施加扭矩 28 N·m，并涂打防松标记。

**（二）电气连接**

1. 对通风机可触及线束进行清洁。检查接线盒电缆防护网及扎带的状态，确认外露线缆表面无破损、老化、龟裂现象。打开接线盒，将线束从端接头穿入接线盒内。

2. 根据接线表将线缆端子安装到接线点处并紧固到接线柱上，施加相关扭矩，涂打防松标记。

3. 在拧紧端接头前，需保证热缩管在接线盒内侧符合要求，确保防水部分贯穿整个接线盒端头内外两侧。拧紧端接头涂，打防松标记。恢复盒盖上的紧固件，对紧固件施加相关扭矩，涂打防松标记。

## 十一、牵引变流器冷却单元安装

**（一）冷却单元主体安装**

1. 检查安装轴无锈蚀、划痕等缺陷。将更新的垫块套到安装轴根部上，用卷尺测量两垫块之间的距离 2 930 mm，升起起重设备，使机座圆孔对准车体下边梁内预安装的滑块圆孔。安装 V 形衬吊座和限位基座。

2. 用卷尺测量 V 形橡胶减振元件压缩区域高度。用水平尺和卷尺测量牵引变流器所有机座附近车体下边梁到牵引变流器下平面的垂直距离。

3. 将各个角需要增加的垫片组合插入机座上平面与车体下边梁之间，同时用橡胶锤调整机座内侧面与车体下边梁内侧面平行。

4. 检查牵引变流器与周围各部件、设备间隙符合要求。施加 275 N·m 扭矩并涂打防松标记。将组装好的机座预安装到牵引变流器安装轴上，施加 17.2 N·m 扭矩。

5. 在限位基座中间突起圆台上涂抹组装胶，微量调整将限位基座旋入车体下边梁圆孔中，安装限位基座至上平面与车体下边梁紧贴，同时用橡胶锤调整限位基座内侧面与车体下边梁内侧面平行。

6. 清洁牵引变流器冷却液进出口外表面。检查牵引变流器冷却管路进出口法兰盘与方形盖板处密封胶无龟裂、裂缝现象。清洗螺栓螺纹表面，安装新的蝶阀，在螺母处的螺栓螺纹上涂抹螺纹胶，将螺母按对角紧固，施加 20 N·m 扭矩，并涂打防松标记。

**（二）电气部件恢复**

1. 拆卸牵引变流器冷却单元法兰盘盖，对外观进行检查。清洁牵引变流器法兰盖和冷却单元的软管法兰的螺栓连接表面。清除牵引变流器的冷却液进、出口的橡胶法兰口的保护材料。将冷却单元法兰定位在凸出螺纹螺栓上，并推至法兰盖。

2. 按照十字交叉预紧新的牵引变流器冷却单元螺母。预紧后检查法兰无倾斜，施加 40 N·m 扭矩时，扳手必须有明显的转动角度，保证预紧时没有过力，然后用 80 N·m 的扭矩按照十字交叉紧固螺母并涂打防松标记。

3. 安装完成后，打开所有蝶形阀，检查蝶形阀与法兰连接面无漏液。重新对出、入口温度传感器，出、入口压力传感器施加腻子。

4. 清洁谐振电感连接线缆，检查线缆外观状态、谐振电路电感接线盒及内部组件安装状态、接线盒盖上地线状态良好，安装牢固。将线缆穿过对应的过线孔，紧固接线端子，施加 50 N·m 扭矩，涂打防松标记。将端接头拧紧，涂打防松标记。安装接线盒盖，紧固螺栓并涂打防松标记。

5. 安装线缆固定夹，根据线束走线的路径，调整夹具位置，施加 8 N·m 扭矩，并涂打防松标记。

6. 安装快速插头 X16，施加 4 N·m 扭矩并涂打防松标记。恢复风机和冷却泵接线盒接线，紧固盒盖螺栓。安装冷却单元与车体的接地连接线缆，施加 14.5 N·m 扭矩，涂打防松标记。

7. 恢复冷却单元大底板和管路法兰下面的小底板以及底板的地线，关闭六角锁，施加相关扭矩，并涂打防松标记，绑扎铁丝。

## 十二、主空压机安装

### (一)主空压机吊装件安装

1. 取周转的吊座和新件，按照要求涂抹组装胶。预紧控制台螺栓，施加 18.9 N·m 扭矩，涂打防松标记。主空压机如图 7-8 所示。

2. 取周转使用的调整垫和位距孔座，确认表面无裂纹、机械损伤。将组装好的吊座与空压机框架上的 U 形支架连接。

3. 检查橡胶堆与吊架组成框架 U 形焊接支架之间的圆垫圈状态，圆垫圈不能嵌入橡胶堆里。

4. 调整吊架组成尺寸，使与吊座连接的螺栓上下自由活动。用橡胶锤调整吊架组成和控制台，保证位距孔座相对控制台中空机座底漆区域基本居中，控制台内侧面与车体边梁内侧面平行。用水平尺测量空压机框架立板下棱边与车体下边梁的垂直距离，并记录。

图 7-8 主空压机

5. 用塞尺检查空压机周边设备、制动管路、线槽、电缆插头、水管及各自的管卡等，与空压机最近处间隙必须符合要求。

6. 用塞尺检查垫片与车体下边梁之间的接触面、垫片与控制台上平面之间的接触面、位距孔座与控制台下平面之间的接触面间隙符合要求。施加 275 N·m 扭矩后再次检查所有接触面之间的间隙符合要求。

### (二)主空压机安装

将空压机吊运至升降小车上，移动升降小车至安装位置下方。螺栓由上向下的方向，将主供风单元与吊架连接。预紧后施加 58 N·m 扭矩，紧固后涂打防松标记。用塞尺检查紧固螺栓所有接触面之间的间隙，间隙符合要求。

**(三)主供风单元管路安装**

1. 使用新件和循环件连接空压机与风缸连接的硬管管接头，在螺纹处涂抹管螺纹密封胶，将密封圈安装到对应的管接头上。清洁并检查管接头螺纹无损伤后可继续安装，依次将直通接头与主供风单元连接，将组合接头与直通接头连接，紧固后涂打防松标记。

2. 检查干燥器下方排水管直通接头螺纹无损伤，取下排风口处保护，清洁排风口，在直通接头上涂抹管螺纹密封胶并安装密封圈，卡套要涂抹螺纹润滑油。依次安装直通接头与功能螺母，紧固卡套接头。紧固后涂打防松标记。

3. 将风道组成安装到主供风单元下方风罩处，预紧后施加 8 N·m 扭矩，涂打防松标记。

4. 安装主空压机侧面硬管管卡紧固件，预紧后施加 6 N·m 扭矩。

5. 清洁并检查空压机连接器表面无破损、裂纹、烧损过热变色等异常情况。电气插头外观无破损、缩针、锈蚀等现象。恢复电气插头连接，确认连接器连接牢靠无松动，卡扣安装牢固无松脱。

## 十三、内风挡检修及安装

1. 检查车端堵孔螺栓无松脱，紧固件处于压紧状态。清洁风挡篷布及端面可视可操作的内、外表面。检查内风挡外观状态良好，内风挡零部件齐全、无缺失，内风挡锁闭状态良好。折棚可视部位的内外表面，无孔洞、断线等破损。检查可视范围内支撑棚布的铝质框架无断裂。检查定位销、锁钩、托架横梁、定位座、卡座、固定垫块。检查折棚上自带的锁栓，锁栓无缺失、损坏，安装牢固，紧固件无松动。检查中间框、安装吊环组成、滚轮、把手、接地线，打开锁盒盖，露出锁闭机构的操作把手，检查后关闭锁盒盖。检查内风挡内外侧可视可操作紧固件无缺失。防松标记不清晰的须使用 90%扭矩校验。安装前的内风挡如图 7-9 所示。

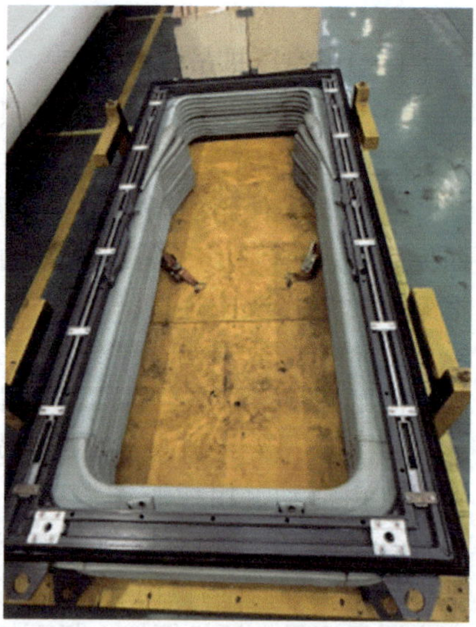

图 7-9　安装前的内风挡

2. 检查折棚上部吊装孔，保证吊装孔完好，无裂纹、破损等不良现象，将吊带挂装到吊装孔内，保证防脱挡片复位；吊钩与吊环连接可靠。

3. 将折棚吊至安装位置，将过渡板组成上的定位销对准折棚上的定位孔组件，拉开双层折棚左右两侧的拉链，向车内推动折棚紧靠渡板组成，向下压下手柄，将折棚挂装到过渡板组成上。安装后检查折棚固定牢固。

## 十四、半永久车钩安装

1. 检查车体上用于螺栓组件安装的丝套，丝套无松动或缺失，螺纹孔内无异物；清洁内螺纹，丝套与其安装孔间无相对运动。

2. 安装前用风管将车体上六角头螺栓的钢丝螺套吹干净，将合格的杆及新的车钩安装螺栓放至车体相应位置。调整好螺栓的位置后，安装检查合格的防转锁，对防转锁固定螺栓进行预紧。

3. 将车钩安装至半永久车钩工装上，将半永久车钩运至安装位置附近，如图 7-10 所示。

4. 取检查合格的隔板，清洁安装区域，待安装区域干燥后，安装隔板。将隔板上的孔与车钩安装螺栓对中，推动隔板至与车体紧贴，完成安装。

5. 用水平尺检测车钩端面的垂直度，缓慢移动叉车，使半永久车钩四个孔对正安装螺栓，并使车钩安装面与车体车钩座完全接触。检查安装螺栓状态，可晃动不卡滞。在每个大螺栓前端约 60 mm 区域均匀涂抹二硫化钼安装螺母。将上部两螺母进行紧固，撤走车钩工装后紧固下部两处螺栓。使用扭矩倍增器及反作用力臂按对角紧固的顺序对四个安装螺栓施加扭矩值为(1 200±60)N·m，涂打防松标记。安装半永久车钩地线，紧固后施加 29 N·m 扭矩。

6. 清除接头内部杂质、浮锈。更换管接头处 O 形圈。在进行软管安装前，在接头处涂抹管接头润滑油。紧固与软管相连的制动管路管件，安装半永久车钩连接软管，预紧后施加 137 N·m 扭矩。

7. 对车钩进行防护，并选用相应的车钩垫，垫在车钩下方防止车钩下垂。半永久车钩安装如图 7-11 所示。

图 7-10 半永久车钩

图 7-11 半永久车钩安装

## 十五、自动车钩安装

### (一)自动车钩安装前准备

1. 检查安装面油漆完好，表面清洁，无污物。检查车体上用于螺栓组件安装的丝套无松动或缺失，螺纹孔内无异物。清洁车体内螺纹，保证螺栓能顺畅平稳地旋入螺纹孔内，丝套与其安装孔间无相对运动。清洁安装区域，待安装区域干燥后，安装螺栓组件。对循环使用的料件进行清洁及检查。

2. 组装防旋转锁。将垫板、防转块、六角头螺栓组合成一个组合件，从安装座组成背面穿入。取六角头螺钉涂抹润滑脂，将组件固定在安装座组成上，施加 29 N·m 扭矩，涂打防松标记。

3. 取安装螺栓涂抹润滑脂，将安装座组成固定在车体上，使用扭矩倍增器施加(1 224±50)N·m 扭矩，涂打防松标记，安装隔板。

**(二)车钩安装**

1. 将自动车钩吊装至安装位置,使车钩安装孔与螺栓基本对正,微量调整螺栓的位置,使车钩座与车体完全接触。

2. 将压缩片套在螺栓上,涂润滑脂,按对角紧固的顺序对螺栓进行预紧。预紧过程中风动扳手套筒首次达到无明显位移时停止操作。

3. 测量车钩端面的垂直度及水平度,使车钩座立面垂直,使用扭矩倍增器对自动车钩安装紧固件进行紧固并施加 $2\,000^{+100}_{0}$ N·m 扭矩。

**(三)自动车钩附件安装**

1. 剪裁阻燃橡胶板及安装:选取合适的阻燃橡胶板放置在支架安装位置处,紧固安装螺栓,施加 15 N·m 扭矩。

2. 救援用外接电源插座线束检修:清洁可触及线束、救援用外接电源插座内、外部,确保表面无明显污渍及浮灰。检查插座配件齐全、外部电源连接器盖,检查尾部密封胶状态良好无老化、龟裂、开胶现象。检查芯体是无变形、缺损、烧损、氧化、锈蚀等现象。安装救援用外接电源插座线卡,对紧固件进行预紧固,施加相关扭矩后涂打防松标记。将夹有 3 根电气线缆夹具固定在安装座上,施加 29 N·m 扭矩。

3. 清除接头内部杂质浮锈,在接头处涂抹管接头润滑油。安装并紧固软管与车体管路、车钩接头的连接处,安装在支架两侧管卡处,施加 6 N·m 扭矩并涂打防松标记。

4. 对连接器插头及插座内外进行清洁,确保无灰尘及杂物。检查连接器插座固定牢固,紧固件安装牢固无松动。检查连接器外壳表面、连接器芯体、插针、连接器插座密封圈状态良好。恢复连接器插头,将开闭机构接线箱插头和插座进行预紧固,施加 4 N·m 扭矩后涂打防松标记。

5. 恢复车端两侧接地线,接地线端子涂抹导电膏,施加 29 N·m 扭矩。安装完毕后用车钩防护罩对车钩进行防护,捆扎美观。自动车钩安装如图 7-12 所示。

图 7-12　自动车钩安装

## 十六、前端模块安装

1. 检查柱头螺塞预埋丝套,螺纹无损坏、滑扣现象,螺纹孔内无异物,螺栓与预埋丝套配合顺畅,丝套与其安装孔之间无相对运动。

2. 取柱头螺栓及定位销,在车体前端手动植入柱头螺栓和定位销,柱头螺栓后部螺纹和定位销螺纹要拧入安装孔中。

3. 将前鼻组成从固定工装上拆下来。将防脱落挡片复位,将前鼻组成预装在车体上。在导流罩内侧沿着边缘大约 10 mm 贴上密封条,刮开螺栓孔处的密封条,使得螺栓孔外露。

4. 保证车体与前鼻组成外形弧度一致,棱线对齐,轮廓与车头前墙端面轮廓尺寸符合要求。前鼻组成与车体之间缝隙符合要求。

5. 紧固前鼻组成内部及上部角铁处螺母,柱头螺栓上涂抹乐泰紧固剂。前鼻组成下部与车体之间用调整垫片、螺栓和螺母紧固，保证垫片与车体之间贴严。施加 84 N·m 扭矩，并涂打防松标记。在车体和导流罩之间区域涂打硅酮密封胶。

6. 检查排水管，外观状态良好，无弯折、褶皱现象。排水管畅通、无堵塞。将开闭机构接线箱插头和插座进行预紧固，施加 4 N·m 扭矩后涂打防松标记。检查软管状态、制动软管接头、连接螺纹及橡胶密封圈，状态良好。开闭机构安装完毕后，将开闭机构控制箱自带软管与前端空气管路连接，施加 26 N·m 扭矩，并涂打防松标记。

## 十七、污物箱安装

### (一)安装流程

1. 检查可视部分车体边梁内滑块无损伤，手动带入滑块螺纹孔内，要求旋入时顺畅无卡滞，确认滑块螺纹无损伤。检查滑块处限位螺栓安装牢固、无松动。

2. 安装前进行检查，吊座无裂纹、磕碰、划伤、脱漆等现象，油漆破损露出基材或面积大于 400 $mm^2$ 时需进行补漆。

3. 取合格的污物箱吊座及新的组装紧固件、锥形减振器，将锥形减振器安装在吊座上，对锥形减振器的紧固件进行预紧固，施加 18.9 N·m 的扭矩，涂打防松标记。

4. 将污水箱摆放到车底更换装置上，取新的抽真空橡胶管和检查合格的橡胶套筒、喉箍。

5. 将抽真空橡胶管套到污物箱抽真空管的拔梢管上，紧固喉箍，使抽真空橡胶管一端固定在污物箱抽真空管上。清洁排污管和抽真空管外表面，保证管路接口处外表面干燥且无灰尘、污垢等，在橡胶套筒内壁和污物箱上排污管外壁涂抹凡士林。

6. 缓慢升起污物箱，将污物箱上的排污管、抽真空管与车上对应的管口相连，紧固喉箍，连接污物箱供风软管，将管接头紧固牢固后在软管表面粘贴铝箔胶带。

7. 将吊座与污物箱 U 形支架连接，拧紧螺栓螺母。移动车底更换装置，将吊座圆孔对准螺栓的根部，然后慢慢升起车底更换装置到吊座上平面与车体下边梁距离合适位置停止上升车底起降设备，将带位距孔座的六角头螺栓旋入车体滑块中。

8. 继续升起车底起降设备，当吊座上平面与车体下边梁完全接触时，将六角头螺栓再拧紧 3～5 扣，最后缓慢将车底起降设备降下。污物箱安装如图 7-13 所示。

图 7-13　污物箱安装

### (二)尺寸调整

1. 用水平尺和卷尺测量污物箱四角吊耳上孔中心到车体下边梁的垂直距离并记录。污物箱底梁孔中心到车体下边梁的垂直距离符合要求。

2. 调整吊架组成，吊座连接的六角头螺栓上下自由活动不受任何应力。用橡胶锤调整吊架组成和吊座，保证距孔座相对吊座中空机座底漆区域基本居中；吊座内侧面与车体边梁内侧面平行。检查污水箱与周边设备的最小间隙符合要求，吊装螺栓施加 275 N·m 扭矩，并涂打防松标记。

3. 污物箱地线留存在车体上，安装前确认接地线编织电缆无断股。清洁所有紧固件表面，要求表面无油脂、污垢等，在地线端子处涂抹导电膏，地线与车体滑块端连接并不拆卸，另一端与污物箱地线座连接，对螺栓进行紧固，施加 28 N·m 扭矩并涂打防松标记。

4. 对头车多普勒雷达与车体机械连接部分进行安装，施加 15 N·m 扭矩并涂打防松标记。对连接地线施加 28 N·m 扭矩，并涂打防松标记。

## 十八、电热开水器安装

1. 将固定夹固定在电热开水器正面，再使用管卡将电热开水器进水管路安装到电热开水器上。管卡螺栓施加 14 N·m 扭矩，管接头涂打防松标记。紧固供水管路管接头，紧固牢固后涂打防松标记。

2. 将支架固定在接水盘上，使用管卡固定供水管路。将管卡安装在支架上，预紧即可。将电热开水器搬运上车。使用管卡将电热开水器下部排水管和电热开水器侧面供水管进行连接，管接头涂打防松标记。

3. 将电热开水器放置在接水盘上，平移至安装位置，调整支座尺寸，使电热开水器侧面安装孔与间壁支架安装孔对正。电热开水器间壁自带支架，将电热开水器固定在间壁上的支架上，紧固螺栓施加 46 N·m 扭矩，并涂打防松标记。

4. 检查电热开水器接水面板安装牢固，背面紧固件无缺失。连接器体与面板的进水软管和排水软管。检查电热开水器接地线编织电缆无断股并安装接地线，施加 27 N·m 扭矩。电热开水器安装如图 7-14 所示。

图 7-14　电热开水器安装

# 第二节　车辆落成恢复

## 一、机械恢复

### (一)车下软管连接

将车下高度调节阀进风管、压力测试软管进行连接，连接前须在接头处涂抹管接头润滑油，紧固后涂打防松标记。

### (二)制动软管连接

将两侧常用制动软管、停放制动软管、踏面清扫软管接头进行连接，连接前须在接头处涂抹管接头润滑油，紧固后涂打防松标记。

**(三)接地线连接**(车体端)

将接地线的连接(车体端)端子接触面涂抹导电膏,使用白色组装胶涂抹在安装螺栓上,依次穿上螺栓、垫圈、弹垫及螺母,使用工具进行预紧。

**(四)牵引电机通风道连接**

拆下牵引电机通风道防护板,在安装螺栓上涂抹白色组装胶,将通风道盖板的挂钩勾到车体沟槽内,用牵引电机通风道安装工装顶住挂钩处,使其不与车体脱开。将盖板螺栓端推起,先穿纵向螺栓,用棘轮扳手将纵向螺栓拧紧,再安装两个竖向螺栓,对三个螺栓施加扭矩。安装完毕后检查通风道盖板组成与车体接触面间隙不许超过 1 mm。

**(五)过分相天线安装**(Tc 车)

检查感应接收器外壳性能正常,无缺陷。感应接收器连接电缆的橡胶护套无松弛、变形、老化等现象。使用白色组装胶涂抹过分相安装螺栓,将过分相瓷缸从安装底座穿入,使用工具将安装底座与转向架连接紧固螺栓预紧。

## 二、电气恢复

**(一)轴端速度、温度传感器和齿轮箱温度传感器恢复**

1. 拆除传感器插头及插座的所有防护,检查插头表面清洁,外观无裂纹、损伤及变形现象,插头内插针无松动、缩针、变形、融损及腐蚀现象。

2. 检查插座表面清洁,外观无裂纹、损伤和变形现象,插座内插孔无扩孔、腐蚀及损伤现象,插座菱形圈无破损、老化,可视范围内的螺纹管无破损现象,插座的防水螺丝无缺失,安装牢固,线缆外观状态良好。

3. 将转向架上自带的传感器插头对接到车体相应的插座上,使用扭矩扳手施加扭矩后重新涂打防松标记,并用塞尺检查传感器插头与插座之间的缝隙不大于 0.8 mm。

**(二)轴端加速度传感器恢复**

1. 拆除传感器插头及插座的所有防护。检查插头表面清洁,外观无裂纹、损伤及变形现象,插头内插孔无扩孔、腐蚀及损伤现象。

2. 检查插座表面清洁,外观无裂纹、损伤和变形现象,插座内插针无松动、缩针、变形、熔损及腐蚀现象。

3. 将转向架上自带的传感器插头对接到车体相应的插座上,直到在锁扣位置听到声响。

**(三)牵引电机电源插头**

1. 检查牵引电机电源线缆及连接器插头内端子外观无破损、烧伤。依次将线号套、上环、防水胶圈、屏蔽母环及屏蔽公环套入电缆。端子伸出连接器外壳的插孔后,用卡簧钳将卡簧口扩大,安装卡簧。将上环安装到端接头上,并用开口扳手拧紧,并涂打防松标记,根据车厢号和轴号将相应的线号装入线号套内。

2. 插头组装完成后,将牵引电机电源线插头与车体上的插座相连接。使用工具预紧后施加扭矩,并涂打防松标记,在牵引电机连接器两端线缆及接头处分别涂打不干性腻子,要求表面光亮,外观成型饱满,密封处边缘无缝隙。

### (四)过分相传感器恢复

1. 检查传感器插座表面清洁,外观无裂纹、损伤和变形现象,插座内插孔无扩孔、腐蚀及损伤现象。密封圈无破损、老化,可视范围内的螺纹管无破损现象,插座的防水螺栓无缺失,安装牢固,线缆外观状态良好。

2. 将转向架上自带的传感器插头对接到车体相应的插座上,使用扭矩扳手施加扭矩后重新涂打防松标记。用塞尺检查传感器插头与插座之间的缝隙不大于0.8 mm。

## 三、转向架裙板恢复

### (一)中间车转向架裙板安装(除Tc车一位端)

将六角头螺栓及滑块划入裙板内侧的滑道,裙板支架预安装到裙板上,使用螺母将支架和裙板预安装到底架边梁上。按要求调整转向架裙板,调整完成后施加扭矩,转向架裙板座组成不能与周围的转向架、电线、电缆、插头等接触。

### (二)头车玻璃钢裙板安装

将头车裙板按照位置标识预安装到相应位置,第一块裙板使用四角锁连接,其他区域裙板使用内六角头螺栓连接,按要求调整转向架裙板,调整完成后施加扭矩,调整过程中,可以使用调整垫片,但数量最多为3个。

## 四、车辆尺寸测量

### (一)无风状态尺寸测量

1. 松开主、副高度调节杆的锁紧螺母,转动一、二位转向架可调连杆使抗侧滚扭杆处于无应力状态。在空气弹簧无风情况下,水平轨道上测量车体基准点距离轨面的高度。高度要求见表7-1。

表7-1 无风状态车体基准点距离轨面的高度限度表

| 测量标准 | 轮(新/旧) | 车组 | 标准选择依据 |
| --- | --- | --- | --- |
| | $(499-\Delta D/2)^{+17}_{+11}$ mm | CR400BF-0503,0507 | |
| 一次测量标准 | $(269-\Delta D/2)^{+17}_{+11}$ mm | 批量(长客) | 转向架和车体第一次组装落车后24 h以内 |
| | $(239-\Delta D/2)^{+17}_{+11}$ mm | 唐车 | |
| | $(499-\Delta D/2)^{+13}_{+7}$ mm | CR400BF-0503,0507 | |
| 二次测量标准 | $(269-\Delta D/2)^{+13}_{+7}$ mm | 批量(长客) | 转向架和车体第一次组装落车后24 h至5 d内 |
| | $(239-\Delta D/2)^{+13}_{+7}$ mm | 唐车 | |
| | $(499-\Delta D/2)^{+3}_{-3}$ mm | CR400BF-0503,0507 | |
| 三次测量标准 | $(269-\Delta D/2)^{+3}_{-3}$ mm | 批量(长客) | 转向架和车体第一次组装落车后的5 d后 |
| | $(239-\Delta D/2)^{+3}_{-3}$ mm | 唐车 | |
| | $(379-\Delta D/2)^{+17}_{+11}$ mm | CR400BF-0503,0507 | |
| 头车一位端一次测量标准 | $(254-\Delta D/2)^{+17}_{+11}$ mm | 批量(长客) | 转向架和车体第一次组装落车后24 h以内 |
| | $(239-\Delta D/2)^{+17}_{+11}$ mm | 唐车 | |

续上表

| 测量标准 | 轮(新/旧) | 车　组 | 标准选择依据 |
|---|---|---|---|
| 头车一位端二次测量标准 | $(379-\Delta D/2)^{+13}_{+7}$ mm | CR400BF-0503,0507 | 转向架和车体第一落车后24 h至5 d内 |
| | $(254-\Delta D/2)^{+13}_{+7}$ mm | 批量(长客) | |
| | $(239-\Delta D/2)^{+13}_{+7}$ mm | 唐车 | |
| 头车一位端三次测量标准 | $(379-\Delta D/2)^{+3}_{-3}$ mm | CR400BF-0503,0507 | 转向架和车体第一落车后的5 d后 |
| | $(254-\Delta D/2)^{+3}_{-3}$ mm | 批量(长客) | |
| | $(239-\Delta D/2)^{+3}_{-3}$ mm | 唐车 | |

注:1. 车辆轮径差 $\Delta D$＝920－同一车辆 8 个车轮直径平均值(保留两位小数,单位:mm)。
2. $\Delta D/2$ 四舍五入后取整,单位:mm。
3. “长客”指中车长春轨道客车股份有限公司,“唐车”指中车唐山机车车辆有限公司。

2. 如果无风四角高测量值超差,可通过加减空气弹簧垫片进行调整(空气弹簧垫片按厚度可以分为 1 mm、2 mm、5 mm、8 mm 和 10 mm 五种),调整垫片总厚度不大于 50 mm。增减空气弹簧调整垫片时,需要同一辆车同侧(前后、左右)增减相同数值的空气弹簧调整垫片。

**(二)有风状态尺寸测量**

1. 恢复一、二位转向架抗侧滚扭杆下部安装座螺栓,截断车辆一端总风管截断阀,使用 0.7 MPa 以上的外接风源给空气弹簧供风,直至空气弹簧完全抬起。在水平轨道上测量车体基准点距离轨面的高度。高度要求见表 7-2。

表 7-2　无风状态车体基准点距离轨面的高度限度表

| 部　位 | 轮(新/旧) | 车　组 |
|---|---|---|
| 除头车一位端 | $(535-\Delta D/2)^{+7}_{+3}$ mm | CR400BF-0503,0507 |
| | $(275-\Delta D/2)^{+7}_{+3}$ mm | 批量(终端箱斜盖板处测量点) |
| | $(305-\Delta D/2)^{+7}_{+3}$ mm | 批量(车端测量点) |
| 头车一位端 | $(415-\Delta D/2)^{+7}_{+3}$ mm | CR400BF-0305 |
| | $(290-\Delta D/2)^{+7}_{+3}$ mm | CR400BF-0503,0507 批量(长客) |
| | $(275-\Delta D/2)^{+7}_{+3}$ mm | 批量(唐车) |

注:1. 车辆轮径差 $\Delta D$＝920－同一车辆 8 个车轮直径平均值(保留两位小数,单位:mm)。
2. $\Delta D/2$ 四舍五入后取整,单位:mm。

2. 如果车体一、二位四角高度超差,则调整空气弹簧高度阀主阀调整杆(调整杆长形螺母每转一圈,相应端四角高度变化约 3 mm),直至达到公差范围。然后,调整高度阀副阀调节杆的长度,使其比空气弹簧高度阀主阀调节杆长 45 mm(允许＋1 mm 误差)。调整好后,将空气弹簧高度阀及副阀调整杆上的螺母锁紧。

3. 如果车体左右倾斜,可以通过调整车辆一侧可调连杆长度,使车体左右达到一个水平值,同一端(一位或二位)左右高度差不大于 2 mm(可调连杆调整时,必须同升同降,每旋转一周,可伸长或缩短 3 mm。)

**(三)尺寸测量**

1. 使用内卡钳测量横向缓冲器与中心销挡板间隙,左右两侧平均值为 18～24 mm。

2. 使用卷尺及水平尺测量 TCR 天线下平面距轨面高度。具体标准见表 7-3。

表 7-3 TCR 天线下平面距轨面高度限度表

| 型　号 | CR400BF-0503、0507 | CTCS3-300T | CTCS3-300T | CTCS3-300H | CTCS3-300H |
|---|---|---|---|---|---|
| 高度(mm) | 210±5 | 205±10 | 210±10 | 155±5 | 150±5 |
| 备　注 | 无护套 | 带护套 | 无护套 | 无护套 | 有护套 |

3. 测量头车轮缘润滑喷嘴距踏面距离为 24.5～26.5 mm。

4. 使用游标卡尺测量转向架四角高高度为 147～155 mm。

5. 使用卷尺测量撒砂装置距轨面高度。要求头车高度为 65～69 mm，中间车喷嘴斜口为 18°结构的高度为 68～72 mm，中间车喷嘴斜口为 45°结构的高度为 74～78 mm。

6. 用卷尺测量头车转向架扫石器下表面距轨面高度为 23～27 mm。

7. 使用卷尺及水平尺测量头车应答天线(CAU)下平面距轨面的高度。具体标准见表 7-4。

表 7-4 CAU 天线下平面距轨面高度限度表

| 天线类型 | 测量标准(mm) | 备　注 |
|---|---|---|
| CAU | 254±5 | CR400BF-0503、0507 |
| | 215～240 | CTCS3-300T |
| | 190～245 | CTCS3-300H |
| | 215～279 | LKY · BTM-TH |

8. 使用卷尺及水平尺测量过分相感应接收器下平面距轨面高度在 90～120 mm 范围内。

9. 用卷尺测量头车全自动车钩钩舌中心距轨面高度为$(1\,000-\Delta D/2)^{+10}_{-25}$ mm。

### 五、车轮载荷称重

将车辆缓慢地推至动态轮重检测仪上，使车辆处于静止状态，待界面显示测量数据后，打印并核对测量结果，无风和有风状态各测量一次，要求单车称重时，要求同一车轴的左、右轮重差小于或等于 4%。“LX”表示左侧车轮的轮重，“RX”表示右侧车轮的轮重。若有轮重差超过 4%，结合轮重差进行分析并通过加减垫片调节空气弹簧高度、高度阀、横向止挡及可调连杆，使轮重差趋于合格。调整后，需要重新进行尺寸测量后方可进行称重试验。

## 第三节　动车组编组

### 一、半永久车钩连接

1. 拆除车钩及风管处防护，检查车钩压溃管触发指示钉状态正常，确认中间车钩圆锥锥头指向另一半车钩的对中衬套。用吊具调整两个车钩高度，使连挂车辆的车钩精确对准。清洁车钩端部联轴器、碗型套筒内表面。

2. 缓慢地驱动车辆。将车钩的两半对正，使车钩压溃管结合环与另一车钩牵引杆结合环相互靠近。安装半永久车钩的连接卡环，有排水孔的卡环必须朝下放置，将六角螺栓及防松板插入卡环的孔内并将卡环放在结合环上，使用工具预紧六角头螺栓。预紧过程中使用水平尺测量上卡环的水平度满足要求，最后用扭矩扳手逐级交叉施加扭矩至符合标准，测量两侧上下卡环之间的间隙，使其基本相等，并涂打防松标记。

## 二、内风挡安装

1. 拆除内风挡防护，用四角钥匙打开风挡两侧锁盒四角锁，使固定钩位于“打开”位置，

2. 移动风挡至另一个车辆的端部，将支承座对中定心销，保证下滑轮相对于导轨对中。当风挡与另一辆车风挡支撑相接触时，向下拉锁盒内手柄至“锁闭”位，风挡锁闭到位后关闭风挡两侧锁盒四角锁。

## 三、渡板安装

抬起渡板翻转板，将渡板缓慢放下，装有滑轮的一端滑轮平面向下装入安装槽内。将渡板带有插销的另一端固定到车端的插槽内，锁紧插销，盖好翻转板，检查内风挡与渡板无挤压。

## 四、车顶高压电缆安装

1. 打开高压机箱盖板。沿着高压机箱外侧，抬起高压箱电缆插头，将绝缘子插入高压机箱内，对高压端头、法兰板、电缆插头接地线施加规定扭矩，并涂打防松标记。在车顶高压机箱插头连接处打一圈密封胶。

2. 闭合高压机箱盖板，对高压机箱盖板施加扭矩，并涂打防松标记。

3. 对车顶高压电缆夹具施加扭矩，并涂打防松标记。安装 CT4 电流互感器上部分，安装完成后施加扭矩并涂打防松标记，对上下两部分之间涂打一圈密封胶。

4. 用钢直尺测量高压箱盖板两边角间隙符合要求。

## 五、跨接电缆安装

1. 检查法兰板及法兰板与车体紧固螺栓状态，对防松错位或螺栓松动的螺栓重新施加扭矩并涂打防松标记。

2. 将橡胶垫圈去除贴纸并贴于法兰盖板和车体上，抬起跨接电缆，将连接插头和电缆插入终端箱内。使用螺栓将法兰板与车体连接后施加扭矩，并涂打防松标记。

3. 盖板地线连接接触面涂抹装配膏，安装完成后施加扭矩，并涂打防松标记。

4. 检查电缆外观状态，外观状态良好，电缆之间无磨碰现象。

5. 用电缆接线端子，施加相应扭矩，并涂打防松标记。

6. 安装终端箱内 Harting 插头的紧固螺栓，施加扭矩并涂打防松标记。

## 六、终端箱底板安装

检查终端箱盖板上密封胶条状态良好、无破损，垫片无缺失。检查终端箱内部无异物，将终端箱盖板接地线进行连接，施加扭矩后涂打防松标记，安装终端箱盖板的六角头螺栓并施加扭矩涂打防松标记。使用内六角头螺栓将终端箱四个底板锁锁闭到位，终端箱底板安装完毕后对底板进行打胶处理。

# 第四节 安全注意事项

## 一、作业过程

1. 进库作业按要求穿戴劳保鞋(防砸)、工作服、工作帽(工作帽中需佩戴内衬)。

2. 打磨作业佩戴防护眼镜、口罩、防护服等防护措施。

3. 油漆作业须佩戴防毒面罩。

4. 各工位按照作业内容、工位性质配齐配全手套、防护服等防护设施。

5. 做好劳动安全“八防”措施卡控。

6. 对高血压、心脏病、手术康复期的职工加强安全防护,通过定期组织职工体检,掌握职工身体状态。

7. 班组工长和安全员做好日常检查巡视,及时发现现场劳动防护不到位的情况。

8. 接触各类锋利刀具、锐器时要精力集中,避免划伤、割伤或刺伤,必要时应佩戴防切割手套。

## 二、安装高压设备起重作业

1. 行车、构架升降机等起重设备必须定期检测,确保性能良好。

2. 开工作业前须对起重设备进行日常的点检,对起重设备进行试吊。加强行吊线缆检查,发现问题及时提报。

3. 吊运体积较大、较长、不规则的配件(如抗侧滚扭杆)时,须使用专用吊运工装并加强盯控,避免吊运过程中配件发生滑到或倾斜。

4. 吊运前对进行确认、确保配件上无人、无浮摆物或勾连其他货物的情况。互换应答确认后方可作业,防止夹手。

5. 杜绝吊运吊索夹角超过 90°的物品,吊运配件前确认作业环境安全。

6. 吊运物体时须使吊钩对准货物中心,确认吊钩吊带将配件固定并捆绑牢固。

7. 被吊运物品不得超过天车额定载荷,不得吊运超过 6 m 且无牵引绳的物体。

8. 天车使用完毕后应按要求停放至指定位置,防止无必要的“二次移动”。

9. 吊运作业须遵守特种设备操作规程及“十不吊”的要求,严格执行“动车转向架车间关于天车规范操作的通知”。

10. 做好起重作业看护人员的岗前培训工作。看护人员由工班长负责定人定岗,上岗前须进行系统性的专业培训,看护人员必须熟练掌握看护要求、应急处置措施及速升小车急停按钮操作等。

11. 工具管理中心每天开工前、收工后对行车遥控器进行检查,确认遥控器归还到位。

12. 库内速升小车 9、10 号转台须使用同一操作柜进行操作,操作时须提前确认开关位置并调整至相应的转台,操作时必须设置禁动牌,防止无关人员误操作。

13. 使用行车吊运配件时,操作人员须仔细观察并确认遥控器按键位置,防止出现误操作情况。

14. 将制动夹钳吊起检查下部外观状态时，吊带容易脱出从而导致制动夹钳掉落。在起吊时须在制动夹钳安装孔内插入两个 M16 废旧螺栓有效防止吊带脱出。

15. 将定子及转子吊运至待返厂区域时，定子及转子须使用行车从龙门架上通过，吊运高度较高，吊运时指挥人员须全程确认吊运路线，提醒吊运路线上的人员及时撤离，防止定子及转子吊运过程中掉落砸伤人员。

16. 货物重心超过铲脚中心，导致货物在铲运过程中坠落。铲运配件前对货物进行确认，保证配件铲运安全。

17. 叉车驾驶员须掌握叉车的额定载荷，了解铲运配件自重，杜绝超载的情况。

18. 配件铲运时须确认铲板状态良好，避免因铲板损坏导致配件掉落情况的发生。铲运过程中严禁出现配件叠放现象。

19. 铲运铲板、空箱时提前进行观察，如遇木箱、铲板等物体距离较近，须先进行位置调整，小心移动物体将两者之间间距拉大后方可进行铲运。

20. 使用叉车运输大部件时，无人指挥情况下禁止举升过高长距离运行，防止倾覆；同时当部件影响操作者视线，必须退行，运行过程中，班组要指派专人进行线路引导。

## 三、安装前部件搬运作业

1. 两人搬运配件时须做好呼唤应答。配件做好定置化管理并放置在指定区域，确认配件放置平稳。

2. 搬运重、大、长物件，必须有专人指挥，动作协调。

3. 两人以上扛抬物品时，应同肩同步，同起同落。

## 四、安装高压设备吊运

1. 物体吊运时严禁无人或多人指挥。

2. 吊运作业过程中要保持安全距离，严禁吊物从人员头顶通过。

3. 及时确认吊运物体存放点的状况，确认存放点的工装摆放到位，避免物体吊运至工装上时出现倾倒跌落情况。

4. 物体吊运时须减速慢行，启动前须鸣铃示警，操作人员听从指挥人员的指挥，指挥人员在保证安全距离的情况下做好四周环境的确认。

## 五、安装车顶高压设备

1. 在登高作业（距坠落基准面 2 m 及以上）时，必须戴好安全帽，按规定使用安全带（绳、网），车顶登高作业必须带标准背带式安全带，且加长绳长度不得大于挂设点与基准面的距离，严禁低挂高用，高处作业禁止接打使用手机。

2. 安全带（绳）使用前必须检查，凡使用期限超过 3 年的实行强制报废，并实行以旧换新的发放制度，保证失效的安全带（绳）及时回收。

3. 使用登车梯作业前，对设备状态进行检查，确认登车梯滑轮锁闭，登车梯平台上严禁放置可移动物体，非设置人员不得随意私自撤除登车梯；上下登车梯时手扶栏杆且严禁跨越、奔跑。

4. 使用梯子作业时必须有防滑装置，梯子与地面夹角应保持 55°～60°，使用人字梯、折叠梯应挂好安全链(绳),使用前必须检查梯子是否完好。使用时应有人扶护(监护)。

5. 在使用高处作业升降车(台)作业时,关闭高处作业平台防护门,在上下升降或左右移动时,必须瞭望确认具备条件后方可开动。

6. 确认二层、三层平台防护铰链挂设状态良好,无缺失,作业完毕后及时恢复。

7. 车顶、登高作业时工具、物料须按规定定置摆放,防止坠落伤害。

8. 塞拉门检修和动车组头罩前端雨刮器检修作业时,应规范穿戴安全带。

9. 塞拉门调试作业期间,在车门外侧规范悬挂禁动牌并做好安全提醒。

10. 车门附近作业时集中注意力,避免踩空,并确认塞拉门防护网、车端防护网挂设到位,严禁通过非平台侧车门探身对动车组外部进行检查作业。

11. 检修库内有接触网的登顶作业,要严格执行"人脸识别"或"一人一卡"制度,登顶作业前必须放下作业区三层作业平台渡板后方可作业,严禁长时间在渡板上站立或作业。在车顶作业时要在防滑带内行走,无防滑带的要在车顶中部区域行走。

12. 除车辆检修地沟外,其他为生产、生活需要所设的坑、沟、池和阴井,应有围栏或盖板。不准跳(跨)越未设防护的各种坑、沟。

13. 各种跳板、渡板工装及移动小车,使用前应仔细检查,确认良好。

14. 头车玻璃打胶作业时,应穿软底防滑鞋,防止踩踏头车玻璃时滑落、踩碎。

## 六、安装车下高压设备起重作业

1. 起重作业操作人员和指挥人员必须持证操作。必须实行单一指挥,严禁多人或无人指挥;严禁在吊物下方站立和行走,应按规定操作。

2. 起重作业过程中操作人和指挥人与起重机械投影的直线距离均不得大于 5 m,操作人和指挥人员须做好起重机械行进线路安全确认,发现异常立即停止使用,及时上报车间。

3. 起重机械作业应做到"十不吊",即:超重或埋藏地下物不吊;重量不明不吊;简化挂索、吊物捆绑不牢不吊;吊钩未对准物件重心(歪拉斜拽)不吊;非信号人员指挥或指挥信号不明时不吊;物件上有人、有浮摆物或勾连其他物件不吊;吊索夹角过大不吊(不宜超过 90°);未试吊不吊;6 m 以上长大物件无牵引绳或司索钩不吊;尖锐棱角物件吊索无衬垫不吊。

4. 起吊作业前必须先检查被起吊物件与其他部件的连接状态,并对各机构进行试吊,确认一切正常后方可吊装。起重机司机接受指挥信号后,须鸣铃警示后再起吊。如遇紧急情况,不论是否有人发出停车信号,司机均应立即停车。

5. 起重作业时,作业人员必须正确佩戴安全帽,安全站位,严禁站立在吊物(吊臂)下方、死角及运移路线(吊臂旋转半径)内,严禁站在吊起的货物上,严禁用手或脚伸入吊起的货物下方取放垫物或传递索具,严禁用手扶方式调整吊物位置。严禁任何人在工作状态的起重机械下行走、打闹、休息。作业过程中,严禁指挥人员擅离岗位。

6. 起重机械作业完毕后,须按定置管理规定,将起重机械牵引到指定位置,并将手柄妥善放置于定置工装中,并上锁。

7. 严禁一人携带多个起重机械遥控器;严禁跨车间、跨班组借用起重机械遥控器。

8. 无线遥控的起重机械与手柄须设有对应编号,设备包保班组须建立无线遥控的领用记录,操作起重机械前须再次确认遥控手柄与将要操作的起重机械是否对应。

9. 统筹安排人员培训、取证工作，确保起重机械操作、指挥资质人员的储备以满足生产现场需要。

10. 落实起重绳索、钩等吊索具检查养护制度，吊索具应定期检查探伤并记录，严禁使用不符合标准、规格和伤损的吊索具。不准将吊钩直接缠绕重物，不得将不同种类或不同规格的吊索、吊具混合使用。

## 复习思考题

1. 空调安装接地线安装过程是什么？
2. 受电弓安装时，安装避雷器与受电弓螺栓、电缆与受电弓螺栓有哪些注意事项？
3. 避雷器安装时有哪些注意事项？
4. 主变压器及冷却装置安装时，拆卸高压线缆旧T形接头靴套安装时有哪些注意事项？
5. 牵引变流器冷却单元安装时，需要测量哪些尺寸？
6. 半永久车钩安装时，对安装螺栓需进行哪些处理？
7. 自动车钩安装时，有哪些注意事项？
8. 轴端加速度传感器恢复的具体步骤有哪些？
9. 过分相传感器如何恢复？
10. 动车组重联时，需要用到哪些关键设备？

# 第八章　动车组调试

单车调试工序位于车辆落成恢复之后，车辆编组之前，主要是对动车组一些基本功能进行调试检测，检验单辆动车组各项指标是否满足要求，包括电气绝缘、高低阻、水系统、牵引、制动、高压、空调等部分，对未通过的试验及时返工处理，避免整列编组完成后进行大返工作业。动车组静态调试是动车组整列编组完成后对整车的性能进行测试，检验整车的控制系统、牵引系统、制动系统、旅客信息系统及各部件功能状态是否良好，检查贯穿电路是否通畅、测试空气管路是否密封良好，使动车组满足自走行要求。动态调试是对动车组在运行时各项性能进行测试，主要检测牵引动力、制动工况、司机警惕装置及动车组联锁等功能，使动车组满足上线运行的要求，并通过动态调试后来检查判断各部件安装状态是否良好。

## 第一节　单 车 调 试

### 一、电气绝缘单车试验

#### (一)试验前准备

试验前对试验侧车体使用接地线可靠接地，对 L 形连接器绝缘处理，如图 8-1 所示。

#### (二)测试电气绝缘

1. 使用绝缘测试仪器连接车顶高压线缆接头及车顶接地端，对被测高压跳线进行绝缘测试，试验电压 5 000 V，确定绝缘电阻值 $R>5\ \mathrm{M\Omega}$，如图 8-2 所示。

图 8-1　绝缘栓堵头安装

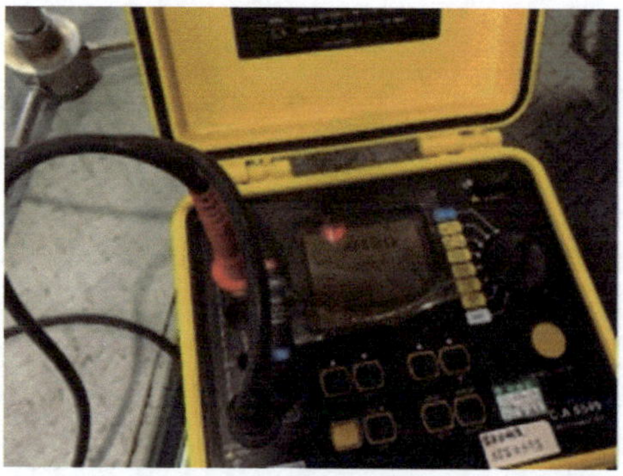

图 8-2　绝缘试验

2. 将耐压仪试验电缆与车顶高压线缆接线端子可靠连接，并将试验电缆及车顶高压线缆进行悬挂，确保试验线缆及高压线缆接线端子与车体无接触，如图 8-3 所示。

3. 站在绝缘垫上，设定耐压试验参数后将耐压仪电压从 0 升高到既定测量电压 44 kV，并保持 60 s。确认在试验过程中，没有发生电压突降或闪络现象，漏泄电流小于 160 mA。

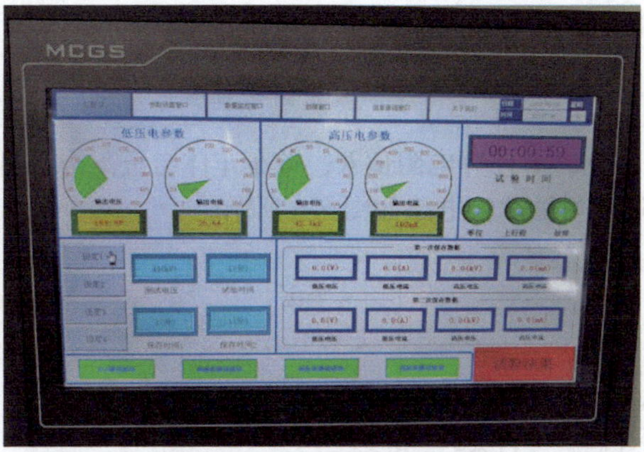


图 8-3　耐压试验

4. 将电压降至 0，利用接地杆对被测线缆进行放电，并用验电棒验电，确认被测高压电缆已无电。

5. 使用绝缘测试仪器对被测高压跳线进行绝缘测试，试验电压 5 000 V。确定绝缘电阻值 $R>5$ MΩ。

## 二、单车高阻抗测量试验

### (一)试验前准备

1. 拆卸 01、00 车轴端保护接地线缆与转向架构架侧的紧固件。
2. 拆卸 02、04、05、07 车设备舱舱板上接地电阻盒与齿轮箱侧的紧固件，如图 8-4 所示。
3. 拆卸 03、06 车一轴左保护接地线缆与转向架构架侧的紧固件。
4. 断开车端处车体与车钩间的保护接地线，如图 8-5 所示。
5. 断开所有的外部临时接地线。

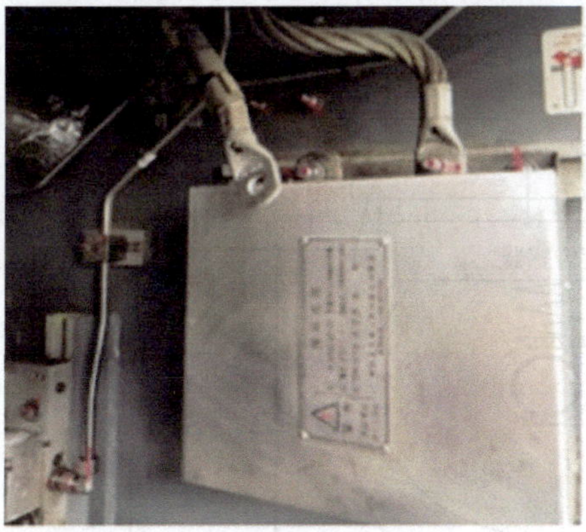

图 8-4　接地电阻盒

图 8-5　保护接地线

### (二)车体和短车钩之间高阻抗测量

1. 将电压源一端与车钩接地点连接，另一端与车体连接。

2. 接通电压源，并缓慢、平滑地调高电压。电压稳定在(50±0.2)V 范围内。

3. 待电压稳定后，用数字万用表分别测量电压源两端的电压值 $U$ 和连接电路中的电流值 $I$。

4. 根据欧姆定律 $R=U/I$ 计算电阻值 $R$。单车车体与短车钩之间的高阻抗 $R\geqslant 1\,000\ \Omega$。车体和短车钩之间高阻抗测量试验电路如图 8-6 所示。

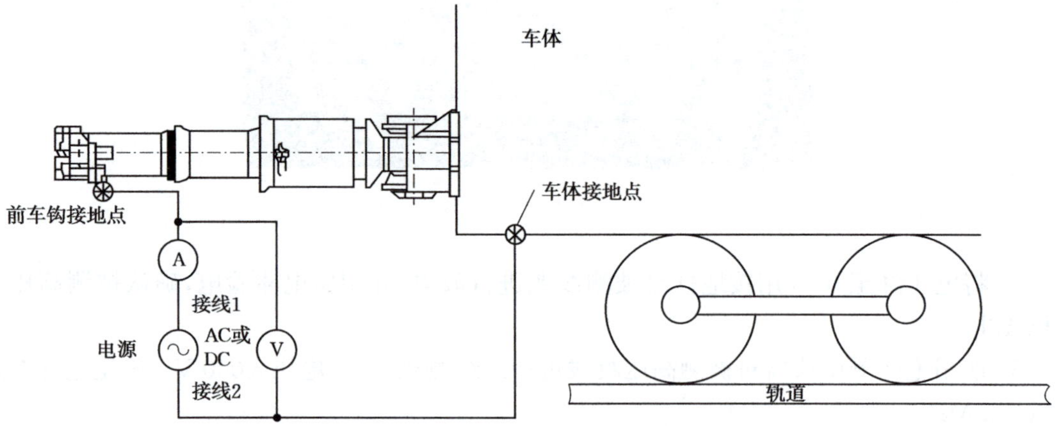


图 8-6 车体和短车钩之间高阻抗测量试验电路

**(三)车体和轨道之间高阻抗测量**

1. 将电压源一端与车体连接，另一端与轨道接地点连接。连接电路时须确认连接可靠，无虚接。

2. 接通电压源，并缓慢、平滑地调高电压。电压稳定在(50±0.2)V 范围内。

3. 待电压稳定后，用数字万用表分别测量电压源两端的电压值 $U$ 和连接电路中的电流值 $I$。

4. 根据欧姆定律 $R=U/I$ 计算电阻值 $R$。单车车体与轨道之间的高阻抗 $R\geqslant 25\ \Omega$。车体和轨道之间高阻抗测量试验电路如图 8-7 所示。

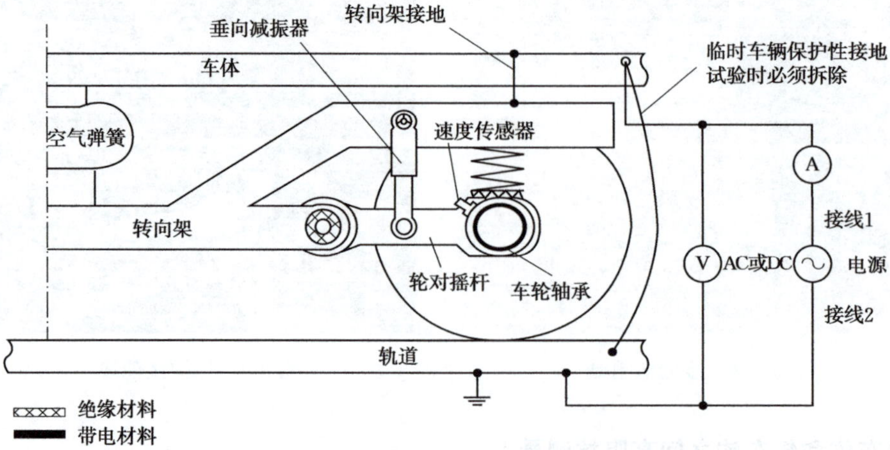


图 8-7 车体和轨道之间高阻抗测量试验电路

## 三、单车管路伴热功能试验

**(一)试验前准备**

闭合全列断路器=34-F22、=76-F02、=76-F15。

**(二)试验流程**(以 Tc01/Tc00 为例)

1. 利用短接线短接配电柜端子排 118(标牌号 340712.01)和 116(标牌号 340711.05)或手动吸合=34-Q01,激活继电器=34-Q01。

2. 利用短接线短接=96-X242.01 的 91C 和 92C(或手动吸合=76-Q01)。检查伴热线开始加热,拆卸短接线(或手动释放=76-Q01)。

## 四、单车水系统试验

**(一)净水箱液位显示**

使用供水软管为净水箱注水,直至溢流管有水流出,停止注水。确认箱液位指示器 LED 灯随水位升高依次亮起。

**(二)检查卫生间功能**

头车激活接触器=47-K21,中间车激活接触器=47-K22(餐车除外)。

1. 检查卫生间控制面板上的液位显示器。液位显示器的所有 LED 灯均可点亮。

2. 对卫生间进行一次便器冲水。便器可正常完成冲水过程。

3. 对卫生间便器进行注水,测试液位传感器功能正常。当水位到达液位传感器所监控的水位时,便器将进行一次抽水。

4. 将卫生间洗手盆水龙头打开一次。水龙头可正常出水。

5. 向洗手盆内注水或连续激活洗手盆水龙头,持续 1 min,对洗手盆下方管路状态及密封性进行检查。确认管路密封良好,无松动、漏水。

6. 对洗手盆下方供风管路状态及密封性进行检查。确认管路密封良好,无松动、漏风。

7. 打开卫生间顶板,对卫生间的供水管路状态及密封性进行检查。确认管路密封良好,无松动、漏水。

8. 打开卫生间内的玻璃门,对供水管路状态及密封性进行检查。确认管路密封良好,无松动、漏水。

9. 对后方供风管路状态及密封性进行检查。确认管路密封良好,无松动、漏风。

10. 打开便器后方的检查门,对后方供水管路状态及密封性进行检查。确认管路密封良好,无松动、漏水。

11. 对后方供风管路状态及密封性进行检查。确认管路密封良好,无松动、漏风。

**(三)检查电热开水器功能**

1. 按下排水按钮,排空电热开水器内的水。“电源”灯和“缺水”灯缓慢闪烁(完全排水的信号),“加热”灯熄灭。

2. 打开电热开水器的供水管路阀门,电热开水器进水,并开始加热。“电源”灯点亮,“缺水”灯熄灭,“加热”灯点亮。

3. 加热完毕后,“电源”灯点亮,“缺水”灯熄灭,“加热”灯熄灭。水龙头可放出热水,水质无色无味无异物。

4. 对电热开水器内外部管路状态及密封性进行检查。检查完毕,无松动、漏水。

5. 截断电热开水器的供水管路阀门。打开烧水箱和储水箱的排水阀门,进行排水。一段时间后,电热开水器无法加热,“电源”灯点亮;“缺水”灯点亮,“加热”灯熄灭。

6. 截断烧水箱和储水箱的排水阀门,打开电热开水器的供水管路阀门。

**(四)检查洗面间、拖布池功能**

1. 将洗面间、拖布池水龙头打开一次。水龙头可正常出水。

2. 打开洗面间玻璃门,对玻璃门后方供水管路状态及密封性进行检查。确认管路密封良好,无松动、漏水。

3. 对玻璃门后方供风管路状态及密封性进行检查。确认管路密封良好,无松动、漏风。

4. 对灰水箱供风管路状态及密封性进行检查。确认管路密封良好,无松动、漏风。

5. 向洗手盆内注水或连续激活洗手盆水龙头,持续 1 min,对洗手盆下方管路状态及密封性进行检查。确认管路密封良好,无松动、漏水。

6. 进行电热开水器排水或在洗手池处注水,使灰水箱内达到高液位。确认灰水箱管路无漏水,当灰水箱液位到达高液位时,灰水箱可在无风状态下自动排水。

7. 打开灰水箱的排水阀门,确认无排水声后,恢复排水阀。

**(五)检查漏水传感器功能**

1. 将漏水传感器启动开关打至开位(左侧为开位,右侧为关位),使用无纺布包围漏水传感器,持续漏水传感器和报警器之间淋水,用以模拟托盘液面上升条件。蜂鸣器响起。

2. 将漏水报警器启动开关打至关位。蜂鸣器停止发声。

3. 漏水报警器功能验证完毕后,清理托盘内存水。

**(六)检查防冻排水功能**

1. 打开净水箱上方的手动排水阀门,确认可正常排水。

2. 截断手动排水阀门,打开“防冻排水开关”,确认可正常排水。

3. 关闭“防冻排水开关”。

**(七)检查污水箱功能**

1. 将污水箱 X14 的 2 针与 3 针短接,车上和车下液位显示板的液位显示为污物箱 0 灯亮。

2. 拆除上述短接线,车上和车下液位显示板的液位显示为污物箱 0 灯灭。

3. 将污水箱 X14 的 2 针与 4 针短接,车上和车下液位显示板的液位显示为污物箱 25%灯亮。

4. 拆除上述短接线,车上和车下液位显示板的液位显示为污物箱 25%灯灭。

5. 将污水箱 X14 的 2 针与 5 针短接,车上和车下液位显示板的液位显示为污物箱 50%灯亮。

6. 拆除上述短接线,车上和车下液位显示板的液位显示为污物箱 50%灯灭。

7. 将污水箱 X14 的 2 针与 6 针短接,车上和车下液位显示板的液位显示为污物箱 75%灯亮。

8. 拆除上述短接线,车上和车下液位显示板的液位显示为污物箱 75%灯灭。

9. 将污水箱 X14 的 2 针与 7 针短接,车上和车下液位显示板的液位显示为污物箱 100%灯亮。

10. 拆除上述短接线，车上和车下液位显示板的液位显示为污物箱100%灯灭。

11. 断开=76-F11，短接车下污物箱接线盒中X50的37针和67针。

12. 闭合=76-F11，用钳形电流表测量污物箱接线盒中电流检测模块U01模块的11、12、13、14管脚接线电流。测得电流在1.7～2.0 A之间。

**(八)通用卫生间试验**

1. 查看SOS按钮状态，按钮在正常情况下显示为红色。

2. 按下紧急呼叫按钮，卫生间内部SOS按钮熄灭并伴有蜂鸣声。

3. 再次按下紧急呼叫按钮，蜂鸣声停止，SOS按钮恢复到正常红色状态。

4. 检查开关门功能正常，防挤压功能正常，锁门功能正常。

**(九)检查卫生间占用指示灯功能**

1. 两端头车

(1)使Tc01/Tc00车卫生间处于解锁状态，WC占用显示处于“空闲”状态(熄灭)。

(2)关闭并锁上卫生间门，WC占用显示处于“占用”状态(红色)。

(3)卫生间处于解锁状态，WC占用显示处于“空闲”状态(熄灭)。

2. 中间车(除Mb05车)

(1)使卫生间(左侧与右侧卫生间)处于解锁状态，WC占用显示处于“空闲”状态(熄灭)。

(2)关闭并锁上右侧卫生间门，WC占用显示处于“空闲”状态(熄灭)。

(3)关闭并锁上左侧卫生间门，WC占用显示处于“占用”状态(红色)。

(4)使卫生间(左侧与右侧卫生间)处于解锁状态，WC占用显示处于“空闲”状态(熄灭)。

## 五、电子标签功能试验

**(一)初始状态**

1. 接通蓄电池。

2. 闭合断路器=44-F12和=44-F15。

3. 将=44-A13车载编程器电源开关置“开”位。

4. 检查编程器工作模式开关，将模式切换开关拨到HTK侧或XC侧，确认编程器已供电，启动完成后01指示灯常亮。

**(二)功能试验**

1. 在固定信息编程器里输入固定信息，包括动车组车型、车号、配属局、配属段所及端位码。

2. 操作固定信息编程器将固定信息写入车载编程器。

3. 操作完成后，按返回键返回上一菜单，选择“校验”或“读取”按钮。

4. 断开EOAS设备供电开关，车载编程器断电后等待2 s后重新供电。

5. 在距离车下电子标签1 m附近处，使用便携式标签读出器按“启动”或“SCAN”键读取电子标签的内容。

6. 设置CIR车次信息SY99937。

7. 在距离车下电子标签1 m附近处，使用便携式标签读出器按“启动”或“SCAN”键读取电子标签的内容。

## 六、牵引变流器功能试验

**(一)检查油位**

车辆静止在库内至少 1 h,检查牵引变流器油位,确认加注液位在 20 ℃刻度线位置,偏差±5 mm。

**(二)牵引电机风扇**

1. 设置牵引电机冷却风机半速测试,确认牵引电机风扇半速运转,叶片旋转方向正确,且无机械撞击及金属摩擦导致的异音。

2. 选择风机停止测试,确认牵引电机风扇停止运转。

3. 设置牵引电机冷却风机全速测试,确认牵引电机风扇全速运转,叶片旋转方向正确,且无机械撞击及金属摩擦导致的异音。

4. 选择风机停止测试,确认牵引电机风扇停止运转。

**(三)牵引冷却系统检查**

通过 TCU 监控冷却水泵压力差,压力差在指定限值之内,压力差=流入-流出。范围在 0.050~0.105 MPa 之间。

## 七、牵引温度检查

1. 确认车辆 DC 110 V 电源供给正常。

2. 用温湿度计测量环境温度,并记录温度值。

3. 用轴温监控软件连接=42-A01 主机 X5 口。

4. 设置电脑 IP。

5. 在笔记本上使用轴温监控软件对齿轮箱、牵引电机温度传感器状态和温度进行读取。

6. 检查温度传感器状态正常。

7. 记录 1、2、3、4 轴大齿车轮侧,大齿电机侧,小齿车轮侧,小齿电机侧,牵引电机定子,牵引电机驱动端,牵引电机非驱动端的温度。记录温度与环境温度允许偏差为-2~+3.6 ℃。齿轮箱温度信息记录如图 8-8 所示。

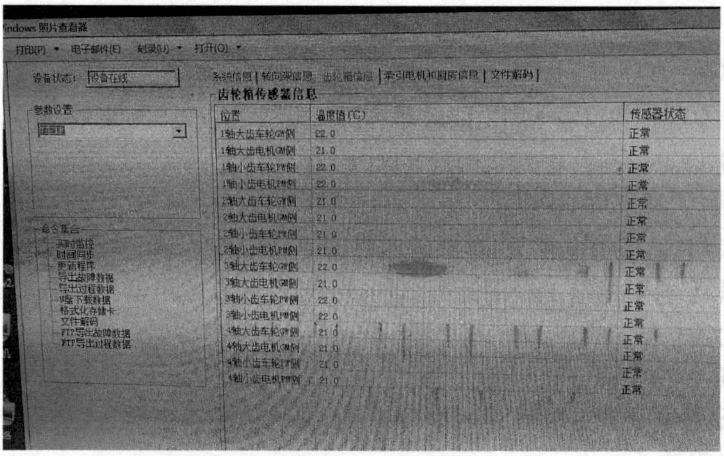


图 8-8 齿轮箱温度信息记录

## 八、溢流阀功能试验

### (一)空气弹簧溢流阀、减压阀功能试验

1. 将压力表连接至 B13.05 上。

2. 如图 8-9 所示，将压力表连接至 B13.02 测试口上。

图 8-9　B13.02 测试口

3. 隔离向总风管供风的风源，关闭外接供风管路的截断塞门。

4. 检查主风缸压力，若主风缸压力高于 0.5 MPa，则将 BCU 中的塞门 B36 手柄旋至 45°，使主风缸压力降至 0.5 MPa 以下，排风完毕后，恢复塞门 B36。

5. 动作塞门 B13.01，使空气弹簧排风至 B13.05 口测得的压力低于 0.5 MPa。若总风压力和 B13.05 处测得的压力低于 0.5 MPa，则不需排风。

6. 恢复旋塞 B13.01，确认 B13.05 处压力不上升。

7. 恢复向总风管供风，在 B13.05 处测得的压力开始上升时，检测 B13.02 压力。B13.02 压力满足 0.62～0.69 MPa。

8. 持续给车辆提供总风管供风，检查 B13.05 处压力表。当 B13.02 压力大于 0.75 MPa 时，B13.05 处压力到达(0.70±0.02)MPa 后不再升高。

### (二)卫生间供风溢流阀功能试验

1. 将压力表连接到 Z24 测试装置。

2. 检查主风缸压力，若主风缸压力高于 0.5 MPa，则将 BCU 中的塞门 B36 手柄旋至 45°，使主风缸压力降至 0.5 MPa 以下，排风完毕后，恢复塞门 B36。

3. 恢复向总风管供风，在 Z24 处测得的压力开始上升时，检测 B13.02 压力。B13.02 压力满足 0.62～0.69 MPa。

## 九、空气弹簧压力开关测试

1. 用风压表连接至 B12.08 和 B12.09。

2. 关闭塞门 B13.01，取下固定销，断开操纵杆与高度调节阀，使空气悬挂装置排气。转向架高度调节杆如图 8-10 所示。

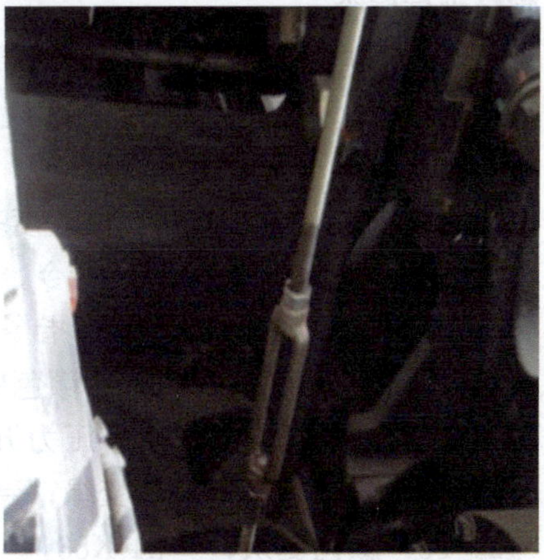

图 8-10　转向架高度调节杆

3. 检测试验装置 B12.08 处的压力，当 $P$=(0.15±0.03)MPa 时，确认接触器=28-K14 吸合。

4. 将 1 位转向架高度调整阀的操纵杆放回原处，恢复固定销。

5. 检测试验装置 B12.09 处的压力，当 $P$=(0.15±0.03)MPa 时，确认接触器=28-K15 吸合。

6. 将2位转向架高度调整阀的操纵杆放回原处，恢复固定销。

7. 缓慢打开旋塞B13.01，当确认接触器＝28-K14和确认接触器＝28-K15释放时，B12.08和B12.09处的压力 $P \leqslant 0.22$ MPa。

## 十、受电弓试验

### (一)试验前准备

1. 将受电弓用安全绳限制在1.9 m以下，且受电弓自由抬升无障碍。

2. 在车端总风管处已连接外部风源，风源风压高于0.7 MPa。

3. 确认车辆已正确连接DC 110 V适配器且DC 110 V电源供给正常。

4. 检查智能中控设备已正常连接。

### (二)受电弓控制阀校定

1. 将笔记本电脑和受电弓模块＝21-A01相连接。

2. 升起受电弓，记录受电弓接触压力 $P_1$、受电弓压力传感器1的数值 $P_2$。受电弓压力传感器2的数值 $P_3$。确认 $P_1$ 在0.31～0.35 MPa之间，确认 $P_1$ 与 $P_2$ 差值小于0.01 MPa，确认 $P_1$ 与 $P_3$ 差值小于0.01 MPa，确认 $P_2$ 与 $P_3$ 差值小于0.04 MPa。

### (三)受电弓升弓检测

1. 用眼睛观察受电弓的控制阀板组成，阀板组成的各个部件外观没有损坏。

2. 闭合断路器＝21-F07，确认ICCE显示"＝21-F07，＝24-T37"颜色变绿；"＝21-F07，＝24-T38"颜色变灰。

3. 打开升弓供风塞门＝21-XU31。

4. 固定紧急断电环路继电器＝21-K07，使其吸合，21-K07继电器吸合，ICCE显示两处"＝21-K07"颜色变绿。

5. 在ICCE上点击"升弓指令，＝24-T37"。

6. 用试漏剂对碳滑板接头或接缝处和可视范围供风管路进行检查。

7. 待受电弓升起后，检查下臂凸轮和气囊安装板之间间距 $C_1$ 和 $C_2$ 基本一致。受电弓气囊安装示意如图8-11所示。

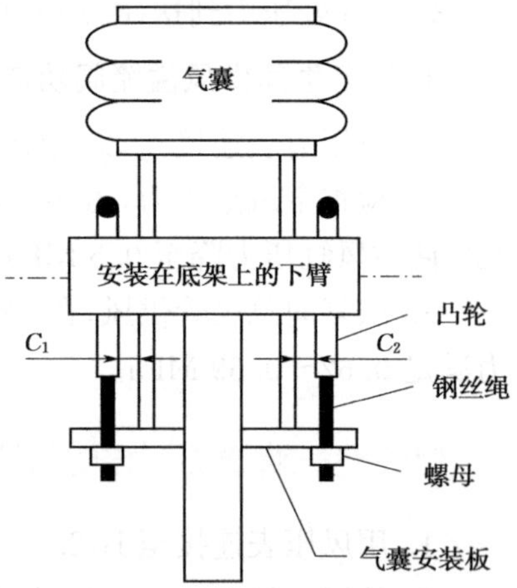


图8-11 受电弓气囊安装示意

8. 检查两侧钢丝绳的张紧程度基本一致，无异常。

9. 在ICCE上点击"升弓指令，＝24-T37"。受电弓降下。

10. 在ICCE上点击"升弓指令，＝24-T38"。此时，升弓继电器＝21-K05和＝21-K06吸合；ICCE显示两"＝21-K05"颜色变绿。受电弓升起后，ADD压力开关常开触点检测继电器＝21-K83得电吸合，ADD压力开关常闭触点检测继电器＝21-K81失电。ICCE显示"＝21-K81，＝24-T37"颜色变绿；"＝21-K81，＝24-T38"颜色变灰。ICCE显示"＝21-K83，＝24-T37"颜色变灰；"＝21-K83，＝24-T38"颜色变绿。受电弓压力检测继电器＝21-K10得电。

11. 截断受电弓供风塞门＝21-XU31。受电弓截断继电器＝21-K12 得电，升弓继电器＝21-K05 失电，升弓过分相使能继电器＝21-K06 失电；ICCE 显示两处“＝21-K12”颜色变绿。受电弓降下。

12. 打开受电弓供风塞门＝21-XU31。受电弓截断继电器＝21-K12 失电，＝21-K05 和＝21-K06 得电；ICCE 显示两处“＝21-K12”颜色变灰。受电弓升起。

13. 在 ICCE 上点击“升弓指令，＝24-T38”。受电弓降下。

**(四)静态接触压力检查**

1. 用弹簧秤钩住弓头支撑梁中间位置。

2. 用弹簧秤下拉受电弓并使其缓慢、匀速地下降。

3. 下降过程中，分别观察并记录受电弓下降至落弓位高度以上 0.5 m、可测量的最高点(不超过 1.9 m)及两点中任意一点(建议选靠近中点处)三处的弹簧秤读数。要求下降过程中的力不超过 100 N。

4. 用弹簧秤拉住受电弓并使其缓慢、匀速地上升。

5. 上升过程中，分别观察并记录受电弓升高至落弓位高度以上 0.5 m、可测量的最高点(不超过 1.9 m)及两点中任意一点(建议选靠近中点处)三处的弹簧秤读数。要求上升过程中的力不低于 60 N。

6. 计算并核对受电弓上升及下降过程中同一高度点力的差值不大于 30 N。

7. 用弹簧秤拉住挂在受电弓弓头横梁上的扎带，缓慢向上提拉受电弓。确认受电弓刚刚脱离落弓位时弹簧秤的力不小于 120 N。

**(五)升降时间的检测**

1. 在 ICCE 上点击“升弓指令”变绿，用秒表检测受电弓从落弓位至最高点时间。要求不大于 9 s，且未引起损坏冲击。

2. 在 ICCE 上点击“升弓指令”变灰，用秒表检测受电弓从最高点到落弓位时间。要求不大于 9 s，且未引起损坏冲击。

**(六)自动降弓装置 ADD 的检测**

1. 在 ICCE 上点击“升弓”指令。受电弓升弓完毕。

2. 拆除固定＝21-K07 的工装，使其释放。车顶 ADD 阀动作，受电弓降下，受电弓快接近车顶时有停顿缓冲现象。

3. 在 ICCE 上发出“升弓指令”。受电弓仍在降下状态。

## 十一、司机室空调试验

**(一)风机转向检查**

1. 通过 ICCE 试验台启动冷凝风机，控制界面反馈正常。

2. 检查冷凝风机的旋转方向及运转声音，运转无异常振动及噪声，风机旋转方向正确。

3. 通过 ICCE 试验台启动压缩机，控制界面反馈正常。

4. 检查压缩机的运转声音，运转无异常振动及噪声。

5. 关闭冷凝风机和压缩机。

6. 通过 ICCE 试验台启动紧急通风，接触器=62-Q20 得电吸合，控制界面反馈正常。

7. 关闭紧急通风。

8. 通过 ICCE 试验台启动蒸发风机，控制界面反馈正常。

9. 检查蒸发风机的旋转方向及运转声音，确认出风口有风吹出，运转无异常振动及噪声。

10. 关闭蒸发风机。

**(二)检查功率消耗**

1. 通过空调监控软件分别启动各空调设备，启动主加热器之前确保蒸发风机已启动。

2. 在车载电源箱内测量并记录各模式下设备的运行电流，确认电流值符合标准。具体标准见表 8-1。

**表 8-1 动车组司机室空调功率消耗对照表**

| 设　备 | 断路器/接触器 | 电流值(A) | 差　值 |
|---|---|---|---|
| 司机室蒸发风机(高速) | F22 | 0.4～0.8 | <10% |
| 司机室蒸发风机(低速) | F21 | 0.2～0.5 | <10% |
| 冷凝风机 | F24 | 0.5～1.1 | <10% |
| 压缩机 | F25 | 2～4.5 | <15% |
| 加热器 1 | F23 | 3～5.5 | <10% |
| 加热器 2 | F27 | 3～5.5 | <10% |
| 新风机 | F29 | 0.5～1.1 | <10% |
| 司机室消音风道加热器 | Q28 | ≤2.1 | <10% |
| 司机室左侧腿部加热 | Q26 | ≤1.5 | — |
| 司机室右侧腿部加热 | Q26 | ≤1.5 | — |

**(三)温度传感器试验**

在空调监控软件温度传感器界面中查看并记录新风温度传感器、送风温度传感器、回风温度传感器的显示值。温度传感器的标准值在−50～+73 ℃范围内。

**(四)手动模式测试**

将司机室空调模式选择开关置于表 8-2 所示的位置，检查各设备的运转情况。运转状态(ON/OFF)，其状态必须与表中一致。

**表 8-2 司机室空调模式选择开关**

| 设　备 | 通　风 | 全　暖 | 全　冷 |
|---|---|---|---|
| 蒸发风机 1(高速) | ON | ON | ON |
| 蒸发风机 2(高速) | ON | ON | ON |
| 冷凝风机 | OFF | OFF | ON |
| 压缩机 | OFF | OFF | ON |
| 加热器 1 | OFF | ON | OFF |
| 加热器 2 | OFF | ON | OFF |

**(五)压力保护装置检查**

1. 启动空调系统,正常运行 10 min。

2. 在已启动的司机台车辆上模拟压力波动保护装置(可用手或工装适当力度拍击车外取压点),对车内对应空调机组、废排单元对应部位进行监听。确认新风风门迅速关闭,并伴有“哐”的声音。废排风门迅速关闭,并伴有“哐”的声音。空调监控软件监测压力波反馈正常。

## 十二、客室空调试验

**(一)风机转向检查**

1. 通过 ICCE 试验台启动冷凝风机 1 和冷凝风机 2,控制界面反馈正常。

2. 检查冷凝风机 1 和冷凝风机 2 的旋转方向及运转声音,运转无异常振动及噪声,风机旋转方向正确。

3. 通过 ICCE 试验台启动压缩机 1 和压缩机 2,控制界面反馈正常。

4. 检查压缩机 1 和压缩机 2 的运转声音,运转无异常振动及噪声。

5. 关闭冷凝风机 1、2 和压缩机 1、2。

6. 通过 ICCE 试验台启动蒸发风机 1(低速)和蒸发风机 2(低速),控制界面反馈正常。

7. 检查蒸发风机 1 和蒸发风机 2 的旋转方向及运转声音,确认出风口有风吹出,运转无异常振动及噪声。

8. 关闭蒸发风机 1 和蒸发风机 2。

9. 通过 ICCE 试验台启动蒸发风机 1(高速)和蒸发风机 2(高速),控制界面反馈正常。

10. 检查蒸发风机 1 和蒸发风机 2 的旋转方向及运转声音,确认出风口有风吹出,运转无异常振动及噪声。

11. 关闭蒸发风机 1 和蒸发风机 2。

12. 通过电脑控制程序启动废排风机,控制界面反馈正常。

13. 检查废排风机的旋转方向及运转声音,运转无异常振动及噪声,风机旋转方向正确或废排出风口有风吹出。

14. 关闭废排风机。

15. 通过 ICCE 试验台启动门廊加热器,控制界面反馈正常。

16. 检查门廊加热器=61-E05、=61-E06、=61-E07、=61-E08 的旋转方向,风机旋转方向正确或者有明显的风从加热器的出风口吹出。

17. 关闭门廊加热器。

18. 通过 ICCE 试验台启动卫生间加热器,控制界面反馈正常。

19. 关闭卫生间加热器。

20. 通过 ICCE 试验台启动紧急通风,控制界面反馈正常。

21. 关闭紧急通风。

**(二)检查功率消耗**

1. 通过空调监控软件分别启动各空调设备。启动主加热器之前确保蒸发风机已启动。

2. 在车载电源箱内测量并记录各模式下设备的运行电流,确认电流值符合标准。具体标准见表 8-3。

表 8-3 动车组客室空调功率消耗对照表

| 设　备 | 断路器 | 电流值(A) | 偏差值 |
|---|---|---|---|
| 蒸发风机 1(高速) | 13 | 2.6～3.7 | <10% |
| 蒸发风机 1(低速) | 12 | 0.7～1.4 | <10% |
| 蒸发风机 2(高速) | 15 | 2.6～3.7 | <10% |
| 蒸发风机 2(低速) | 14 | 0.7～1.4 | <10% |
| 冷凝风机 1 | 06 | 2.6～3.2 | <10% |
| 冷凝风机 2 | 07 | 2.6～3.2 | <10% |
| 压缩机 1 | 03 | 9.7～17 | <15% |
| 压缩机 2 | 05 | 9.7～17 | <15% |
| 加热器 1 | 08 | 20～25 | <10% |
| 加热器 2 | 09 | 20～25 | <10% |
| 门廊加热器 E05/E06 | 18 | L1/L2:2.5～3<br>L3≤1.3 | — |
| 门廊加热器 E07/E08 | 20 | L1/L2:2.5～3.2<br>L3≤1.3 | — |
| 卫生间加热器＝75-A01(除 Mb 车) | 22 | 1.32 | <10% |
| 卫生间加热器＝75-A02(除 Tc 车、Mb 车) | 23 | 1.32 | <10% |
| 风道加热器 E10 | 11 | 9.576～11.7 | <10% |
| 废排风机＝61-G03 | 17 | 1.4～2.1 | <10% |

## (三)温度传感器试验

在空调监控软件温度传感器界面中查看并记录新风温度传感器、送风温度传感器、回风温度传感器、卫生间温度传感器 1(除 Mb05 车)、卫生间温度传感器 2(除 Tc 车和 Mb 车)、门廊温度传感器、客室温度传感器＝61-B01、客室温度传感器＝61-B02 的显示值。温度传感器的标准值在－45～＋85 ℃的范围内。

## (四)手动模式测试

将客室空调模式选择开关置于表 8-4 所示的位置，检查各设备的运转情况。运转状态(ON/OFF)，其状态必须与表中的备注值一致。

表 8-4 客室空调模式选择开关

| 设　备 | 通　风 | 全　暖 | 半　暖 | 半　冷 | 全　冷 |
|---|---|---|---|---|---|
| 蒸发风机 1(高速) | ON | ON | ON | ON | ON |
| 蒸发风机 2(高速) | ON | ON | ON | ON | ON |
| 冷凝风机 1 | OFF | OFF | OFF | ON | ON |
| 冷凝风机 2 | OFF | OFF | OFF | ON | ON |

续上表

| 设　　备 | 通　风 | 全　暖 | 半　暖 | 半　冷 | 全　冷 |
|---|---|---|---|---|---|
| 压缩机 1 | OFF | OFF | OFF | ON | ON |
| 压缩机 2 | OFF | OFF | OFF | OFF | ON |
| 加热器 1 | OFF | ON | ON | OFF | OFF |
| 加热器 2 | OFF | ON | OFF | OFF | OFF |
| 废排风机=61-G03 | ON | ON | ON | ON | ON |

# 第二节　列车静态调试

## 一、列车接地电阻测量试验

### (一)断开接地线

1. 拆卸 01、00 车轴端保护接地线缆与转向架构架侧的紧固件。

2. 拆卸 02、04、05、07 车设备舱舱板上接地电阻盒与齿轮箱侧的紧固件。接地电阻盒如图 8-12 所示。

3. 拆卸 03、06 车一轴左保护接地线缆与转向架构架侧的紧固件。

4. 断开所有的外部临时接地线。

图 8-12　接地电阻盒

### (二)连接电路

1. 将电流源一端与车体接地点连接,另一端与轨道连接。确认试验电路连接可靠,无虚接。轨道表面和轮对踏面不能有污垢和锈蚀,使车轮和轨道之间的过渡电阻尽可能小。列车接地电阻测量试验电路、列车接地电阻测量试验线路连接分别如图 8-13 和图 8-14 所示。

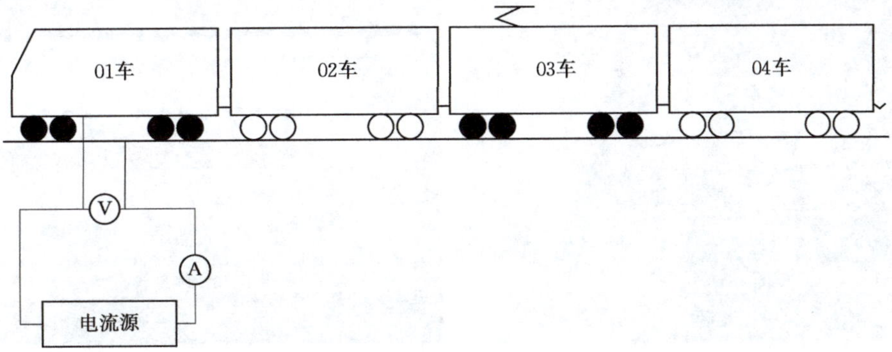


图 8-13　列车接地电阻测量试验电路示意

（a）　　　　　　　　　　　　　　（b）

图 8-14　列车接地电阻测量试验线路连接

**(三)接地电阻测量**

1. 恢复保护接地线的连接，需恢复的接地线如图 8-15 所示。

图 8-15　需恢复的接地线

2. 接通电流源的电源，用钳形电流表测量电流源的实际输出值，将输出电流调整到(50±0.5)A，保证电压值低于 2.5 V。测量位置与电流源显示如图 8-16 所示。

（a）　　　　　　　　　　　　　　（b）

图 8-16　测量位置与电流源显示

3. 用钳形电流表测量并记录已连接的保护接地线的通过电流值 $I_A$。

4. 计算并核对保护接地线处测量的电流值 $I_A$ 与电流源的实际输出值 $I_0$ 的差值，要求满足 $\frac{|I_A-I_0|}{I_0}\times 100\%\leqslant 1\%$。电流值 $I_A$ 测量如图 8-17 所示。

图 8-17　电流值 $I_A$

5. 将电流值缓慢调整到 0，关闭电流源，断开保护接地线。

6. 按照以上步骤依次测量其他保护接地线的接地电阻。

## 二、列车高阻抗测量试验

### (一)试验前准备

1. 拆卸 01、00 车轴端保护接地线缆与转向架构架侧的紧固件。
2. 拆卸 02、04、05、07 车设备舱舱板上接地电阻盒与齿轮箱侧的紧固件。
3. 拆卸 03、06 车一轴左保护接地线缆与转向架构架侧的紧固件。
4. 断开所有的外部临时接地线。

### (二)预测电阻

用万用表测量车体与轨道间电阻。动车组整列车体与轨道之间的阻值 $R\geqslant 200\ \Omega$。

### (三)连接电路

将电压源一端与任一车体接地点连接，另一端与轨道连接。连接电路时须确认连接可靠，无虚接。高阻抗测量试验电路示意如图 8-18 所示。

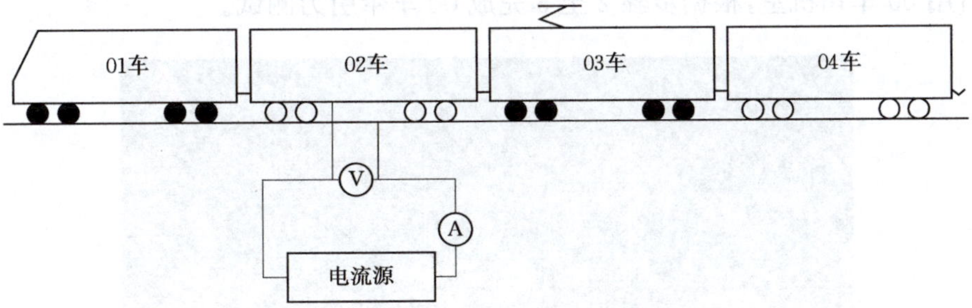

图 8-18　列车高阻抗测量试验电路示意

### (四)测量电阻值

1. 接通电压源，并缓慢、平滑地调高电压。电压稳定在(50±0.2)V 范围内。
2. 待电压稳定后用数字万用表分别测量电压源两端的电压值 $U$ 和连接电路中的电流值 $I$。
3. 根据欧姆定律 $R=U/I$ 计算电阻值 $R$。动车组整列车体与轨道之间测得的阻值 $R\geqslant 25\ \Omega$。
4. 测量试验结束后，须将电压源输出电压调至 0，关闭电压源电源。
5. 断开试验电路与车体接地点及轨道的连接。

## 三、牵引、电制动静态试验

### (一)读取 TCU 冷却水温度

1. 接通蓄电池。

2. 笔记本与 TCU 相连接,并载入菜单:选择"PLC 设置"→输入 IP 地址→点击"转换为在线"→点击"监控/设置变量"。

3. 在软件中分别确认室温,入口、出口水温,谐振电感温度,箱内气温,箱内水温,TCU I/O 卡温度显示的合理性。软件中显示温度与室内温度的差值处于−5～+5 ℃范围内。

### (二)紧急制动试验

1. 用 01 车司机室,方向开关移至向前位。

2. 确认受电弓处于降弓位。

3. 用笔记本电脑连接 TCU,打开服务软件 TKDMON。

4. 变量的在线值为"TRUE"时,说明收到 EB、UB 信号。信号状态与实际情况一致。

5. 两端司机室为主控端时,均须进行试验。

### (三)牵引力测试

1. 接通蓄电池,占用 01 车司机室,方向开关移至向前位。

2. 将牵引制动手柄置于 7 级制动。

3. 升弓并闭合主断。

4. 确认各动车组配电柜内=23-F01、=23-F02 断路器闭合。

5. 点击 HMI 中"牵引界面"键,进入牵引力测试界面。点击位于"牵引界面"中"测试开始"。牵引力测试进行中,指示灯为"黄色";测试结束后,指示灯变为"绿色"。确认各车牵引力显示柱上升至 5%左右,测试完成后恢复为 0,牵引力测试界面如图 8-19 所示。

6. 占用 00 车司机室,根据步骤 2 至 5 完成 00 车牵引力测试。

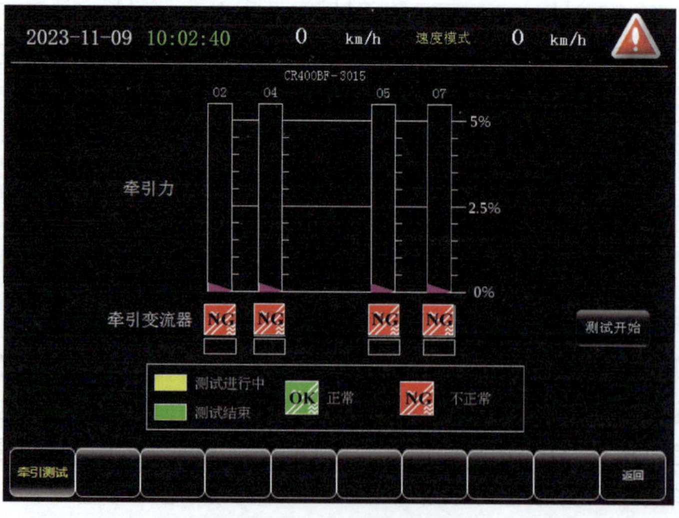


图 8-19 牵引力测试界面

**(四)测试逆变器信号**

1. 确认列车施加停放制动。

2. 占用任意一端司机室,方向开关置于向前位,升弓并闭合主断。

3. 用笔记本电脑连接 TCU,打开服务软件 TKDMON。

4. 加载工程列表,与 TCU 建立连接→工程变量→显示筛选器→筛选并将变量(SBZSGRSV、SBZSGRSR、SUDISTG、SBQHSACE)添加到"watchlist"中。SBQHSACE 为"TRUE"时说明车组主断闭合。闭合主断时,检查到中间直流环节电压"SUDISTG"应大于 2 000 V。变量的在线值"TRUE"见表 8-5。

表 8-5 变量的在线值

| 主 控 | 方向开关 | SBZSGRSV | SBZSGRSR |
|---|---|---|---|
| Tc01 | 向前 | 2、4 | 5、7 |
| | 向后 | 5、7 | 2、4 |
| Tc00 | 向前 | 5、7 | 2、4 |
| | 向后 | 2、4 | 5、7 |

**(五)VCB 闭合及跳闸确认**

1. 占用任意一端司机室,切除非试验端受电弓及主断路器。

2. 升弓并闭合主断。在 HMI 上确认主断闭合,确认车组主断合 SBQHSACE 为 TURE。

3. 使用软件 TKDMON 加载客户版 listfile 文件 CusListFile. tkdpl。

4. 在 PLC 设置界面设置 CPU 板卡 IP 地址,并连接 CPU 板卡。

5. 执行后台任务 B46"Test VCB OFF"。测试控制台直接打印"VCB OpenTest Program!""1-Open VCB!""e-End!""Please select(1,e)"。

6. 输入 1 回车。VCB 由闭合状态变为断开状态。TCU 释放主断指令"释放主断_1SBA1HS"和"释放主断_2SBA2HS"由 TURE 变为 FALSE。主断路器反馈状态为断开,即"确认车组主断合 SBQHSACE"由 TURE 变为 FALSE。

7. 在测试控制台中输入 e 回车,B46 后台任务执行结束。

8. 根据步骤 1 至 6,依次完成所有受电弓车试验。两端司机室为主控端时,均须进行试验。

**(六)主断路器、隔离开关状态检查**

1. 占用 01 车司机室。

2. 手动切除隔离开关,HMI 显示隔离开关断开。

3. 手动恢复隔离开关,HMI 显示隔离开关闭合。

4. 升起 06 车受电弓,闭合主断路器。确认 HMI 显示 06 车受电弓升起,主断闭合,隔离开关闭合;整列车的辅助变流器单元功能正常;整列车的牵引变流器单元功能正常;整列车的充电机功能正常;网压正常。

5. 检查 03 车电器柜端子排=96-X242.01 的 11 和 12 的电压,电压小于 AC 20 V,则 03 车主断正常;如果在 AC (100±20)V,则主断故障。

6. 断开主断路器并降弓。HMI 屏显示 06 车受电弓降落,主断断开,隔离开关闭合。

## 四、高低阶制动压力检查

1. 移动主手柄置于 EB 位。
2. 使用服务终端软件控制 EX01B_A7_RO8=1。
3. 压力表连接到 B12.18 处，读取并记录数据，标准值见表 8-6。

**表 8-6 CR400BF 动车组压力标准值**

| 车 号 | 压 力(kPa) | 车 号 | 压 力(kPa) |
|---|---|---|---|
| 01 车 | 127±25 | 05 车 | 201±25 |
| 02 车 | 216±25 | 06 车 | 132±25 |
| 03 车 | 132±25 | 07 车 | 216±25 |
| 04 车 | 213±25 | 00 车 | 128±25 |

## 五、菜单引导制动试验

1. 将制动手柄置于 0 位，确认全列制动缓解。
2. 在 HMI 屏制动主界面上，按“制动试验”选项进入菜单引导的制动试验界面，如图 8-20 所示。

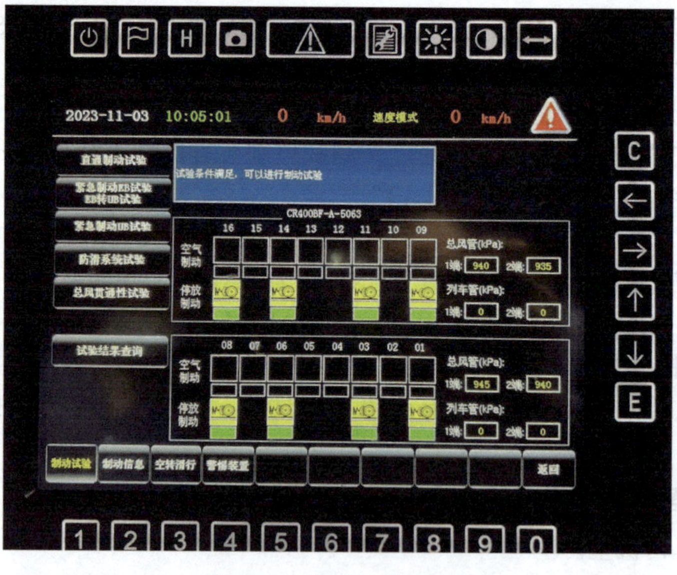


图 8-20 “制动试验”界面

3. 操作显示页面“制动试验”中的“直通制动试验”。
4. 操作显示页面“制动试验”中的“开始试验”，遵循 HMI 上说明完成试验。
5. 操作显示页面“制动试验”中的“停止试验”。
6. 操作显示页面“制动试验”中的“紧急制动 EB 试验 EB 转 UB 试验”。
7. 操作显示页面“制动试验”中的“开始试验”，遵循 HMI 上说明完成试验。
8. 操作显示页面“制动试验”中的“停止试验”。

9. 操作显示页面“制动试验”中的“紧急制动 UB 试验”。
10. 操作显示页面“制动试验”中的“开始试验”，遵循 HMI 上说明完成试验。
11. 操作显示页面“制动试验”中的“停止试验”。
12. 操作显示页面“制动试验”中的“防滑系统试验”。
13. 操作显示页面“制动试验”中的“开始试验”，遵循 HMI 上说明完成试验。
14. 操作显示页面“制动试验”中的“停止试验”。
15. 操作显示页面“制动试验”中的“总风贯通试验”。
16. 操作显示页面“制动试验”中的“开始试验”，遵循 HMI 上说明完成试验。
17. 操作显示页面“制动试验”中的“停止试验”。
18. 操作显示页面“制动试验”中的“试验结果查询”，如图 8-21 所示。

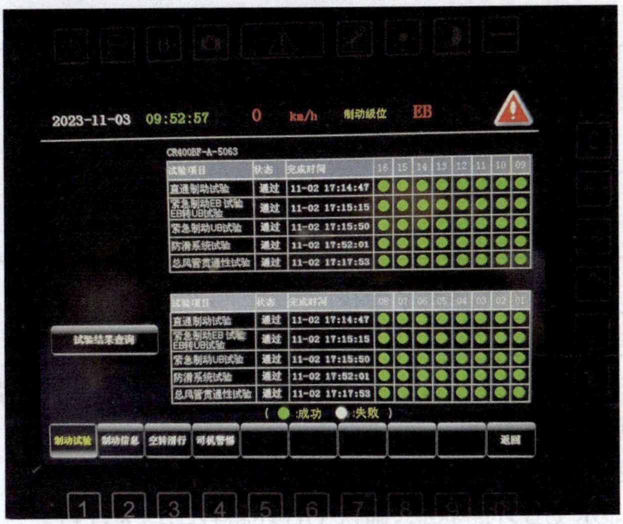

图 8-21 “试验结果查询”界面

## 六、制动环路检查

### (一)紧急制动环路 EBL

1. 将主手柄置于缓解位，检查制动状态。确认所有车辆摩擦制动缓解。
2. 将主手柄置于 EB 位。
3. 将笔记本连接到 01 车 EBCU 上，启动服务终端软件。
4. 检查 01 车信号 TL_EB_R_Active。确认信号 TL_EB_R_Active=1。
5. 检查各车制动缸 C 压力信号 AS_M_C_pressure，信号标准值见表 8-7。

表 8-7 信号标准值

| 车 号 | AS_M_C_pressure 标准值(kPa) | 车 号 | AS_M_C_pressure 标准值(kPa) |
|---|---|---|---|
| 01 | 335±20 | 05 | 394±20 |
| 02 | 391±20 | 06 | 346±20 |
| 03 | 349±20 | 07 | 392±20 |
| 04 | 386±20 | 00 | 332±20 |

6. 激活01车紧急牵引模式,检查制动状态。确认所有车紧急制动EB转为UB制动。

7. 将主手柄置于0位,检查制动状态。所有车的摩擦制动缓解。

8. 恢复紧急牵引模式。

**(二)紧急制动环路UBL**

1. 占用01车司机室,缓解所有制动,查看制动状态。确认制动缓解。

2. 将笔记本连接到01车EBCU上,启动服务终端软件。

3. 按下紧急制动蘑菇头。

4. 检查01车信号TL_UB_R_NotActive=0。

5. 检查各车信号AS_M_C_pressure,信号标准值见表8-8。

表8-8 信号标准值

| 车　号 | AS_M_C_pressure标准值(kPa) | 车　号 | AS_M_C_pressure标准值(kPa) |
|---|---|---|---|
| 01 | 343±25 | 05 | 395±25 |
| 02 | 392±25 | 06 | 351±25 |
| 03 | 352±25 | 07 | 392±25 |
| 04 | 389±25 | 00 | 338±25 |

6. 激活紧急牵引模式,确认制动无变化。

7. 恢复紧急牵引模式。

8. 恢复紧急制动蘑菇头28-S01,将主手柄置于常用制动位,并按下紧急复位按钮3 s,恢复主手柄,确认紧急制动UB缓解。

9. 操作ATP设备施加UB制动,确认紧急制动UB施加。

10. 查看HMI显示UB环路状态,确认UB环路各车均为红色。

11. 恢复ATP设备,将主手柄置于常用制动位,并按下紧急复位按钮3 s,恢复主手柄。

12. 检查所有车制动状态,确认所有车辆制动缓解。

**(三)制动缓解环路BRL**

1. 将主手柄置于0位,确认全列制动缓解。

2. 按下紧急制动蘑菇头。

3. 在HMI上检查BRL环路,确认BRL环路断开。

4. 恢复紧急制动蘑菇头,将主手柄置于常用制动位,并按下紧急复位按钮3 s,恢复主手柄。

5. 确认全列制动缓解后BRL环路闭合。

**(四)乘客紧急制动环路PEBL**

1. 确认主手柄置于0位,乘客紧急拉手为释放位。确认全列制动缓解。

2. 拉下01车其中一个乘客紧急拉手,施加旅客紧急制动。HMI显示施加旅客紧急制动,全列施加紧急EB制动。

3. 笔记本电脑通过制动线连接到01车的EBCU接口上,启动BCU服务终端程序。

4. 检查01车信号TL_EB_R_Active=1。

5. 恢复旅客紧急拉手，将主手柄置于常用制动位，并按下紧急复位按钮 3 s，恢复主手柄。确认 HMI 显示缓解旅客紧急制动。

6. 逐一测试每辆车乘客紧急手柄。

7. 检查乘客紧急拉手全部恢复，确认全列制动缓解。

## 七、受电弓视频监控系统检查

1. 确认 PIS 正常运行后，监控屏应用程序打开，进入主界面。

2. 进入受电弓监控画面，确认监控画面应叠加里程、区间信息、日期、时间、车次、车厢号和速度标记等信息，如图 8-22 所示。

图 8-22　受电弓视频监控画面

3. 调节调焦按钮，使焦距从小到大，再从大调到最小。确认视频成像画面清晰，确认视野覆盖受电弓本身(包括受电弓和高压线的接触部分)和车顶相关高压元件。

4. 点击“补光灯开”按钮。确认补光灯正常开启。

5. 点击“补光灯关”按钮。确认补光灯正常关闭。

6. 选择录像回放界面，查询录像并下载。

## 八、头罩开闭功能试验

1. 接通蓄电池，占用 01 车司机室。

2. 升起受电弓，闭合主断路器。

3. 确认总风压力高于 0.65 MPa。

4. 在 HMI 选择连挂解连界面，点击开始连挂，如图 8-23 所示。司机室 HMI 屏确认 01 车头罩打开。随后，车下确认 01 车头罩打开、头罩动作良好、无卡滞，且动作过程中无触碰、打开动作缓慢，无晃动、冲击现象。

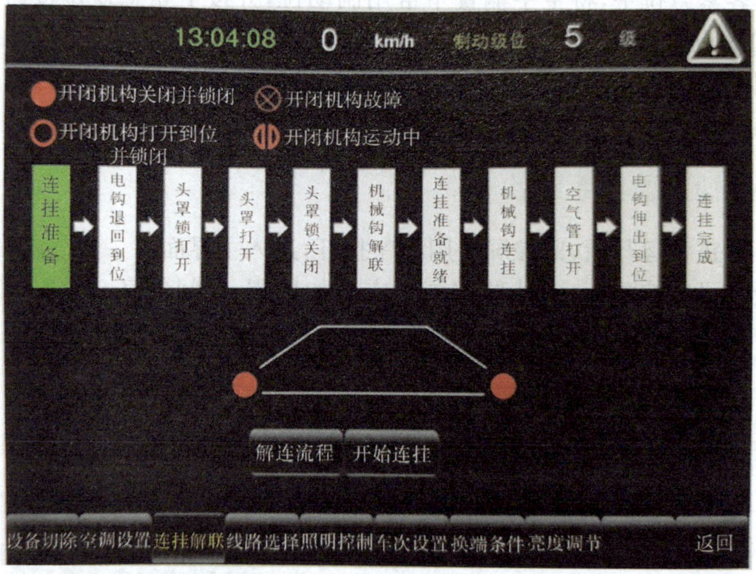


图 8-23　连挂解联界面

5. 在 01 车 HMI 连挂解连界面显示连挂准备就绪状态，点击结束连挂，如图 8-24 所示。

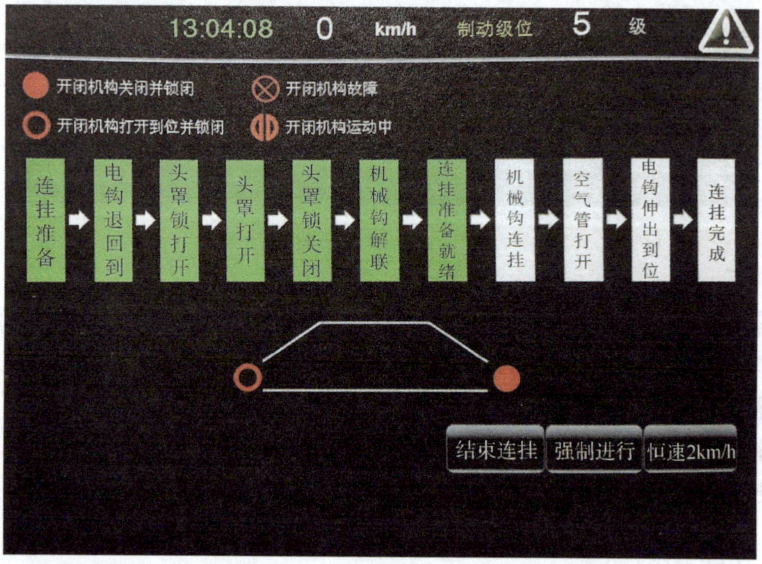


图 8-24　连挂准备就绪界面

6. 在 HMI 选择连挂解连界面，点击开始解连。

7. 在 01 车 HMI 连挂解连界面显示解连准备就绪状态，点击关闭头罩并确认。

8. 在 01 车 HMI 连挂解连界面显示解连完成，点击结束解连，如图 8-25 所示。司机室 HMI 屏确认 01 车头罩关闭。随后，车下确认 01 车头罩关闭。头罩动作良好、无卡滞，且动作过程中无触碰。打开动作缓慢，无晃动、冲击现象。

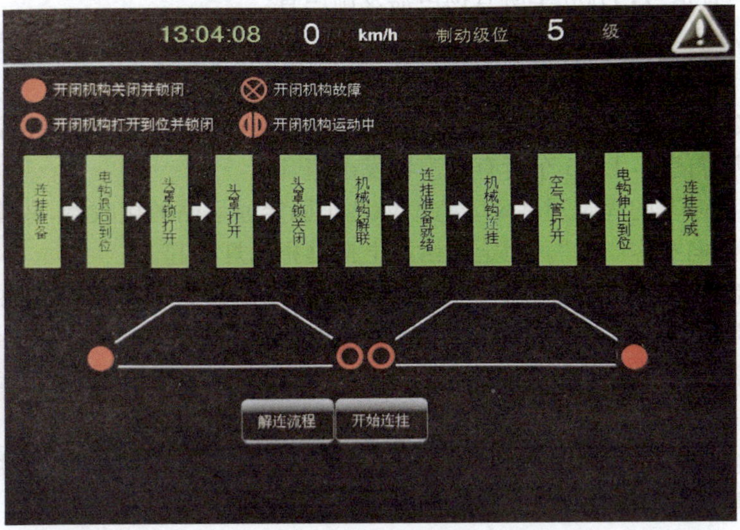


图 8-25 结束解连界面

## 九、旅客信息系统检查

### (一)广播通告功能

1. 断开 PIS 控制柜所在车 MCB=45-F01(Mb05 车)。

2. 拿起 Tc01 车固定通话站的接收器,在固定通话站激活按键“通过扬声器向乘客广播”。固定通话站上按键指示灯亮起。

3. 按住接收器语音按钮,扬声器发出已连接就绪的声音信号后开始讲话。列车所有扬声器发出声音信号。

4. 挂断 Tc01 车的固定通话站,拿起 M02 车固定通话站的接收器,在固定通话站激活按键“通过扬声器向乘客广播”。固定通话站上按键指示灯亮起。

5. 按住接收器语音按钮,扬声器发出已连接就绪的声音信号后开始讲话。Tc01 车所有扬声器发出声音信号,Mc02 车所有扬声器发出声音信号。

6. 挂断 M02 车的固定通话站,拿起 Tp03 车固定通话站的接收器,在固定通话站激活按键“通过扬声器向乘客广播”。固定通话站上按键指示灯亮起。

7. 按住接收器语音按钮,扬声器发出已连接就绪的声音信号后开始讲话。Tp03 车所有扬声器发出声音信号,Mh04 车所有扬声器发出声音。

8. 挂断 Tp03 车的固定通话站,拿起 Mh04 车固定通话站的接收器,在固定通话站激活按键“通过扬声器向乘客广播”。固定通话站上按键指示灯亮起。

9. 按住接收器语音按钮,扬声器发出已连接就绪的声音信号后开始讲话。Tp03 车所有扬声器发出声音信号,Mh04 车所有扬声器发出声音。

10. 挂断 Mh04 车的固定通话站,拿起 Mb05 车固定通话站的接收器,在固定通话站激活按键“通过扬声器向乘客广播”。固定通话站上按键指示灯亮起。

11. 按住接收器语音按钮,扬声器发出已连接就绪的声音信号后开始讲话。Mb05 车所有扬声器发出声音信号，Tp06 车所有扬声器发出声音。

12. 挂断 Mb05 车的固定通话站拿起 Tp06 车固定通话站的接收器，在固定通话站激活按键“通过扬声器向乘客广播”。固定通话站上按键指示灯亮起。

13. 按住接收器语音按钮，扬声器发出已连接就绪的声音信号后开始讲话。Mb05 车所有扬声器发出声音信号，Tp06 车所有扬声器发出声音。

14. 挂断 Tp06 车的固定通话站，拿起 M07 车固定通话站的接收器，在固定通话站激活按键“通过扬声器向乘客广播”。固定通话站上按键指示灯亮起。

15. 按住接收器语音按钮，扬声器发出已连接就绪的声音信号后开始讲话。M07 车所有扬声器发出声音信号，Tc00 车所有扬声器发出声音。

16. 挂断 M07 车的固定通话站，拿起 Tc00 车固定通话站的接收器，在固定通话站激活按键“通过扬声器向乘客广播”。固定通话站上按键指示灯亮起。

17. 按住接收器语音按钮，扬声器发出已连接就绪的声音信号后开始讲话。M07 车所有扬声器发出声音信号，Tc00 车所有扬声器发出声音。

18. 挂断 Tc00 车的固定通话站，广播完毕。

**(二)车内联络电话呼叫司机功能**

1. 拿起电话＝45-T50 听筒，激活按键，一直按住语音按钮。司机听筒发出蜂音。

2. 车内联络电话发出提示音。

3. 开始讲话。可以通话。

4. 释放语音按钮并挂断电话。指示灯熄灭。

5. 挂断电话＝45-T50。

6. 本项试验完毕。

**(三)内外屏功能**

1. 激活 PIS 控制柜所在车 MCB＝45-F01，STC 和 ISOP 通电，检查 STC＝45-T61 前面板上的状态 LED。LED“PWR”“RUN”点亮，ISOP＝45-K12 屏幕可视。

2. 操作旅客信息系统操作屏，输入车次，旅客信息系统操作屏＝45-K12 通过 MVB 获得车次信息，操作屏界面自动显示出相应的线路信息，如图 8-26 所示。

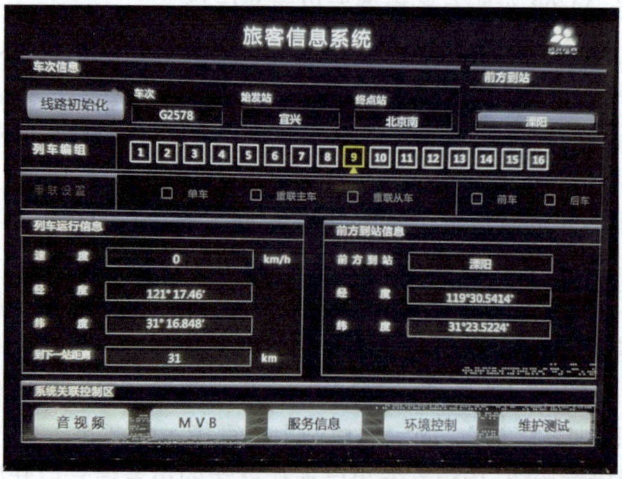


图 8-26 车次输入界面

3. 车内信息显示器可自动显示信息包括：车次、车厢号、起点站、下一站、终点站、途中运行速度、车外温度、运行时刻等，中英文交替显示。确认全列内屏功能正常，如图 8-27(a)所示。

4. 车外显示器显示的路线信息包括：车厢号，车次号、始发站、终点站。确认全列外屏功能正常，如图 8-27(b)所示。

(a) 内屏　　(b) 外屏

图 8-27　内外屏显示

## 十、轮缘润滑装置功能试验

1. 按压 Tc01/Tc00 车轮缘润滑控制箱上的 TST 测试按钮。确认 1 轴两侧轮缘润滑喷嘴处有油(或气体)喷出，如图 8-28 所示。

2. 截断 Tc01/Tc00 车截断塞门 Z34。

3. 再次按压 Tc01/Tc00 车轮缘润滑控制箱上的 TST 测试按钮，确认两侧轮缘润滑喷嘴处无油(或气体)喷出。

4. 恢复 Tc01/Tc00 车截断塞门 Z34。

5. 再次按压 Tc01/Tc00 车轮缘润滑控制箱上的 TST 测试按钮，确认两侧轮缘润滑喷嘴处有油(或气体)喷出。

图 8-28　轮缘润滑装置开关及喷嘴

## 十一、过分相功能试验

1. 用磁铁从 01 车 1 位转向架右侧过分相天线=48-T32 下方划过。确认自动过分相信号处理器上的 T2 灯闪烁，确认司机室的蓝色“手动过分相”指示灯=48-S03 点亮，在 HMI 屏上确认主断路器成功断开，如图 8-29 所示。

2. 短时间后(约 6 s)，用磁铁从 2 位转向架右侧过分相天线=48-T34 下方划过。确认自动过分相信号处理器上的 T4 灯闪烁。

3. 短时间后(约 6 s)，用磁铁从 1 位转向架左侧过分相天线=48-T31 下方划过。确认自动过分相信号处理器上的 T1 灯闪烁。

4. 短时间后(约 6 s)，用磁铁从 2 位转向架左侧过分相天线=48-T33 下方划过。确认自动过分相信号处理器上的 T3 灯闪烁。

5. 短时间后(约 6 s)，用磁铁从 1 位转向架右侧过分相天线=48-T32 下方划过。确认自动过分相信号处理器上的 T2 灯闪烁，司机台上的蓝色“手动过分相”指示灯＝48-S03 熄灭。从 HMI 屏上确认主断路器 3 min 内成功闭合。

6. 将车速变量复位，分别对 01 车和 00 车进行过分相功能试验。

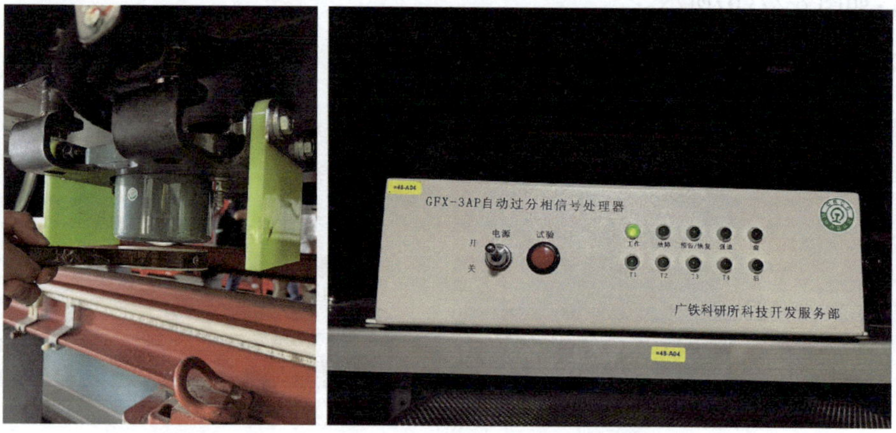


（a）划磁铁　　（b）处理器

图 8-29　划磁铁过分相信号灯

## 十二、外部照明系统检查

1. 占用 01 车司机室。

2. 将开关＝52-S12 移至“自动”位置，将开关＝51-S11 移至“关”位置，将司机钥匙＝22-S04 置于闭合位置，确认外部照明亮白标志灯，外部照明亮尾灯，如图 8-30 所示。

3. 将开关＝51-S11 移至“远光”位置，确认显示前照灯远光。

4. 将开关＝51-S11 移至“近光”位置，确认显示前照灯近光。

5. 将开关＝51-S11 移至“关”位置，确认外部照明亮白标志灯。

6. 将方向开关置“后”位，启用倒车模式，确认外部照明亮红灯，如图 8-31 所示。

图 8-30　占用模式

图 8-31　倒车模式

7. 将方向开关置“前”位，取消启用倒车模式，确认外部照明亮白标志灯。

8. 退出 01 车占用，占用 00 车，按照上述步骤，检查 00 车的外部照明，不同模式切换时，间隔 3～5 s，以免产生瞬时大电流，烧坏电器元件。

## 十三、撒砂装置功能试验

### (一)撒砂功能试验

1. 在占用端将方向开关置于“前”位。
2. 查看撒砂装置的撒砂喷嘴，确认撒砂喷嘴处有微小的风吹出。
3. 通过观察窗检查砂箱中的砂量，砂位显示器显示砂箱砂位正常，如图 8-32 所示。
4. 向前拨动 01 车司机室撒砂开关，如图 8-33 所示，确认 01 车 1 轴、05 车 4 轴各撒砂口低速撒砂。
5. 向后拨动 01 车司机室撒砂开关，确认 01 车 1 轴、05 车 4 轴各撒砂口低速撒砂。
6. 退出 01 车司机室，占用 00 车司机室，方向开关置于向前位。
7. 向前拨动 00 车司机室撒砂开关，确认 00 车 1 轴、04 车 4 轴各撒砂口低速撒砂。
8. 向后拨动 00 车司机室撒砂开关，确认 00 车 1 轴、04 车 4 轴各撒砂口低速撒砂。

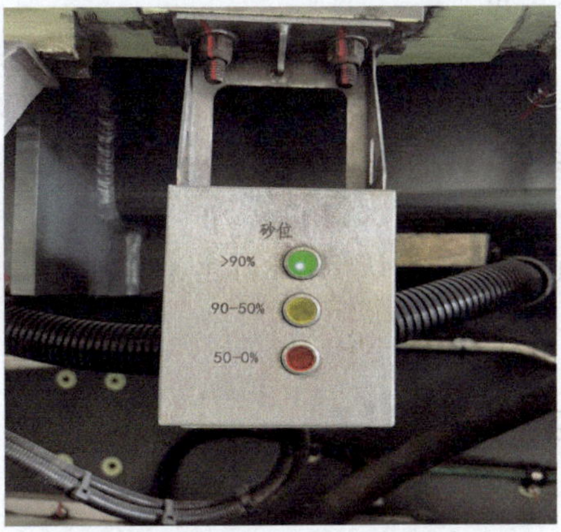


图 8-32　砂位显示器

图 8-33　撒砂开关

### (二)减压阀压力测量

1. 将风压表连接至 01、04、05、00 车 F01.08 处，检查并记录减压阀 F01.03 压力，确认 F01.08＝(630±15)kPa。

2. 将风压表连接至 01、04、05、00 车 F01.09 处，检查并记录减压阀 F01.05 压力，确认 F01.09＝(270±15)kPa。

### (三)撒砂加热功能检查

1. 闭合继电器＝72-K01，确认 01、04、05、00 车撒砂加热模块发热。
2. 释放继电器＝72-K01。

## 十四、踏面清扫装置功能试验

1. 将风压表连接至两个转向架的测试接口 05，如图 8-34 所示。

2. 手动吸合继电器＝78-K01，记录测试接口的压力值从0升至0.3 MPa所需要的时间。确认时间小于8 s，测试口05压力为(0.3±0.02)MPa。

3. 手动释放继电器＝78-K01，记录测试接口的压力值0.3 MPa降至0所需要的时间。确认时间小于9 s。全列踏面清扫装置均需进行试验。

图 8-34　踏面清扫测试接口 05

## 十四、CCU 转换功能试验

1. 在HMI屏上选择“设备状态-通信状态”。

2. 在通信状态页面中确认CCU1/CCU2的通信状态，确认HMI屏上CCU1/CCU2都显示绿色。

3. 将CCU1供电断路器“＝24-F01”移至“关”位置，确认HMI屏时间与车号显示正常，显示CCU1通信故障，显示红色，显示屏当前故障页面可查看到故障代码6340。

4. 将CCU1供电断路器“＝24-F01”恢复至正常位，确认HMI屏上CCU1通信正常，显示绿色。

5. 并且等待2 min后，将CCU2供电断路器“＝24-F02”移至“关”位置。确认HMI屏时间与车号显示正常，显示CCU2通信故障，显示红色，显示屏当前故障页面可查看到故障代码638A。

6. 将CCU2供电断路器“＝24-F02”恢复至正常位。确认HMI屏上CCU1/CCU2都显示绿色。确认当前故障页面没有故障代码6340和638A。

# 第三节　列车动态调试

## 一、里程表校准

1. 分别在Tc01和Tc00中读取并记录车组两端司机室左后方的机械里程表上的公里数。

2. 对比两端司机室内机械里程数的差异，将笔记本电脑连接到里程数值较低的司机室内的主CCU。

3. 用电脑打开软件，输入相应指令。指令文本为：T5/distance1/srs_distance_meter1/switch_u12 点击sw变量赋值1，逐个增加公里数。

4. 动态调试前将该司机室的里程表数值修改到与另一司机室里程表一致。

5. 动态调试后核对两端司机室里程表是否一致，并记录下最终的数值。若两端司机室里程表偏差为1 km，通过软件进行调整直至里程表一致。

## 二、轮径值设定

1. 占用01车司机室。

2. 在主控端 HMI 显示屏点击主界面下部的“维护界面”按钮，进入登录界面，输入密码，点击“登录”按钮后，进入维护模式菜单界面。

3. 在维护模式菜单下，点击“轮径设置”按钮，进入“轮径设置”界面。

4. 在“轮径设置”界面中，选择控制车厢和转向架，按数字键进行该转向架轮径值输入，点击“设定”按钮完成该转向架轮径值输入，确认轮径值已修改为输入的轮径值，然后选择其他控制车厢和转向架进行轮径值输入，信号标准值见表 8-9。

**表 8-9　信号标准值**

| 车厢号 | 01 车 | 03 车 | 06 车 | 00 车 |
|---|---|---|---|---|
| 轮径 | 3 轴轮径 | 3 轴轮径 | 3 轴轮径 | 3 轴轮径 |

5. 设定完毕，将 HMI 屏退出轮径设置界面。

6. 断开主断路器，对全列 MVB 单元进行主从转换。

## 三、牵引电机转向检查

### (一)牵引电机转向检查

1. 开始试验之前，在试验端司机室启用试验动车的牵引变流器，并且通过司机 HMI 屏切除所有非试验动车的牵引变流器。

2. 缓解制动，并且将主控制器＝22-S01 推至“牵引”位，使用不小于 50％的连续牵引力驱动列车，运行约 400 m 距离。如果动车组没有起动或移动存在困难，则至少一个牵引电机的旋转方向可能错误，须切除试验车牵引。

3. 通过牵引调试软件测试牵引电机速度。确认所有 5 个速度值与速度平均值的百分比在 95％～105％之间并且方向正确。

4. 通过牵引调试软件检测逆变器牵引力值，如图 8-35 所示。

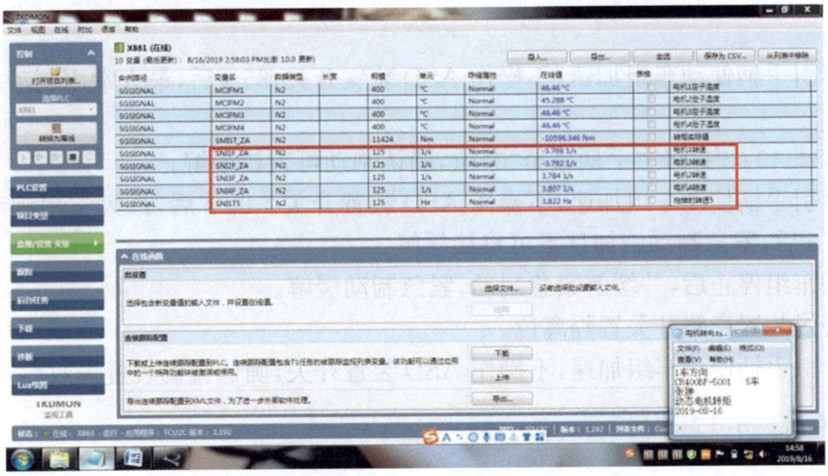

图 8-35　测试软件中的牵引电机速度显示界面

5. 通过牵引调试软件检测所有牵引电机的温度。确认四台牵引电机（MCIFM1、MCIFM2、MCIFM3、MCIFM4）的温度差不大于 5 ℃。

6. 施加制动，并直到静止为止。

7. 依次对每辆动车进行牵引电机转向检查。

**(二)能量计检测**

1. 依次按下电能监控系统界面的谐波功能键、网络功能键和故障功能键，确认按键功能及显示界面正常。

2. 按下电能监控系统界面的设置功能键后，再按下上下箭头辅助功能键，确认按键功能及显示界面正常。

3. 检查乘务员室内能量计，确认显示正常，在牵引状态下，能量计实时功率显示为正值。

## 四、警惕装置动态试验

1. 打开试验端司机室右侧转换开关面板，检查自动安全装置旁路开关状态。确认自动安全装置旁路开关置于“开”位。

2. 动车组保持静止 1 min 以上，不操作 ASD 装置开关，无任何反应。

3. 确认警惕装置操作有效。警惕脚踏(图 8-36)动作，从放开到踩下(自由位到下踏位)，或从踩下到放开(下踏位到自由位)。警惕按钮(图 8-37)动作，从松开到按下，或从按下到松开。

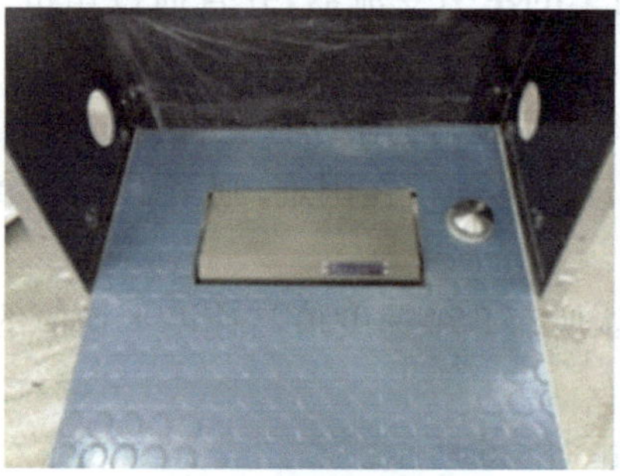

图 8-36 警惕脚踏

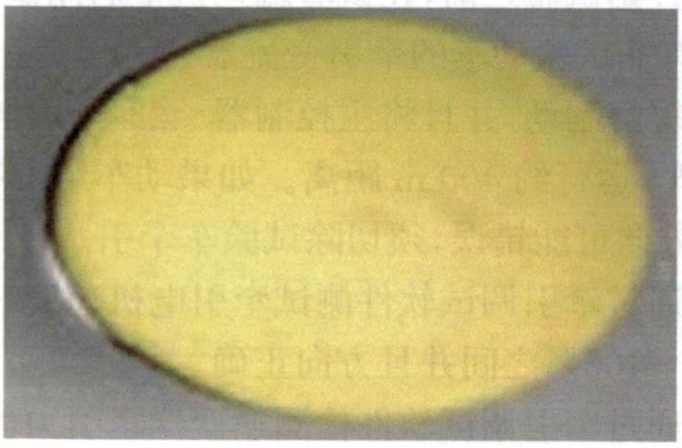

图 8-37 警惕按钮

3. 用牵引手柄使动车组加速，不操作 ASD 装置开关，35 s 后，最大常用制动施加且封锁牵引。

4. 在 35～40 s 内，将主手柄移至“0”位，确认制动可直接缓解。

5. 用牵引手柄使动车组加速，不操作 ASD 装置开关。35 s 后，最大常用制动施加且封锁牵引。40 s 后，紧急制动施加且不可直接缓解。

6. 待动车组停止后，并缓解紧急制动，紧急制动缓解。

7. 将警惕装置旁路开关置隔离位。

8. 用牵引手柄使动车组加速，不操作 ASD 装置开关，确认警惕装置失效。

## 五、比例制动试验

1. 将制动手柄置于缓解位，按下停放制动缓解按钮。确认全列制动缓解。

2. 司机使用牵引手柄将动车组加速至 35 km/h 惰行 3 s。

3. 将制动手柄置于 4 级常用制动位，查看 HMI 制动主界面状态显示。所有动车电制动已施加。

4. 按压司机台上的比例制动按钮，查看 HMI 牵引主界面和制动主界面状态显示。动车电制动力适当下降，所有拖车空气制动施加。

## 六、动态紧急制动试验

1. 将制动手柄缓置于缓解位，缓停放制动缓解按钮。全列所有制动已缓解。
2. 将动车组加速至 35 km/h 时，按下紧急制动按钮=28-S01。
3. 在司机室 HMI 上确认牵引自动切断，紧急制动施加。
4. 待动车组完全停止后，方可将主控手柄置于“0”位。

## 七、动态保持制动试验

1. 将制动手柄置于缓解位。确认全列施加保持制动。
2. 在司机室推动牵引手柄大于 7 s。确认全列保持制动缓解，全列制动缓解。

## 八、自动关门试验

1. 将 Tc01 车司机室车门旁路开关置于“开”位。
2. 按压 Tc01 车释放按钮=80-S01 和=80-S02，释放左侧和右侧车门。
3. 通过列车进行全列广播，告知车上所有人员列车将在车门打开的情况下起动。
4. 按压 Tc01 车开关按钮=80-S03 和=80-S04，打开全列车门。在 HMI 屏车门状态界面上确认全列车门打开。
5. 将 Tc01 车司机室车门旁路开关置于“关”位。
6. 牵引列车，在加速至 5 km/h 以上时，在 HMI 屏上检查全列车门状态，并至各车厢检查全列车门状态。确认 HMI 屏车门状态界面显示全列车门关闭，并至各车厢确认全列车门关闭到位。
7. 恢复 Tc01 车司机室车门旁路开关置于“开”位。

## 九、恒速功能试验

1. 缓解停放制动。
2. 操作模式选择按钮调至速度模式。
3. 利用主手柄调速至恒速 20 km/h，确认列车在平直道内以(20±2)km/h 运行。
4. 将主手柄置于制动位直至停车。
5. 利用主手柄调速至恒速 35 km/h，确认列车在平直道内以(35±2)km/h 运行。
6. 利用主手柄调速至恒速 20 km/h，确认列车在平直道内以(20±2)km/h 运行。
7. 继续推动主手柄加速，确认列车恒速解除，列车持续加速。
8. 将主手柄置于制动位直至停车。

## 十、保护功能试验

1. 牵引列车至 35 km/h，施加任一观光区旅客紧急制动手柄不忽略，检查制动状态。确认全列制动施加。
2. 牵引列车至 35 km/h，施加任一观光区旅客紧急制动手柄 3 s 内忽略，检查制动状态。确认全列制动不施加。

3. 列车牵引至 35 km/h，施加 B7 复合制动减速至 30 km/h 时，施加 UB 制动，检查 UB 制动状态。确认 UB 制动施加。

4. 列车牵引至 35 km/h，施加 B7 复合制动，检查电空转换，确认电空转换功能正常。

5. 列车牵引至 35 km/h，施加 B6 复合制动，检查电空转换，确认电空转换功能正常。

6. 列车牵引至 35 km/h，施加 B5 复合制动，检查电空转换，确认电空转换功能正常。

7. 列车牵引至 35 km/h，施加 B4 复合制动，检查电空转换，确认电空转换功能正常。

8. 列车牵引至 35 km/h，施加 B3 复合制动，检查电空转换，确认电空转换功能正常。

9. 列车牵引至 30 km/h，施加 B2 复合制动，检查电空转换，确认电空转换功能正常。

10. 列车牵引至 30 km/h，施加 B1 复合制动，检查电空转换，确认电空转换功能正常。

11. 列车牵引至 35 km/h，施加 EB 制动。

12. 通过切断 VCB 切除电制动，检查制动状态，确认电制动失效，空气制动正常增加。

### 十一、动态调试后检查

1. 动态调试后，查看并记录两头车机械里程表读数一致。

2. 由 01 车到 00 车顺序从两侧确认裙、底板状态。无缺失，紧固螺栓无松脱。

3. 检查所有转向架状态，齿轮箱、联轴节等部位无漏油现象。

4. 查看牵引变流器膨胀油箱油位，确认加注液位在 20 ℃刻度线位置，偏差－10～0 mm，如图 8-38 所示。

图 8-38 牵引变流器液位检查

### 十二、淋雨试验

1. 用公铁两用牵引车以不大于 5 km/h 的速度牵引动车组前进，对每辆车各面进行不少于 5 min 静态喷淋，试验期间检查车辆内部有无漏水现象，着重对车门区域和车辆通过台区域、司机室前挡风玻璃周围以及空调系统进行检查。

2. 喷淋试验完成后，等待 15 min 重新检查各区域是否进水。

3. 在关闭的车门内侧无水流痕迹。在关闭的车门内侧不得出现细小水流，个别水滴可以有，且只允许在护指密封处有渗水。

4. 淋雨试验结束后，按要求安装试验过程拆卸的器件。

## 第四节 安全注意事项

### 一、作业过程

1. 进库作业按要求穿戴劳保鞋（防砸）、工作服、工作帽（工作帽中需佩戴内衬）。

2. 打磨作业佩戴防护眼镜、口罩、防护服等防护措施。

3. 油漆作业须佩戴防毒面罩。

4. 各工位按照作业内容、工位性质配齐配全手套、防护服等防护设施。

5. 做好劳动安全“八防”措施卡控。

6. 对高血压、心脏病、手术康复期的职工加强安全防护，通过定期组织职工体检，掌握职工身体状态。

7. 班组工长和安全员做好日常检查巡视，及时发现现场劳动防护不到位的情况。

8. 接触各类锋利刀具、锐器时要精力集中，避免划伤、割伤或刺伤，必要时应佩戴防切割手套。

## 二、电气化区段作业

严格执行电气化铁路有关人员电气安全规则；电化区段保证与牵引供电设备高压带电部分保持 2 m 以上距离，与回流线、架空地线、保护线保持 1 m 以上距离；接触网区域未采取停电、安设接地线等安全防护措施禁止任何人员攀登到车顶或车辆装载的货物上；行人持有长大物件通过平过道时应水平通过，禁止垂直通过。

## 三、电器设备使用

电器设备的接插件、电线等，必须保持完整、完好和绝缘性能良好，不准私接电源、乱拉电线，裸露的线头必须采取绝缘包扎措施；定期开展中间接地装置、安全联锁装置绝缘测试；严禁使用未安装触电保护器的各种手持式电动工具和移动设备。日常供断电作业时，做好隔离开关动作情况确认，发现异常情况时及时反馈车间，车间协调联系相关部门进行隐患排查，降低接触网跳闸风险。

## 四、车辆电气故障处理

动车组发生电气故障时，在对电气设备进行故障排查时，做好断电、放电处理。如牵引变流器检修作业时，使用放电设备对中间电容进行放电处理，防止触电伤害。

## 五、调试供断电作业

1. 双人作业制度。隔离开关操作员、监护员应持证上岗；隔离开关作业要严格执行“一人操作、一人监护”制度，严格执行隔离开关作业指导书流程和标准。

2. 确认作业制度。供断电作业前作业申请人、接触网工、调度员必须确认车顶、车下、两侧无人，受电弓状态、三层平台状态等情况。

3. 过程监控制度。严格要求监护员认真拍摄供断电作业视频，每日上交视频评价小组进行归档、检查评价。

4. 呼唤应答制度。在作业过程中，供断电申请人、操作员、监护员及调度员应做好呼唤应答，确保信息清晰、传递到位，出现联控中断或信息不清楚情况下，立即停止作业。

5. 高压劳防用品及设备设施管理。安全专职定期组织做好接地杆、验电棒、高压绝缘手套、高压绝缘靴的送检工作，并做好台账管理，做到账物一致。接触网工严格按照规定在开工前对高压劳防用品、安全联锁装置、接地线接地等状态进行检查。

6. 电气设备管理。做好设备设施的日常检查、点检工作，使用完毕后及时关闭柜门，发现异常及时填报临修单;临时用电须协调设备车间处理。

7. 每班做好供电。严格执行文件规定"每班结束后,接触网应及时送电"的要求,按照包保要求,每班结束前进行申请供电,生产协调员加强盯控提醒。

## 六、动车组钥匙使用

1. 动车组钥匙交接实行有权领用人制度,车间建立钥匙有权领用人名单,非有权领用人不得领取钥匙,有权领用人包括:车间生产协调员、电气检修组工长(副)、作业组长(副),动车组钥匙在领取归还时需在"动车组钥匙管理记录簿"上进行登销记。

2. 动车组钥匙按照"谁领取、谁归还"的要求,原则上有权领用人之间不得相互办理交接,不得代领、代交、代登记。

3. 如遇车间其他班组处理动车组故障等异常情况需领取动车组钥匙时,需向车间生产协调员申请,由车间生产协调员负责领取、归还动车组钥匙,车间生产协调员在进行动车组钥匙发放、回收过程中需做好记录。

4. 作业班组在投入主控钥匙前,须确认动车组作业情况及车辆状态,在不影响其他作业和人身、车辆安全的情况下方可投入主控钥匙。

## 复习思考题

1. 单车电气绝缘试验时,被测高压跳线进行绝缘值需满足哪些条件?
2. 怎样检查防冻排水功能?
3. 通用卫生间试验要求是什么?
4. TCU 监控冷却水泵压力差在什么范围是合格的?
5. 受电弓试验前需进行哪些准备工作?
6. 空调温度传感器试验的标准值是多少?
7. 列车高阻抗测量试验前需进行哪些准备工作?
8. 撒砂装置减压阀压力测量的方法是什么?
9. 怎样进行比例制动试验?
10. 怎样进行恒速功能试验?

# 附录　动车组型号编排规则

我国动车组型号及车组号编排规则如下：

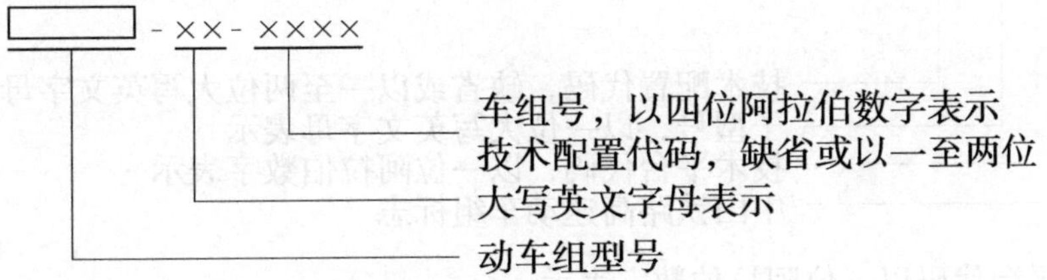


## 一、和谐号动车组型号及技术配置代码

和谐号动车组型号分速度等级命名和技术序列代码命名两种方式。

### (一)速度等级命名

CRH380 系列动车组型号以速度等级命名，其型号及技术配置代码如下：

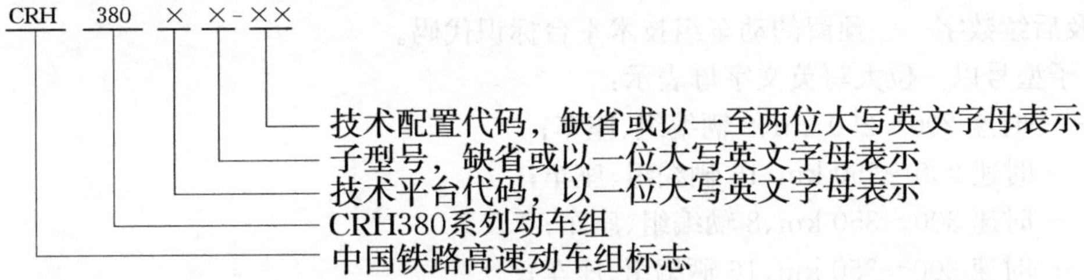


1. 技术平台代码以一位大写英文字母表示：

A——中车青岛四方机车车辆股份有限公司申请定型的动车组、8 辆编组、座车；

B——中车长春轨道客车股份有限公司/中车唐山机车车辆有限公司申请定型的动车组、8 辆编组、座车；

C——中车长春轨道客车股份有限公司申请定型的动车组(与 B 采用不同的牵引及控制系统)、8 辆编组、座车；

D——青岛四方阿尔斯通铁路运输设备有限公司申请定型的动车组、8 辆编组、座车；其余字母预留。

2. 子型号以一位大写英文字母表示，缺省时为基本型：

G——耐高寒动车组；

J——综合检测动车组；

L——基本型的 16 辆编组动车组；

M——更高速度等级试验列车改为综合检测动车组；

N——永磁电机动车组；

其余字母预留。

3. 技术配置代码以一至两位大写英文字母表示，用以区分同一基本型号下的不同技术配置，每个型号的基本型产品技术配置代码缺省。

**(二)技术序列代码命名**

以技术序列代码命名的和谐号动车组型号及技术配置代码如下：

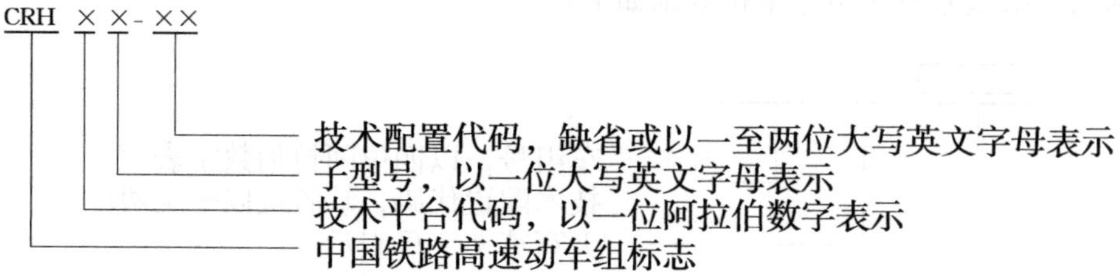


1. 技术平台代码以一位阿拉伯数字表示：

1——青岛四方阿尔斯通铁路运输设备有限公司申请定型的动车组；

2——中车青岛四方机车车辆股份有限公司申请定型的动车组；

3——中车唐山机车车辆有限公司/中车长春轨道客车股份有限公司申请定型的动车组；

5——中车长春轨道客车股份有限公司申请定型的动车组；

6——中车青岛四方机车车辆股份有限公司申请定型的城际动车组；

7 及后续数字——预留的动车组技术平台标识代码。

2. 子型号以一位大写英文字母表示：

A——时速 200～250 km、8 辆编组、座车；

B——时速 200～250 km、16 辆编组、座车；

C——时速 300～350 km、8 辆编组、座车；

D——时速 300～350 km、16 辆编组、座车；

E——时速 200～250 km、16 辆编组、卧车；

F——时速 160 km、8 辆编组、城际动车组；

G——时速 200～250 km、8 辆编组、耐高寒座车动车组；

H——预留；

I——预留；

J——综合检测动车组；

K 及后续字母——预留。

3. 技术配置代码缺省或以一至两位大写英文字母表示，用以区分同一基本型号下的不同技术配置，每个型号的基本型产品技术配置代码可缺省。

例如：CRH5E 为中车长春轨道客车股份有限公司申请定型的 16 辆编组卧铺动车组，时速 250 km。

## 二、复兴号动车组型号及技术配置代码

复兴号动车组型号及技术配置代码如下：

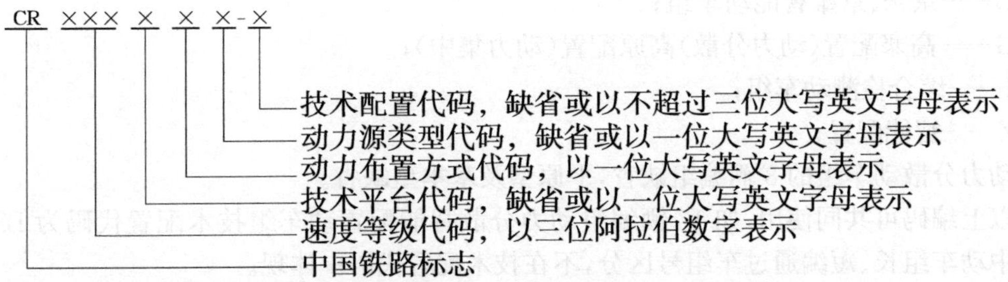


1. 以最高试验速度值确定速度等级代码，以三位阿拉伯数字表示：

450——最高试验速度为 400 km/h$<v\leqslant$450 km/h；

400——最高试验速度为 350 km/h$<v\leqslant$400 km/h；

350——最高试验速度为 300 km/h$<v\leqslant$350 km/h；

300——最高试验速度为 250 km/h$<v\leqslant$300 km/h；

250——最高试验速度为 200 km/h$<v\leqslant$250 km/h；

200——最高试验速度为 150 km/h$<v\leqslant$200 km/h；

150——最高试验速度为 100 km/h$<v\leqslant$150 km/h。

2. 技术平台代码以一位大写英文字母表示：

A——中车青岛四方机车车辆股份有限公司申请定型的动力分散动车组；

B——中车长春轨道客车股份有限公司申请定型的动力分散动车组；

C——中车株洲电力机车有限公司、中车唐山机车车辆有限公司申请定型的动力集中动车组；

D——中车大连机车车辆有限公司、中车南京浦镇车辆有限公司申请定型的动力集中动车组；

M——中车株洲电力机车有限公司、中车南京浦镇车辆有限公司申请定型的动力集中动车组；

N——中车大连机车车辆有限公司、中车唐山机车车辆有限公司申请定型的动力集中动车组。

分置式双源制动力集中动车组代码缺省，其余预留。

3. 动力布置方式代码以一位大写英文字母表示：

F——动力分散动车组；

J——动力集中动车组。

4. 动力源类型代码以一位大写英文字母表示：

N——内燃型；

S——内燃、电力分置式双源制；

H——内燃、电力集成式双源制；

电力型缺省，其他混合动力、多源制、多流制等能源类型根据需要确定。

5. 技术配置代码以不超过三位大写英文字母表示，用以区分同型号下的不同编组、运用环境、综合检测用途等不同技术配置的一般改进型产品：

A——动力分散动车组的 16 辆编组；

B——动力分散动车组的 17 辆编组；

C——京张、京雄智能动车组；
G——高寒配置(动力分散)高原配置(动力集中)；
J——综合检测动车组；
Z——智能配置；
动力分散动车组的 8 辆编组缺省，平原型及基本型缺省。

以上编码可共同使用，如 17 辆编组动力分散智能配置动车组技术配置代码为 BZ。动力集中动车组长、短编通过车组号区分，不在技术配置代码中体现。

例如：CR400AF-A-2065 为中车青岛四方机车车辆股份有限公司申请定型的 16 辆编组动力分散动车组，速度 350 km/h，2065 为车组号。

## 三、动车组中车辆的车种代号

动车组中车辆的车种代号是车种名称的汉语拼音缩写，车种代号、名称见附表 1-1。

附表 1-1 车种代号、名称

| 序号 | 车种代号 | 车种名称 | 序号 | 车种代号 | 车种名称 |
|---|---|---|---|---|---|
| 1 | ZY | 一等座车 | 10 | WR | 软卧车(动力分散) |
| 2 | ZE | 二等座车 | 11 | WY | 硬卧车(动力分散)<br>一等卧车(动力集中) |
| 3 | KZ | 控制车/一等座车 | | | |
| 4 | SW | 商务座车 | 12 | WE | 二等卧车(动力集中) |
| 5 | ZYS | 一等/商务座车 | 13 | WG | 高级软卧车 |
| 6 | ZES | 二等/商务座车 | 14 | CA | 餐车 |
| 7 | ZEC | 商务座车/餐车 | 15 | WRC | 软卧车/餐车 |
| 8 | ZYT | 一等/特等座车 | 16 | JC | 检测车 |
| 9 | ZET | 二等/特等座车 | 17 | DGN | 多功能车 |

注：动力集中动车组的动力车车种代号按机车相关规定执行。

# 参 考 文 献


[1] 中国国家铁路集团有限公司机辆部．铁路动车组概论[M]. 北京:中国铁道出版社有限公司,2022.

[2] 中国国家铁路集团有限公司机辆部．铁路动车组运用维修[M]. 北京:中国铁道出版社有限公司,2022.

[3]《"复兴号"中国标准动车组》编委会．"复兴号"中国标准动车组(CR400 型)[M]. 北京:中国铁道出版社有限公司,2020.